集人文社科之思 刊专业学术之声

集 刊 名：全球史
主办单位：北京外国语大学历史学院
主　　编：李雪涛
执行编辑：高　然

CHINESE JOURNAL OF GLOBAL HISTORY

第2辑

集刊序列号：PIJ-2020-406
中国集刊网：www.jikan.com.cn
集刊投约稿平台：www.iedol.cn

全球史

第2辑

Chinese Journal of Global History Vol.2

李雪涛　主编

欣闻《全球史》第2辑即将出版，我向集刊编辑和读者们表示由衷的祝贺！《全球史》集刊的创办将有力地推动全球史研究在中国的发展，同时也将为世界各地的历史学家搭建一个相互交流借鉴的学术平台。我知道，《全球史》的主编李雪涛教授已经为这一步做了长期而充分的准备，特别是集刊编辑部所依托的北京外国语大学历史学院近年来正在迅速成长为具有国际影响力的全球史和世界史研究机构。因此，我们完全可以预期，《全球史》集刊将不断为读者提供高水准的全球史研究成果，这主要体现在：对史料的审慎辨析、跨学科的研究方法、本土视角与全球视角、短时段与长时段的整合关联等方面。

Patrick Manning

帕特里克·曼宁（Patrick Manning）

匹兹堡大学世界史中心荣休教授、美国历史学会（AHA）前主席

https：//patrickmanningworldhistorian. com

CONTENTS

目 录

专 论

译 文

访　谈

研究述评

书　评

全球史（第2辑）

专 论

《中国社会及政治学报》中的法学论文

顾　钧*

摘要　《中国社会及政治学报》(*The Chinese Social and Political Science Review*, 1916－1941) 是民国时期影响深远的英文学术刊物，其中法学是最受关注的领域。本文重点梳理了四个方面的论文：(1) 领事裁判权问题；(2) 司法改革；(3) 国际法与国际关系研究；(4) 宪法研究。在此基础上，本文考察了民国学人，特别是法学留学生群体如何利用从西方学到的最新知识来维护国家权力，探讨国家发展方向。

关键词　《中国社会及政治学报》　法学留学生　领事裁判权

《中国社会及政治学报》(以下简称《学报》) 是中国政治学会的会刊。《学报》第1卷第1期 (1916年4月) 的首篇文章《学会的缘起》("The Origin of the Association") 有助于我们了解学会的基本情况。

学会建立的动议来自当时的美国驻华公使芮恩施 (Paul S. Reinsch)，他提议仿效美国政治学会 (American Political Science Association，于1903年建立) 成立一个中国政治学会，旨在研究国际法和外交。芮恩施将这一想法告诉了《学报》日后的主编严鹤龄，严鹤龄又向顾维钧咨询建立这个学会的必要性和可行性。在取得一致意见后，几位发起人决定召开筹备会议，讨论实施方案。由于顾维钧很快赴华盛顿担任中国驻美公使，组织学会的工作重担落在了严鹤龄一个人身上，他便寻求伍朝枢 (后担任中国政

---

* 顾钧，北京外国语大学国际中国文化研究院教授。

治学会秘书）的帮助和合作。伍朝枢全力支持建立学会的想法，做了大量的筹备工作。1915 年 9—11 月，不少中外学者被邀请参与其中，为制定学会章程建言献策，其中特别活跃的是美国政治学者韦罗贝（W. F. Willoughby），他当时任北洋政府顾问。

1915 年 12 月 5 日，中国政治学会成立大会召开，地点在时任外交部长陆征祥的官邸，有 65 名成员参加，会议一开始选举了学会的领导人。会长为陆征祥，第一副会长为芮恩施，第二副会长为曹汝霖（时任外交部次长），秘书为伍朝枢，财务为章宗元，理事为严鹤龄、张煜全、林行规、王景春、周诒春、吴乃琛、胡诒穀、麻克类（J. W. R. Macleay）、韦罗璧（W. W. Willoughby）九人。

从以上名单不难看出，中国政治学会领导以外交界人士为主。当然不少人同时也是学者，可谓学者型官员。此后学会定期改选，继陆征祥之后担任会长的有顾维钧、颜惠庆、王正廷、胡适等人。

从中国政治学会建立之初，创办《学报》就被提上了议事日程，为此学会领导多次召开会议，就刊物的语言、目标、范围和性质等问题展开讨论。最后确定《学报》的语言为英文，一方面是为了引进国外的学术思想，另一方面是向外国读者介绍有关中国的信息和学术发展，而后者是重点。刊登稿件的范围则以法学、政治学、经济学、社会学为主。我们发现，这些原则在此后二十多年的办刊过程中基本得到了执行。

《学报》从第 1 卷第 1 期（1916 年 4 月）开始，到第 24 卷第 4 期（1941 年 3 月）结束，前后 25 年，共 24 卷 93 期，是民国时期办刊时间最长、影响最大的英文综合性学术刊物。《学报》栏目分为论文、消息与札记（News and notes，后来改为 Notes and suggestions）、书评。《学报》上的各类文章约 630 篇，其中学术论文约 360 篇，其他书评、札记、短文、编者按语约 270 篇。就论文学科来看，法学论文（包括国际法、外交学、国际关系）约 120 篇，政治学论文（含政府学、行政管理学）约 50 篇，经济学论文（含财政学）约 60 篇，社会学论文（含人类学）约 30 篇，教育学、心理学、图书馆学论文 13 篇，人文学科（文史哲）论文约 40 篇，海外汉学论文 47 篇。

《学报》的作者队伍阵容强大，中国作者约 180 人，外国作者约 150 人。中国作者中大多有留学海外的经历，其中不少人有博士学位。法学方面如王宠惠（耶鲁大学）、刁敏谦（伦敦大学）、顾维钧（哥伦比亚大学）、夏晋麟（爱丁堡大学）等；政治学方面如鲍明钤（约翰·霍普金斯大学）、王造时（威斯康星大学）、徐淑希（哥伦比亚大学）、崔书琴（哈佛大学）、陈之迈（哥伦比亚大学）等；经济学如马寅初（哥伦比亚大学）、何廉（耶鲁大学）、方显廷（耶鲁大学）等；社会学如许仕廉（爱荷华大学）；心理学如刘廷芳（哥伦比亚大学）。这些作者大致可以分为两类：一类在政府部门（外交、财政、司法、交通）工作；另一类则为高校教师，其中执教清华者（很多也是清华毕业生）占比最高。

外国作者中不少人有在中国工作和生活的经历，他们主要分布在驻华使领馆、中国政府部门、高校（特别是燕京大学、清华大学）以及在华外国公司企业。就《学报》最为关注的法学方面来看，外国作者中有多位曾在中国政府担任法律（宪法、司法）顾问，如 1912—1919 年的总统府法律顾问贺长雄、1914—1916 年的法律顾问韦罗贝、1916—1917 年的宪法顾问韦罗璧、1917—1919 年的法律顾问德尼斯（William Cullen Dennis）、1919—1929 年的司法和立法顾问宝道（Georges Padoux）、1921—1930 年的法律顾问埃斯加拉（Jean Escarra）。

法学研究包括很多方面，如基础法学、宪政法学、民商法学、刑事法学、诉讼法学、国际法学等。从《学报》上文章的数量来看，国际法学和宪政法学是讨论的重点。

一　领事裁判权问题

在国际法学领域，不平等条约的修订一直是《学报》关注的热点问题。随着中华民国的建立，留学生群体的民族意识日益强烈。他们迫切地希望这个新兴的共和制国家能获得国际社会的认可，并享有与他国平等的待遇。1920 年，中国作为创始会员国加入国际联盟，这无疑是一件振奋人心的事情。[①] 然而，就当时的条约来看，中国仍处于不平等地位，这一现实与国人特别是留学生的期许有相当大的落差。

在民国初年的留学生当中，刁敏谦率先在《学报》上发文探讨修约的重要性。刁敏谦于1916年7月获得伦敦大学法学博士学位（是最早的两人之一），[②] 其博士学位论文《中国与各国条约上之义务》详细阐述了中外条约签订与执行中种种不合乎国际法准则之处，是最早从法理角度讨论这一问题的研究成果之一。《学报》曾刊登书评介绍该文以及另外一部相关著作《中国与国际和平》（*China and World Peace*，鲍明钤著）。[③]

回国后刁敏谦在外交部任职，同时在清华教授国际法。沿着自己博士学位论文的思路，他在《学报》1917年第2期上发表了《中国与和平会议：修约问题》（"China and the Peace Conference: Problems of Treaty Revision"）一文，继续探讨相关问题。在这篇文章中，刁敏谦开门见山地指出，目前外国人在中国的种种特权之中，领事裁判权是比驻军权、协定关税、最惠国待遇等更急需解决的问题。它一方面严重损害了中国的司法权，另一方面在刁敏谦看来也未必对外国人真有便利可言，因为它不仅限制了外国人进入中国内地的自由，也大大增加了外国领事的工作量。虽然英国早在1902年的《续议通商行船条约》中就承诺将考虑撤销这一特权，但十五年过去了，英国还是以种种借口拖延，其他国家如美国、日本等也是如此。[④]

① 《学报》上发表了多篇与国联有关系的文章，如 Wang Tsao-shih，"China and the League of Nations，1920-1926"，Vol. 12，No. 4；W. Leon Godshall，"What Can China Expect from the League of Nations"，Vol. 16，No. 1。

② 第一个在英国获得法学博士（LL. D.）学位的中国人是郑天锡，于1916年初获得伦敦大学法学博士学位；刁敏谦也是伦敦大学的法学博士。详见王伟《中国近代留洋法学博士考（1905—1950）》，上海人民出版社，2011，第163页。

③ 详见 Rho，"A Study of China's Constitutional and International Problems: Two Books by M. T. Z. Tyau"，Vol. 4，No. 2；Y. C. Chang，"*China and World Peace* by Mingchien J. Bau"，Vol. 12，No. 4。

④ 《续议通商行船条约》（1902年9月5日签订于上海）第十二款："中国深欲整顿本国律例，以期与各西国律例改同一律，英国允愿尽力协助，以成此举，一俟查悉中国律例情形及其审断办法及一切相关事宜皆臻妥善，英国即允弃其治外法权。"王铁崖编《中外旧约章汇编》（1957），上海财经大学出版社，2019，第2册，第103页。

刁敏谦写这篇文章时，第一次世界大战还没有结束，巴黎和会也还没有召开，但他已开始考虑中国在未来的和平会议上应该向列强提出哪些修约的要求，可谓未雨绸缪。虽然惨烈的战争还在继续，但刁敏谦对未来还是充满了信心，他在文章最后写道："从这次大战中将诞生新的世界，新的体制将被建立，在这样的前景中寄寓着我们的期望——中国和其他国家的条约关系将根据理性的原则重新调整。"[①] 刁敏谦在这篇文章中提出的要求确实成为之后巴黎和会时中方的一大诉求。[②]

由于巴黎和会的焦点是山东问题，因此中国提出的修约要求没有立刻实现，但会后中国和德国签订的《中德协约》（1921）废除了领事裁判权，为最终解决这一问题迈出了坚实的一步。

从在《学报》上发表文章的时间来看，金问泗是最早探讨领事裁判权问题的人。《学报》第 1 卷第 2 期就刊发了他的《从中国的观点看领事裁判权》（"A Chinese View of the Foreign Consular Jurisdiction"）一文。他首先指出，外国人以中国法律特别是刑法不健全为由提出领事裁判权是不合理的。以杀人的判决来说，很多人误以为根据中国法律一定是一命抵一命，而不区分有意杀人和过失杀人。实际情况并不完全如此。在中国生活工作多年的马士（Hosea B. Morse）对此就有清醒的认识，他在代表作《中华帝国对外关系史》（*The International Relations of the Chinese Empire*）中写道："这两国的法律，除了中国法律显出对于一种侵害的结果予以更多的考虑，而英国法律却着重考虑动机以外，其距离并不算远；当我们想要评论那时的中国人的时候，这种观点上的差别，是必须牢记的。"[③] 另外，从历史上看，一些外国人在中国杀人，也未必都是偿命的。马士的书中就记录了不少案例，其中最能说明问题的是 1807 年英国水手叙恩（Edward

---

① M. T. Z. Tyau，"China and the Peace Conference：Problems of Treaty Revision"，Vol. 2，No. 2，p. 54.

② 其他的诉求还包括：舍弃势力范围，撤退外国军队、巡警，裁撤外国邮局及有线、无线电报机关，归还租借地和租界，关税自主。详见巴黎和会中国代表团提出的《中国希望条件说帖》，天津市历史博物馆辑《秘笈录存》，中国社会科学出版社，1984，第 153 页。

③ 〔美〕马士：《中华帝国对外关系史》第 1 卷（1910），上海书店出版社，2006，第 125 页。

Sheen）过失杀人案，最终只缴付 12.42 两（约合 4 英镑）的罚款了事。[①] 金问泗指出，从现实情况来看，领事裁判权不仅大大增加了外国领事的工作量，更糟糕的是给一些不法的中国人勾结外国人谋取私利创造了条件，所以应该尽快取消。金问泗在文中也承认中国必须进行司法改革。

紧接着金问泗讨论领事裁判权问题的是郭云观。两人不仅是外交部的同事，还是早年北洋大学的同学，也曾一同在中国驻美使馆工作过，所以想法是颇为相近的。

郭云观在《学报》第 5 卷第 4 期发表了《从中国法制史看司法改革与取消领事裁判权》（"Some Observation on Chinese Legal History as Will Throw Light on the Qestion of Law Reform and Abolition of Extraterritoriality in China"）[②] 一文，矛头直指领事裁判权的合理性与必要性。他从最为外人诟病的中国刑法制度出发，将古今中外的情况进行比较后写道："我们已经看到中国新刑法及其程序是如何建立在与近代西方思想如此和谐的经典原则的基础之上，所以很难指出中国法律与西方法律之间有任何实质性区别。"接着他又以日本民法的家族性为例，指出日本古代民法就是学习中国的结果，而且直至近代，中日两国的民法的家族性本质上仍是相同的。日本在 1899

---

① 马士的完整记录是这样的："1807 年，海王星号船有些水手在广州登岸度假，因为纵饮当地卖给他们的劣酒，卷进了一次纷扰事件之中。这些人被送回商馆；但是有成群的中国人尾随他们，虽然中国官员和保商尽力来驱散这些咆哮的群众，但是纷扰仍旧继续了一整天。最后，在当天夜里，这些水手逃出了他们官员们的管束，冲出去重新斗殴，虽说他们马上就给追回来了，但是已经打伤了几个中国人，其中有一人在三天以后死亡。死者的亲属并不想去作一件不可能作到的事，即把这些事的罪过完全加在某一个人身上；但是官方查对了一下时间和地点，却诿罪于从海王星号船上前来的人们，并要求特派委员会查明凶手，交出审判。在海王星号船上曾举行过两次调查；虽然该船的保商曾悬赏二万元缉凶，但是中国方面不能提出证据来归罪于任何一个人，特派委员会遂不得不声述他们在发觉罪犯上的无能。同时，英国船只的贸易被停止了。最后，由中国知县举行一次调查，英国官员们也在场；这位知县的决定是，水手之一——爱德华·叙恩——应被选定作为犯过失杀人的罪行而由英国商馆予以扣押。海王星号船上五十二个船员中的其余人员，因此得告无罪；而经过两个月停顿后的贸易又重新恢复了。次年，在北京的命令下，叙恩由扣押中被释放，并根据中国法律中纯属过失杀人的规定，缴付一二·四二两（约合四英镑）的罚款。"〔美〕马士：《中华帝国对外关系史》第 1 卷，第 115—116 页。

② Kuo Yun - kuan, "Some Observations on Chinese Legal History as Will Throw Light on the Question of Law Reform and Abolition of Extraterritoriality in China", Vol. 5, No. 4, pp. 255 - 272.

年就已经废除了领事裁判权，而直到1910年还有英国教授撰文认为中国家族法的东方特性是维持领事裁判权的主要理由。郭云观对此评论道："法律性质相同，但领事裁判权一存一废，我们确实没有看到歧视的任何合理依据。"在文章的最后，郭云观再次表达了对领事裁判权被强加于中国的不解与质疑："无论从理论角度还是从实践的角度来看，我们都没有看到外国评论家特别将家庭关系与领事裁判权问题相勾连的合理性所在。"①

据金问泗回忆，1918年底，他和郭云观一起被驻美公使顾维钧召集去为即将举行的巴黎和会搜集资料，以利中国之提案。顾维钧提出两项工作由二人挑选：废除领事裁判权、恢复关税自主权，郭云观毫不犹豫地选择了前者。② 显然领事裁判权问题很早就引起了他的关注。1920年11月，司法部设立了法权讨论会研究收回法权事宜，聘请大理院院长王宠惠为会长，并延聘会员十多人，定期开会研究。郭云观此时任修订法律馆纂修，也被聘为会员，《学报》上他的这篇文章可以说融入了他的最新思考。

刁敏谦在英国的博士学位论文没有在《学报》上刊载，《学报》上发表的是夏晋麟于1922年在爱丁堡大学完成的博士学位论文《中英条约关系：国际法和外交研究》（"Treaty Relations between China and Great Britain: A Study of International Law and Diplomacy"）主体部分的七个章节，分七次连载（1923年第2、3、4期；1924年第1、2、3、4期）。这七个章节分别是：（1）领事裁判权；（2）专管租界与公共租界；（3）租借地及势力范围的历史介绍；（4）租借地；（5）势力范围；（6）门户开放、领土完整与政治统一；（7）关税自主。夏晋麟同样主张废除领事裁判权，但同时清醒地意识到收回这一权力不是一蹴而就的，需要分步走。他在论文第一章的最后提出了六步走的建议：（1）颁布新的全套法律法规，建立新式的法院；（2）如果案件涉及外国人，聘请外国法官与中国法官共同依据中国法律进行审理；（3）在通商口岸尽量将涉及外国人的案件移送中国法庭审理；（4）在内地逐步取消领事裁决民事案件的权力；（5）在通商口岸逐步

---

① Kuo Yun - kuan, "Some Observations on Chinese Legal History as Will Throw Light on the Question of Law Reform and Abolition of Extraterritoriality in China", Vol. 5, No. 4, pp. 255 - 272.

② 金问泗：《从巴黎和会到国联》，传记文学出版社，1967，第2页。

取消领事裁决民事案件的权力；（6）逐步取消英国领事在通商口岸和内地裁判刑事案件的权力。[①]

此外还有两位重要学者的博士学位论文涉及近代中外关系和领事裁判权问题，虽然没有刊登在《学报》上，但《学报》专门发表了书评，显示了对它们的关注。一篇是鲍明钤的《中国的对外关系》，另外一篇是刘师舜的《领事裁判权兴废论》。刘师舜的论文虽然主要是从学理和历史的角度来讨论从古代埃及到近代中国的世界范围内的领事裁判权问题，但作为中国学者，他不可能完全以一种局外人的态度来看待中国近代的各种不平等条约，他详细分析了历史上各种取消领事裁判权的手段，如兼并、转移、单方面解除、谈判等，显然是为中国政府和外交部门提供参考。鲍著则侧重于梳理近代中外交往历史，共分为六个部分：（1）中国外交史概略；（2）西方列强对中国的政策；（3）日本对华政策；（4）中国主权之侵害；（5）大战后出现的新问题；（6）为中国拟定的外交政策。其中“中国主权之侵害”（impairments of Chinese sovereignty）部分将主要矛头指向领事裁判权问题。在鲍明钤看来，主权意味着能力（competency），一个失去主权的国家就像走路还要人搀扶、行动受人控制的孩子，中国必须尽早摆脱这种无力的状态。[②]

虽然要收回旧条约中的权利不容易，但在签署新条约时完全可以避免重蹈覆辙。刁敏谦在发表于《学报》第9卷第4期（1925年10月）的《中国的新条约》（“China’s New Treaties”）一文中回顾了第一次世界大战结束后中国和智利、瑞士、玻利维亚、波斯等国签订的协议。举国上下反对领事裁判权的态度在这些新条约中得到了体现，中国和波斯签订的《友好条约》（1920年6月1日）中明确表示没有领事裁判权。[③] 中国再和以前签订过条

---

① Ching - lin Hsia, “Treaty Relations between China and Great Britain: A Study of International Law and Diplomacy”, Vol. 7, No. 2, pp. 46 - 47.

② Georges Padoux, “*The Foreign Relations of China* by Mingchien Bau”, Vol. 8, No. 3, pp. 236 - 242; Georges Padoux, “*Extraterritoriality, Its Rise and Its Decline*by Shih - shun Liu”, Vol. 10, No. 3, pp. 755 - 763.

③ 中国波斯《友好条约》第五条：“两缔约国得派总领事、正领事、副领事、代理领事驻扎于彼此容许诸外国同等官吏所驻扎之重要城邑及口岸，除领事裁判权外，得享受最惠国领事官之同等特权。”王铁崖编《中外旧约章汇编》（1957），第3册，第76页。

约的国家签约时，也特别注意到了这一条。巴黎和会时中国拒绝签字，后来和德国单独订立新的《中德协约》(1921年5月18日签署）时，德国放弃了领事裁判权。1921年9月26日中国和墨西哥签订的《暂行修改中墨一千八百九十九年条约之协定》中，墨西哥政府“自愿表示，将来正式修改该约，本国政府放弃在华之领事裁判权一事，当居修改各款之一”。[①] 最值得一提的是中国和苏联的《解决悬案大纲协定》(1924年5月31日签订)，苏联政府宣布，“将中国政府与前俄帝国政府所订立之一切公约、条约、协定、议定书及合同等项概行废止”；同时声明，“前俄帝国政府与第三者所订立之一切条约、协定等项，有妨碍中国主权及利益者，概为无效”。[②] 刁敏谦对这些新的进展感到高兴，也对全面解决领事裁判权问题充满期待。

二 司法改革

从中国人的视角来看，鸦片战争以来签订的一系列条约都应该尽快修订，甚至废除。但从外国人的角度来看并不完全如此。时任中国政府司法顾问的法国学者宝道在评论鲍明钤《中国的对外关系》一书时就指出：“没有人怀疑中国应该最终收回她割让给外国的主权，但在要求收回之前，她必须有足够的能力行使这些权力，而事实是，目前的政治动荡使她无法进行那些为了实现这一目标所需要的改革。”取消领事裁判权最需要的是司法改革。宝道在文章最后说，他虽然很高兴看到继法国学者高第（Henri Cordier)、美国学者马士之后，中国留学生开始写出有分量的关于中国对外关系的专著，但他希望中国留学生在目前情况下应该更关注中国内部的改革，而不是外国列强对中国的不平等条约。[③] 另外美国驻上海副领事毕肖普（Crawford M. Bishop）在《领事裁判权在中国及其取消问题》(“Extra-territoriality in China and Its Abolition”）一文（载于《学报》第5卷第3

① 王铁崖编《中外旧约章汇编》(1957)，第3册，第183页。

② 王铁崖编《中外旧约章汇编》(1957)，第3册，第399页。

③ Georges Padoux, “*The Foreign Relations of China* by Mingchien Bau”, Vol. 8, No. 3, pp. 241-242.

期）也持和宝道相似的观点。

有关中国的司法改革，最早在《学报》上发表文章的是宝道和王宠惠。宝道根据他此前在泰国的工作经验指出，泰国的司法改革是与领事裁判权密切相关的。1855 年 4 月 18 日，英国在与泰国签订的条约中明确了领事裁判权，其后西方列强陆续获得了这一权利，最后一个获此权利的是日本（1898 年）。日本在签署条约时明确表示，一旦泰国实现司法改革，即制定新的民法、刑法、民事诉讼法、刑事诉讼法，双方就可以谈判取消领事裁判权。此后泰国采取了一系列的司法改革，于是法国于 1907 年、英国和日本于 1909 年部分放弃了领事裁判权（一战后彻底解除）。泰国很多情况和中国相似，中国可以借鉴。①

宝道当时担任中国司法顾问，对中国的情况是比较了解的。而王宠惠就更有发言权了。他是近代中国第一位留美法学博士（1905 年入学耶鲁大学），回国后一直在政界和法律界担任要职。1917 年，王宠惠出任法律编查会会长，该会专门负责法律的起草和修订。1918 年，法律编查会改为修订法律馆，他又任修订法律馆总裁。王宠惠在《中国法律改革》一文中首先回顾了中国近代司法改革的动力：一是 1895 年甲午海战中国惨败引起的朝野上下的改革呼声，二是领事裁判权的刺激。接着他分析了晚清民初修订颁布的几部法律，对比 1912 年 3 月颁布的《暂行新刑律》，王宠惠认为其中已经有了不少新的变化。比如第 10 条“法律无明文科以刑罚者，其行为不为罪”就非常符合西方的法律精神，其重要性在于扭转了长期以来中国司法机构不依据法律订立罪名的做法。同时王宠惠也清醒地意识到，中国的司法改革还有很多工作要做，如逐步建立四级法院和陪审员制度，为辩护人聘请律师，以及监狱改革等，当然更重要的是实现司法的真正独立。王宠惠在文中还分析了中国建立的新法律体系的特点，其强烈的欧洲大陆法倾向是多方面因素造成的。中国通过日本受到了德国法律的影响是一个不小的原因，而更重要的两点是：一是英美法侧重个人，忽视家庭，而在中国家庭是社会的基本单位，所以中国法律改革是在保留这一传统的情况下尽量按照大陆法系

① Georges Padoux, “Law Reform in Siam”, Vol. 2, No. 2, pp. 1 – 12.

实现现代化；二是英美法是案例法，学习起来比较困难，不如成文法便于操作。王宠惠在文章最后指出，短时间内中国法律改革已经取得不小的成绩，在此基础上，“修订法律馆将本着两个基本原则继续做好工作，第一是充分考虑到东西方差异，两者的基本理念都要尊重；二是中国的习俗复杂丰富，在新法律中必须尽量遵守。只有这样才能取得成功”。①

1917 年法律编查会成立后，对刑法进行了第一次修正。1918 年法律编查会改为修订法律馆，王宠惠任总裁，罗文干任副总裁，又起草了第二次刑法修正案。《学报》第 4 卷第 3 期刊发的罗文干《中华民国刑法》一文对第二次修正做了比较详细的说明。这次修订的原则是尽可能保留 1912 年《暂行新刑律》的内容，同时综合参考法学的最新成果。在罗文干看来，这次修订的一个革命性的进展体现在废除了极端的处罚如砍头等，虽然保留了死刑，但只采用绞刑的方式。此外废除了有期徒刑的等级制，对不同罪行明定年月，避免量刑过轻或过重的问题。其他修订还包括提高刑法责任年龄，将 12 岁改为 14 岁；量刑时充分考虑犯罪时的环境和主观动机；对少年犯实施管教；等等。修正案还增加了妨害商务罪、妨害公共秩序罪、职务犯罪等新内容，同时细化了精神病人犯罪、酒后犯罪等各类情况的定义，区分了累犯和惯犯的性质等。总之，这两次修订做到了对罪犯处罚的个性化。罗文干还特别强调了修订案的一个重大变化，就是立法以从新、从轻为两大并行不悖的原则。原来的《暂行新刑律》跟新法有轻重差别时，概从新法。第二次刑法修正案虽然在一般情况下也以从新为原则，但旧法的刑罚比较轻时，处罚从轻。如新法第一章第二条规定：行为时的法律与裁判时的法律遇有变更，依裁判时的法律处断，但“行为时法律之刑较轻者，适用较轻之刑”。② 种种变化表明，中国在司法改革上迈出了坚实的步伐。

虽然在司法改革上取得了不少进步，但中国在巴黎和会上提出的修约要求并没有得到积极的回应。1921 年华盛顿会议中国代表团再申前请，国际社会最终同意派遣调查团来中国考察司法情况。在这样的形势下，曾任

---

① Wang Chung - Hui, “Law Reform in China”, Vol. 2, No. 2, pp. 13 - 21.

② Lo Wen - kan, “The Criminal Code of the Republic of China”, Vol. 4, No. 3, pp. 213 - 218.

司法总长的张耀曾于1925年12月8日的中国政治学会会议上发表了题为《中国司法现状与未来》的演讲（后发表于《学报》1926年1月第10卷第1期）。演讲一开始，张耀曾就开宗明义地表示："因为国际领事委员会将来中国调查，根据华盛顿会议的决议，我将借此机会报告一下中国目前司法的总体情况以及将采取的改进方法。我不打算陷入任何的理论探讨或者批评，我只想利用多年在司法部门的工作经验提供一些切实可靠的数据来说明中国在司法方面取得的成绩。"[①] 演讲分为现状和未来计划两部分。在现状这一部分他介绍了在法律条例制定颁布、法庭建设、法官队伍建设、监狱建设等方面的情况。其中法律条例制定颁布是重点，具体如下。

民事方面：一、《现行刑律》（《大清刑律》修订版）民事部分（1912年3月10日公布）；二、《管理寺院条例》（1915年10月29日公布）；三、《清理不动产典当法》（1915年10月6日公布）；四、《国有荒地承垦条例》（1914年3月3日公布）；五、《森林法》（1915年4月30日公布）；六、《矿业条例》（1914年3月11日公布）；七、《著作权法》（1915年11月7日公布）。

商事方面：一、《商人通则》（1914年3月2日公布）；二、《公司条例》（1914年1月13日）；三、《证券交易所法》（1914年12月29日）；四、《物品交易所法》（1921年3月5日）；五、《商会法》（1914年9月11日）；六、商标表（1923年5月3日）。

刑事方面：一、《暂行新刑律》（1912年3月10日公布）；二、《暂行新刑律补充条例》（1914年12月24日公布）；三、《修正吗啡治罪法》（1920年12月31日公布）；四《私盐治罪法》（1915年12月22日）；五、《贩卖罂粟种子罪刑令》（1914年12月20日公布）；六、《禁止销毁前清制钱罪刑令》（1916年1月20日公布）；七、《陆军刑事条例》（1915年3月18日公布）；八、《海军刑事条例》（1918年5月24日公布）。

诉讼法方面：一、《民事诉讼条例》（1921年7月22日）；二、《民事诉讼执行规则》（1920年8月3日）；三、《诉讼费用规则》（1920年6月20日

---

① Chang Yao - Tseng, "The Present Conditions of the Judiciary in China and Its Future", Vol. 10, No. 1, p. 163.

公布）；四、《民事公断暂行规则》（1921年8月8日公布）；五、《商事公断处章程》（1913年1月28日公布）；六、《登记通则》（1922年5月21日公布）；七、《不动产登记条例》（1921年5月21日公布）；八、《刑事诉讼条例》（1922年11月14日）；九、《刑事简易程序暂行条例》（1922年1月25日）；十、《处刑命令暂行条例》（1920年12月28日）；十一、《陆军审判条例》（1915年3月25日公布）；十二、《海军审判条例》（1918年5月21日）；十三、《审理无领权国人民民刑诉讼章程》（1918年5月23日公布）。

国籍和法律适用方面：一、《国籍法》（1914年11月30日公布）；二、《法律适用条例》（1918年8月5日公布）。

司法方面：一、《法院编制法》（1912年3月10日公布）；二、《暂行各县地方分庭组织法》（1917年4月22日）；三、《县司法公署组织章程》（1917年5月1日公布）；四、其他。

警察方面：一、《治安警察法》（1914年8月29日公布）；二、《违警罚法》（1915年11月7日公布）；三、《警械使用法》（1914年3月2日）；四、《豫戒法》（1914年3月3日公布）；五、《出版法》（1914年12月4日公布）；六、《狩猎法》（1914年9月1日公布）。

关于申诉和行政诉讼方面：一、《诉愿法》（1914年7月20日公布）；二、《行政诉讼法》（1914年7月20日公布）。

关于戒严和捕获方面：一、《戒严法》（1912年12月15日公布）；二、《捕获审检厅条例》（1917年10月20日公布）；三、《海上捕获条例》（1917年10月30日公布）。

此外最高法院的《大理院判例》《法令解释》也汇编成册，供各级审判厅（初级审判厅、地方审判厅、高级审判厅）参考。

第二部分比第一部分简单。张耀曾从法律制定、增加法庭和监狱的数量、培训法官三个方面进行论述。其中在法律制定方面，计划在1926年颁布的法律有《民律总则论》《民律债权论》《民律物权论》《民律亲属论》《商律票据论》，计划在1927年完成制定并于1928年公布的法律有《强制执行律》《破产法》《商律总则论》《商律商行为论》《商律公司论》《海洋法》。此外，此后五年计划分别增设205个法庭和128座监狱。对于提升司法工作效率来说，好的法官不可或缺，张耀曾介绍此后对于法官的培训将主要从两个方面着手：一是建立一所法官学校，提供高级知识和技能培训；二是派送法官到国外进修，让他们在熟悉中国法律的基础上了解外国法律，掌握外语技能。[①]

从上面的文章可以看出，晚清以来，特别是民国建立以来，中国在司法方面做了不少工作。但效果如何呢？汪楫宝在《民国司法志》中总结说："盖新司法制度，虽已行之四十余年，默察社会舆情，仍不免有扞格之处。推原当初改革动机，颇侧重于获得外人在华领判权之放弃。以是有关司法上一切新措施，大致皆就欧美成规，亦步亦趋。中西国情互异，自难完全适合。"[②] 中国确实有自己的国情，不能完全照搬国外的法律。

三　国际法与国际关系研究

领事裁判权等不平等条约的存在不仅在国家层面成为推动中国近代司法改革的动力，在个人层面也刺激了不少中国学子研习国际法，顾维钧就是其中之一。他曾表示，自己在美留学期间"一直对外交关系有兴趣，并想改进中国外交事务的处理方法"。[③]他于1912年提交的哥伦比亚大学博士学位论文《外人在华之地位》（"The Status of Aliens in China"）是最早系统讨论中外条约体系的著作，其中对于领事裁判权的由来、发展、作用有详细描述。此后的英美留学生刁敏谦、鲍明钤、刘师舜等对此问题继续给予了高度关注。他们之间的差别在于顾维钧在论文中还没有明确提出修约的要求，而后来者不仅要求明确，而且充分利用自己在国外学到的国际法知识为中国外交出谋划策。其中最典型的就是刁敏谦对"情势变迁"（Rebus sic Stantibus）原则的运用，这是国际法中一条古老的原则，它设定签订条约时缔约国是以某些根本情势的继续存在为前提的，一旦这种根本情势发生变化，缔约国就可以根据该原则废除该条约。刁敏谦在其博士学位论文中以这

① Chang Yao - Tseng, "The Present Conditions of the Judiciary in China and Its Future", Vol. 10, No. 1, pp. 163 - 182.

② 汪楫宝：《民国司法志》（1954），商务印书馆，2015，第114页。

③ 中国社会科学院近代史研究所编译《顾维钧回忆录》，中华书局，1993，第1册，第72页。

一原则作为中国要求改订条约的法理依据，他后来在《学报》上发表的《中国与和平会议》一文再次运用了这一原则。他指出，中国的不平等条约都是清朝帝制时代签订的，现在民国已经建立，中国已经是国际大家庭中的一员，情势发生了巨大的变化，而旧的条约义务依然存在，这“不仅阻碍了中国的发展，甚至危及它的生存，因此它的修约要求必须被正视”。[①]

对于近代中国来说，国际法是纯粹的西方舶来品，就像其他不少知识一样。国际法最早由传教士介绍进中国，早在鸦片战争爆发前的 1833 年，德国传教士郭实腊（Karl Gutzlaff）就在广州创办了中国近代内地第一份中文期刊《东西洋考每月统记传》（1837 年以后，该刊出版地迁至新加坡），它成为中国最早引入西方法学等学科知识的刊物。继郭实腊之后，英国传教士麦都思（Walter H. Medhurst）、傅兰雅（John Fryer）、李提摩太（Timothy Richard）、林乐知（Young J. Allen），美国传教士裨治文（Elijah C. Bridgman）、丁韪良（William A. P. Martin），德国传教士花之安（Ernst Faber）都曾致力于介绍宣传西方的法学知识，其中丁韪良对国际法的传播贡献最大。1862 年，清政府在总理各国事务衙门下设立了培训外语人才的专门机构——同文馆，丁韪良受聘担任英文教习，不久他就为中国学生开设了国际法课程。1863 年，丁韪良开始着手翻译美国人惠顿（Henry Wheaton）的《万国公法》（*Elements of International Law*），该书受到恭亲王等人的赏识，由总理衙门拨专款付印出版。《万国公法》第一次全面地将国际法著作介绍到中国，影响十分深远。

随着西法东渐，中国人对包括国际法在内的西方近代法律逐步有了认识。19 世纪末以来，随着法学留学生的出现，熟悉国际法并能加以运用的中国人越来越多。但从他们发表的著作来看，能从理论层面深入探讨的人还是数量有限。就“情势变迁”原则来说，黄廷英的研究是比较深入的。[②] 他

---

① M. T. Z. Tyau, “China and the Peace Conference: Problems of Treaty Revision”, Vol. 2, No. 2, p. 53.

② 黄廷英（1907—?），1929 年获得东吴大学政治学学士，后赴美留学。1930 年获得伊利诺伊大学硕士，1933 年获得约翰·霍普金斯大学国际法专业博士学位，回国后任东吴大学教授。1949 年后去台湾。参见王伟《中国近代留洋法学博士考（1905—1950）》，第 149 页。

于1933年获得美国约翰·霍普金斯大学国际法专业博士学位，其博士学位论文为《国际法上情势变迁原则论》（“The Doctrine of Rebus sic Stantibus in International Law”），全文分为五章，通过众多案例探讨了这一原则。《学报》刊登了时任清华大学政治学教授王化成对这篇重要论文的书评。王化成指出，该文是中国学者对“情势变迁”原则研究的一个积极贡献，是值得庆贺的，但同时他也认为作者的结论部分比较薄弱，对于一些法理问题的探讨不够深入，正如王化成在书评末尾提出的一些问题：“如果根据情势变迁就可以撤销条约的话，那么存在的问题是，情况要达到什么性质，变化要有多大？情势变迁是要求修改条约的唯一条件吗？如果对方坚持不修约，可以单方面提出修约吗？情势变迁可以自动地使条约失效吗，还是要通过一些修订或撤销的程序？这些问题都还有讨论的空间。”①

《学报》上刊载的从学理上探讨国际法的正式论文不多，其中最重要的是穆尔（J. B. Moore）的《国际法及其当前的例证》（“International Law and Some Current Illustrations”）。穆尔当时是哥伦比亚大学的国际法教授，也是美国历史上第一位国际法教授，是这一领域的权威学者。他在这篇文章中详细分析了第一次世界大战期间有关国际法的问题。第一次世界大战发生后，很多人哀叹国际法已经不复存在。穆尔承认，国际法不像国内法有强制执行的机关，很容易遭到破坏，但他以大量事实说明，尽管战争很残酷，很多国际法原则仍然在起作用，比如保护非战争人员生命以及私人财产、战争期间合法的中立贸易（legitimate neutral trade）的开展，等等。另一方面他也指出，战争中使用毒气、空袭以及对平民的伤害确实需要国际社会以人道主义为原则加以限制。

而穆尔正是顾维钧的博士生导师。顾维钧在1912年回国后主要从事具体的外交活动，不像穆尔那样在高校执教，但顾维钧在实际工作中也积累了对于国际法的不少认识和思考。《学报》第2卷第3期刊登了他的《国际法的执行》（“Administration of International Law”）一文，对执行机关如政府外交机构、国际调查团、国际仲裁法院等机构的成败得失进行了比较

① Hua - Cheng Wang, “The Doctrine of Rebus Sic Stantibus in International Law by T. Young Huang”, Vol. 20, No. 2, p. 333.

深入的分析。穆尔也是刘师舜、徐淑希在哥伦比亚大学的博士生导师。此外，金问泗、郭云观在哥伦比亚大学进修期间也得到了穆尔的指导。[①]

在《学报》发行的二十五年间，中国外交上的几个热点占据了相当多的篇幅：（1）巴黎和会上的山东问题；（2）华盛顿会议；（3）国联；（4）九一八事变后的满洲问题；（5）日本占领东三省，这是最受关注的。《学报》上发表了多篇讨论这一问题的文章，其中徐淑希最为活跃，他的博士学位论文就涉及这方面的内容。和其他学者相比，他尤其擅长从学理上讨论问题。[②]

1929年11月21日，徐淑希在学会会议上宣读了题为《京都会议上的满洲问题》（Manchuria in the Kyoto Conference）的报告，后刊登于《学报》第14卷第1期（1930年1月）。京都会议是太平洋关系学会（Institute of Pacific Relations）举行的第三次会议，该学会是第一次世界大战后由亚太地区民间团体组成的一个旨在维护国际秩序的非政府组织。[③] 20世纪20年代末30年代初，该学会对东北问题给予了特别关注，并将之作为京都会议（1929年10月28日至11月9日）和上海会议（1931年10月21日至11

---

① 详见金问泗《我与谟亚教授的师生关系》，《传记文学》第8卷第5期。

② 以下关于徐淑希的论述参考了李珊《九一八事变后中国知识界对日本战争宣传的反击——以英文撰述为中心》，《抗日战争研究》2012年第4期；张静《中国知识界与第三届太平洋国交讨论会》，《近代史研究》2004年第1期。

③ 1925年，太平洋关系学会建立。由于该学会的出现，传统意义上的汉学开始走出厚古薄今的研究壁垒，转向侧重现实问题和国际关系问题研究的新领域，从而揭开了地区研究的序幕。太平洋关系学会最初是由夏威夷关心太平洋地区社会经济问题的商界、教育界、宗教界人士发起的区域性团体，其宗旨是“研究太平洋各民族状况，以求改进各民族间的相互关系”。后来该学会吸收了来自世界不同地区的专家、学者、政府官员，并且得到美国政府和一些财团的支持，发展成为一个国际性的学术团体，总部迁至纽约，在美国、中国、日本、朝鲜、印度、澳大利亚、菲律宾、加拿大、英国、法国、苏联等国均设有分会。其总会的会刊为《太平洋事务》（*Pacific Affairs*），美国分会的会刊为《远东观察》（*Far Eastern Survey*）。出于对第二次世界大战前错综复杂的远东局势的关注，太平洋关系学会的研究重心始终放在远东问题上，同时兼顾整个亚洲研究。它的主要研究规划几乎涉及美国政府急需了解的各方面问题，例如人口、土地占有和农业技术、工业化、家庭、殖民机构、民族运动、劳工组织、国际政治关系、商业和投资等。太平洋关系学会还积极联系基金会，资助学者深入远东进行实地考察。据统计，美国20世纪50年代以前出版的有关亚洲的书籍中有一半由太平洋关系学会出版或资助。在填补美国学术界对于太平洋地区知识的空白方面，太平洋关系学会是其他任何学术团体都无法比拟的。后来太平洋关系学会在麦卡锡运动中受到很大冲击，于1960年解散，详见John N. Thomas, *The Institute of Pacific Relations: Asian Scholars and American Politics* (University of Washington Press, 1974), pp. 3-11, 118-130。

月2日）的焦点议题。京都会议是中日双方在东北问题上的首次交锋，徐淑希担任中方的主要发言人。会议一开始就显示出双方立场的巨大差异。中方主张从问题产生的历史根源进行研究，日方则主张以现状为讨论依据。日本代表强调日本在东北的“特殊利益”，认为东北问题源自日俄战争，强调日本付出的牺牲以及当下苏俄的威胁。中国代表则认为东北问题起源于日本吞并朝鲜，列举了日本在条约权利之外侵略东北的种种行径，指出所谓苏俄的威胁只是日本的幻想。而对旅大、满铁、商租权等具体问题的讨论，最终都无法绕开“二十一条”（《民四条约》）和西原借款这两个话题。日本代表动辄以此作为依据，而中国代表则提出二者都不为中国政府所承认。讨论不可避免地陷入僵局。徐淑希的报告详细地陈述了会议的过程和中、日双方的立场。①

此外，徐淑希还在《学报》第15卷第1期（1931年4月）发表了《南满铁路的地位》（“The Status of the Railway Settlements in South Manchuria”）一文，全面反驳了日本学者蜡山政道的各种谬误观点，强调东三省是中国领土不可分割的一部分。徐淑希在文中着力讨论了日本继续占领满铁的违约性，以及日本在满铁建立护路队和守备队的侵略性。②

九一八事变后，日本在国际上反复宣称其出兵东北是出于维护条约权利的考虑，而在中日条约问题上，最大的分歧当属1915年签订的《民四条约》。1931年10月26日，日本政府不顾国联行政院先后通过的三个要求日军撤至铁路区域内的决议案，向国联提出处理中日冲突的五点基本原则，其中要求“承认既有条约，包括日本在满洲租借区域内的争议问题”，意图将撤兵问题与所谓“在满洲之条约权利”挂钩。所谓条约权利，实指《民四条约》。徐淑希意识到向国际社会澄清《民四条约》效力问题的重要性，专门撰写了《民四条约》一文，在《学报》发表。他首先给出了《民四条约》的英文译文，然后摘引各种有关中日“二十一条”交涉的外交文件，证实袁世凯在未经国会同意的情况下签订了《民四条约》。徐淑

① Hsu Shuhsi, “Manchuria in the Kyoto Conference”, Vol. 14, No. 1, pp. 61 – 70.

② Hsu Shuhsi, “The Status of the Railway Settlements in South Manchuria”, Vol. 15, No. 1, pp. 29 – 47.

希依据《奥本海国际法》（*Oppenheim International Law*）指出，“这种由袁世凯缔结的条约违背了宪法的约束，并非真正的条约，且不合于共和体制，因为他缔结这些条约时即已僭越了其权力的范围”，从而说明《民四条约》违反了《中华民国临时约法》，因而没有法律效力。[①]

在满洲问题上，徐淑希不仅关注自己的直接对手——日本学者的论述，也关注西方学者的著作，这构成了他满洲问题研究的另一个特点。当时关于满洲问题的讨论主要在中、日之间展开，西方学者只有美国人杨沃德（C. W. Young）做过比较深入的研究，他的著作《日本在满洲的权限及国际合法地位》（*Japan's Jurisdiction and International Legal Position in Manchuria*）在西方颇受关注，但其中不少观点与事实不符。为了避免该书观点误导西方公众，徐淑希专门撰写了《日本之权利与地位》，逐一指出了杨沃德的偏颇之处。（1）在日本干涉东北内政问题上，杨沃德的观点受到日本所谓“民族生存权利说”和“特殊权益说”的影响，一方面承认日本在满洲的特权并非国际法或中日间条约所赋予，另一方面又声称“日本占有与满洲毗邻的领土，没有哪个国家在满洲的既有权益能与日本相比”，徐淑希对此诘问道，“无论一国是否拥有与另一国‘毗邻’的领土，是否享有超越其他国家的‘既有权益’，如果该国在他国享有的‘外交权利与义务’不受国际法和双边条约的保护，这些权益又如何可能‘存在’呢”？（2）杨沃德倾向于认可《民四条约》中延长旅大租约的条款的合法效力，他承认国际通行的“违反本国宪法之条约非有效之条约”原则，却又认为中国在条约订立时政局混乱，故而不适用于此项原则。徐淑希批评这种主张实际意味着“一个与其邻国相比治理不善的国家应该被剥夺法律的权益”的强盗逻辑，而这正是日本发动侵华战争的一套说辞。（3）对于日本扩大满铁“附属地”并不断扩充经济军事势力的行为，杨沃德亦采取支持态度。他举出光绪二十二年（1896）中俄签订的《中东铁路合同》第五款中“凡该公司之地段一概不纳地税，由该公司一手经理”一语，结合李鸿章在甲午战后与俄国缔结密约的政治背景，故意将“经理”一词解释为包含征税、

① Hsu Shuhsi, “Treaties and Notes of 1915”, Vol. 16, No. 1, pp. 43 - 66.

设置军警等权利的政治治理。徐淑希将该项合同的中英法三个版本进行逐句对比，指出“经理”一词在条约原文中根本不涉及政治权利，进而揭露了杨沃德对条约内容的有意曲解。[1]

不难看出，徐淑希有关东北问题的著作不但数量多，而且学术性强，代表了具有国际法知识背景的学人以法理为依据揭示日本侵略行径、寻求从外交上解决中日纠纷的理性倾向。随着中日关系日益恶化，徐淑希的东北问题研究受到了南京国民政府的重视与采纳。九一八事变后不久，徐淑希即被张学良组织的东北外交研究会聘为委员。1932 年，顾维钧担任国联李顿调查团中方代表，徐淑希是顾氏的顾问。1932 年 11 月，蒋介石采纳钱昌照的建议创建国防设计委员会，徐淑希即被蒋介石任命为首批 39 位委员之一，作为国际关系方面的专家与周鲠生、钱端升等人研究国际形势，尤其是对日外交问题。

徐淑希反驳杨沃德的论文列《学报》第 16 卷第 2 期的首篇，紧接其后的是傅斯年《东北史纲》（*Manchuria in History*）的英文节译本，译者为李济。《东北史纲》是傅斯年在九一八事变后心焦如焚的情绪下赶出来的作品，主要是为了说服国联李顿调查团认可东北自古以来是中国领土。此书主旨在根据史书记载证明东北属于中国，以驳斥日本人“满蒙在历史上非支那领土”之谬论。李济将其中的主要内容翻译成英文。李济是近代中国的“考古学之父”，他的专业可以说和现实问题没有任何关系。但在国难当头的时候，学者们的家国之情完全超越了个人的专业。

中国和日本在东北的关系问题上还牵涉到一个重要邻邦——俄国。关于日俄战争前后的中俄关系，当时任教于清华的俄国学者噶邦福（J. J. Gapanovich）在《学报》第 17 卷第 2 期发表了《1892—1906 年中俄在满洲的关系》（“Sino - Russian Relations in Manchuria，1892 - 1906”）一文，对此进行了细致的梳理。至于整个近代以来的中俄关系，《学报》分五期连载了陈复光在哈佛大学的博士学位论文——《1689 年以来之中俄关系》（“Sino - Russian Diplomatic Relations since 1689”），该文可以说是中国学者研究中俄关系史的开山之作。全文分为八个章节：雅克萨战役前之中俄

① Hsu Shuhsi，“Japan’s Rights and Position in Manchuria”，Vol. 16，No. 2，pp. 193 - 225.

关系及《尼布楚条约》之缔结；18 世纪之中俄关系；帝俄之侵略黑龙江流域与《瑷珲条约》《北京条约》《天津条约》之缔结；中俄对西域之经营至《伊犁改订条约》之缔结；跨西伯利亚铁路的建立；中日甲午战争至日俄战争期间帝俄对华之侵略；日俄协作下帝俄之对华侵略；苏联与中华民国的关系。这篇论文不仅资料丰富，而且结构合理，为中俄关系史的研究提供了非常有价值的框架。这个结构从纵向看，把两百多年之中俄关系史大体上分为三个时期，即《尼布楚条约》至 19 世纪中叶；19 世纪中叶至 1890 年代；19 世纪 90 年代以后。从横向看，则把中俄九千多公里的边界大体上分为东段、西段两大块。这个结构框架影响重大，为后来的研究者所继承和发展。

四　宪法研究

在国际法领域，领事裁判权是焦点。在国内法律问题上，宪法是一大热门。《学报》中讨论宪法的文章不少，最长的一篇是毕善功（L. R. O. Bevan，时任北京大学政治学教授）的《中国的宪法》，《学报》分四期连载了全文。该文系统地回顾了晚清以来的四部宪法：《钦定宪法大纲》（1908）、《重大信条十九条》（1912）、《中华民国临时约法》（1912）、《中华民国约法》（1914，也被称为“袁记约法”）。他在文章开篇写道：“20 世纪初年见证了中国制定宪法的多次努力，这一工作现在还没有完成。《中国社会及政治学报》的编辑认为将这段时期宪法建设的成果介绍给读者，特别是西方读者，是一件有趣和有益的事情。这一个接一个被制定又被替代的法律让人困惑，名目繁多的各种全国会议、省议会的名称对于不了解中国情况的西方读者来说更是摸不着头脑。我确实不容易找到一条清晰的叙述线索，但我会尽量把过去二十年发生的事情在不长的篇幅内展示出来，如果说这样做有什么价值的话，至少能为以后的研究提供了一份参考。我不准备对任何一部宪法给予褒贬，也不想说明哪一部宪法所展示的道路值得延续。本文只是按时间顺序罗列事实，不准备冒险提出任何建议和意见。”①

---

① L. R. O. Bevan，“China's Constitutions，I”，Vol. 2，No. 4，pp. 89 – 90.

尽管这么说，毕善功在实际行文中还是难以掩藏自己的观点，比如在介绍完 23 条条文之后，就对《钦定宪法大纲》提出相当严厉的批评："宪法丝毫没有减少皇帝的任何权力，反而加强了他的权威，将他曾经表示将让渡给别人的权力再一次集中到自己手中。"[①] 显然，毕善功虽然肯定《钦定宪法大纲》作为中国历史上第一部宪法性文件的重要意义，但很难认同其中的某些条文，特别是第一条"大清皇帝统治大清帝国，万世一系，永永尊戴"和第二条"君上神圣尊严，不可侵犯"，这两条说明清朝君主仍在强调自身权威，将统治权和主权牢牢抓在自己手中。民国之后的三部宪法在其制定和执行过程中体现出行政权与立法权的激烈斗争，对此毕善功表现出一种同情的理解，他从比较宪法的角度指出，英、美、法等西方国家在立宪和行宪的过程中同样一直存在行政权与立法权的斗争，要找到两者的平衡需要时间。他写道："对于高效的政治来说，行政权与立法权的和谐当然是需要的，这就要求两者中的一个处于更有影响力的地位。孟德斯鸠和威廉·布莱克斯通（William Blackstone）在某种程度上误解了'分权'学说，无论是在法国还是英国，直到今天都很难看到国家权力是在彼此独立但相互合作的机构之间运行。"[②]

顾维钧 1923 年 3 月 9 日在学会会议上宣读的《中国宪法的几个方面》一文中对 1923 年宪法提出了三个值得注意的问题，其中之一正是行政与立法的关系，和毕善功的意见可谓不谋而合。其他两个问题是地方自治和中央管理之间的关系、立法机关与司法机关在法律解释权上的关系。顾维钧在文末总结说："以上三个关系对于中华民国的政治发展是极端重要的，因为一个稳定政府的建立和稳定政治秩序的维护有赖于这三种关系的成功解决。所以我热烈期望被赋予宪法制定任务的人士发挥他们的才智和远见。"[③]

1923 年的宪法等早期的几部宪法都没有真正实施，很多条文只是停留

---

① L. R. O. Bevan, "China's Constitutions, I", Vol. 2, No. 4, p. 107.

② L. R. O. Bavan, "China's Constitutions, IV", Vol. 5, No. 3, pp. 223 - 224.

③ V. K. Wellington Koo, "Some Aspects of China's Permanent Constitution", Vol. 7, No. 2, p. 185.

在纸面上。清华大学教授陈之迈在《学报》第18卷第4期发表的论文《中华民国宪法草案》中分析了这一情况，文中指出了三点原因：一是过于理想化，脱离中国实际；二是脱离中国的生产力水平和经济水平；三是内忧外患，缺少稳定的政治环境。[1] 这三点应该说切中了问题的要害，令人深思。

① C. M. Chen, "Draft of the Constitution of the Republic of China", Vol. 18, No. 4, pp. 540 - 541.

雷海宗对文化形态史观及其“中国化”的研究

宋凤英　何立波*

摘要　雷海宗是20世纪的著名西洋史学家，被誉为“全球史”的最早论者之一，是中国学术界中最早用斯宾格勒的文化形态史观研究人类历史和中国历史的人。在传播和研究文化形态史观的过程中，雷海宗进行了创新，认为中国文化没有消亡，从“兵”的精神角度来解读中国历史的盛衰兴亡。在斯宾格勒文化“一周说”的基础上，雷海宗创造性地提出中国文化“二周说”和“三周说”。抗战时期，雷海宗和林同济、陈铨等运用文化形态史观研究中国历史和文化，形成“战国策学派”。雷海宗对古代文明进行了比较研究，批驳了“欧洲中心论”，反对中国文化消亡论。

关键词　雷海宗　斯宾格勒　文化形态史观　“战国策学派”　中国文化“二周说”

雷海宗，字伯伦，是20世纪著名史学家，博古通今，擅长大综合和跨文化研究。他较早传播德国史学家斯宾格勒（Oswald Spengler，1880－1936）的文化形态史观并用来研究中国历史，取得了突出的成绩。他批评“欧洲中心论”的观点，对中国文化进行独到的分析，提出中国文化“无兵”的弊端，创造性地提出了中国文化“二周说”和“三周说”，对中国

* 宋凤英，首都师范大学历史学院副研究员；何立波，北京师范大学人文和社会科学高等研究院史学研究中心副教授。

文化进行的研究引人瞩目。[①]

一 宣传文化形态史观，把斯宾格勒历史形态学跟中国历史联系起来

雷海宗生于1902年，河北永清人。其父为牧师，所以雷海宗自幼接触到了新学。1917年，雷海宗到北京崇德中学读书，1919年考进清华学堂，1922年赴美国芝加哥大学攻读世界史专业，师承美国著名史学家汤普逊（J. W. Thompson）教授。1927年，年仅25岁的雷海宗以《杜尔阁的政治思想》这篇博士学位论文获得博士学位。1927年，雷海宗留美归来，在中央大学史学系工作，先后担任副教授、教授和系主任等职务，讲授和研究西洋史和中国史，成为老一辈史学家中学贯中西的杰出代表。1931年，雷海宗离开中央大学，任武汉大学史学系教授。1932年，经时任清华大学历史系主任蒋廷黻的推荐，雷海宗到清华大学历史系任教。1935年，年仅32岁的雷海宗出任清华大学历史系主任，成为清华大学最年轻的系主任之一。抗战时期，雷海宗随西南联大南迁昆明。从1935年到1949年9月2日，雷海宗担任清华大学历史系主任长达14年。其间，雷海宗把蒋廷黻开

---

① 20世纪80年代以来，对雷海宗的研究逐渐兴起。雷海宗的部分著述被王敦书编为《伯伦史学集》（中华书局，2002）。南开大学历史学院编了《雷海宗与二十世纪中国史学》（中华书局，2005）。雷海宗在武汉大学的授课手稿被整理为《西洋文化史纲要》（上海古籍出版社，2007）出版。雷海宗与中国文化的关系的研究成果较多，有王敦书（《雷海宗的世界历史上的中国观》，《史学理论研究》2011年第4期）、李春阳（《雷海宗和中国文化的周期》，《民主与科学》2017年第4期）、余永和和宋秀月（《雷海宗的民族文化重建构想》，《广州社会主义学院学报》2017年第1期）等。此外，江沛在战国策学派文化形态学理论研究方面有专著（《战国策派思潮研究》，天津人民出版社，2001）。甄修钰和李艳辉考察了雷海宗对西方古典奴隶制的独见（《雷海宗西方古典奴隶制学术思想的发展及启示》，《内蒙古大学学报》2013年第1期），陈志强认为雷海宗是中国批判“欧洲中心论”的先驱（《雷海宗批评“欧洲中心论”》，《史学理论研究》2012年第3期），郭小凌探讨了雷海宗《西洋文化史纲要》编写体系的创新之处（《雷海宗先生与他的体大精深的历史纲要》，《安徽史学》2004年第1期），杨生茂认为《西洋文化史纲要》具有博而蓄约、大而存精的特点（《博而蓄约　大而存精——雷海宗〈西洋文化史纲要〉读后感》，《世界历史》2003年第2期），马克垚则呼吁学习雷海宗的宏观世界史体系（《学习雷海宗先生的宏观世界史体系》，《博览群书》2003年第7期）。

创的“清华史学”发扬光大，坚持历史与社会科学并重、中国史与西洋史并重、考证与综合研究并重，让“清华史学”大放异彩。1952年秋，雷海宗从清华大学调往南开大学历史系工作，直至1962年去世。

在20世纪30年代中后期雷海宗任清华大学历史系主任时期，清华史学可谓“阵容豪华”。雷海宗讲中国通史，陈寅恪讲隋唐史，姚从吾、邵循正讲蒙元史，吴晗讲明史，萧一山讲清史，蒋廷黻讲中国近代史和中国外交史。全面抗战爆发后，雷海宗任西南联大历史系主任，开设中国通史、秦汉史、西洋文化史、西洋近古史、西洋中古史、罗马帝国制度史等课程。在清华大学历史学家群体中，陈寅恪、蒋廷黻、雷海宗等是最杰出的代表，在中国近代史学史上具有重要地位，推动了中国史学的近代化过程。遗憾的是，近年来学术界关于清华史学的认知几乎一边倒地突出强调王国维、陈寅恪代表的国学院和“新汉学”传统，而蒋廷黻、雷海宗代表的清华历史“新史学”传统在相当大的程度上被忽略了。

在近代中国学者中，雷海宗是少数世界史专业出身的史学大家，他借鉴西方近代史学的最新成果和方法来研究中国历史，在中国学术界较早开始研究和传播斯宾格勒的文化形态学（Cultural Morphology）。15世纪新航路开辟以来，人类逐步进入全球化的新时代。随着18世纪末以来考古学的诞生，对人类早期文明的研究取得了新突破，出现了文化形态比较学的新方法。1918年，斯宾格勒出版了代表作《西方的没落》，书中主要运用了文化形态学的比较研究，在西方学术界引起震动，初步形成了文化形态比较学体系。之后，被誉为“20世纪最伟大的历史学家”的英国史学家汤因比（Arnold Joseph Toynbee）出版了12卷的巨著《历史研究》，进一步阐述了斯宾格勒的文化形态学，作为一门历史学理论的文化形态史观就此形成。

文化形态史观，又称文化形态学或历史形态学，把文化或文明作为一种有机体，认为其具有高度的自律性，能够经历有机体般的诞生、生长、兴盛和衰亡的一个完整阶段，并通过对各个文化或者文明兴衰过程的比较研究揭示世界不同文明或者文化的特点，探讨人类历史的发展进程。“有生就有灭，有青春就有老境，有生活一般地就有生活的形式和给予它的时限。”[①] 这是斯宾格勒倡导的文化形态史观的最显著特点，也是《西方的没落》的主题思想和主要基调。在斯宾格勒看来，整个人类的历史是不存在的，值得关注的是不同文化或者文明的历史。他还认为，对世界历史的研究其实就是对不同文化或者文明发展史的研究。每一种文化或者文明都有其独特之处，在上古世界彼此交流是非常困难的。要探讨世界历史，就要使用新的思路和方法。这就是文化形态史观，这是“把一种文化的各个部门的表现形式内在地联系起来的形态关系”进行比较研究和综合考察的学说，是一种崭新的视角。[②] 在斯宾格勒看来，世界上不同国家不同地区的文化都要经历前文化、文化和文明的三个阶段，循环往复。他认为代表人类的主要文化有八个，其中埃及、巴比伦、印度、中国、希腊、阿拉伯、墨西哥这七个文化均已死亡，唯独西方文化尚存，才刚处于“战国时期”这一文明的第一个时期，是典型的西方中心论。在这一时期，人类战争频繁，并在战争中得以跨入帝国，最终在公元2000年到2200年间形成统一的大帝国。20世纪20年代，在李思纯、张荫麟、张君劢、吴宓、雷海宗等人的介绍下，斯宾格勒的著作逐渐在中国为人所熟知。早在1923年10月，李思纯就在第22期《学衡》发表了题为《论文化》的文章，这是最先在中国介绍斯宾格勒及其学说的文章。南开大学历史学院教授王敦书（雷海宗高足）就认为，在中国，李思纯是介绍斯宾格勒的第一人，张荫麟是翻译斯宾格勒理论著作的第一人，吴宓是出版和较详细评论斯宾格勒理论的第一人，雷海宗是用斯宾格勒理论文化形态史观研究人类历史和进行史著评论的第一人。[③]

清华大学历史系1935级学生、原上海社科院历史研究所研究员章克生认为，其师雷海宗的贡献是“把斯宾格勒的文化形态史观理论跟中国历史联系起来”。[④] 雷海宗引入文化形态史观的目的是洋为中用，想对中国的传

① 张广智、张广勇：《现代西方史学》，复旦大学出版社，1996，第214—233页。

② 〔德〕奥斯瓦尔德·斯宾格勒：《西方的没落》，齐世荣、田农、林传鼎译，商务印书馆，1963，第13—39页。

③ 王敦书：《斯宾格勒的“文化形态史观”在华之最初传播》，《历史研究》2002年第4期，第181—185页。

④ 章克生：《雷海宗师论斯宾格勒的〈西方的没落〉》，南开大学历史学院编《雷海宗与二十世纪中国史学》，中华书局，2005，第124页。

统社会与传统文化进行系统而深入的研究，并结合20世纪20年代到40年代的中国现状，找出解决弊端的对策。1931年，雷海宗在武汉大学时就已开始研究和介绍斯宾格勒的文化形态史观。1937年，雷海宗在清华大学主办的《社会科学》杂志上连续发表多篇研究文化形态史观的文章。在他看来，尽管中国历史有其特殊情况，但是仍然可以运用文化形态史观来研究，解释中国文化为何能历经数千年而永葆青春的活力。雷海宗在清华历史系开设了外国史学名著导读课，很受学生欢迎。他向学生介绍了斯宾格勒的史学思想，督促他们认真阅读《西方的没落》，认为这本书有“思想深度、独创性和比较永久价值”。在借鉴斯宾格勒学说的基础上，雷海宗提出了历史文化多元论的观点，“历史是多元的，是在不同的时间与不同的地域各个独自产生与自由发展的”。① 在研究斯宾格勒文化形态史观的基础上，雷海宗进一步提出每一种文化都要经历勃发、成长、繁荣和凋落的四个阶段，都要先后经历封建、贵族国家、帝国主义、大一统、政治破落和文化灭亡的末世。雷海宗把斯宾格勒文化形态史观和中国历史联系起来主要有两点原因。第一，斯宾格勒在《西方的没落》中提到了中国文化，认为中国文化的精神实体是孜孜追求“人与自然的合一”。第二，斯宾格勒认为各个文化大体上都经过了1400年或者更长时间的历程，中国历史有其特殊情况，但是仍然可以用文化形态史观理论来解释中国文化历经数千年而永葆青春的原因。② 受雷海宗影响，当时的南开大学经济研究所研究生吴于廑在1941年完成了他的硕士学位论文《士与古代封建制度之解体》，这奠定了他日后成为著名世界史学家的基础。

后人整理出版的雷海宗在武汉大学任教期间的成果《西洋文化史纲要》成为他的西洋史研究的重要代表。雷海宗撰写了授课提纲《欧洲通史》，其中第二部分留存至今，共300页，仅列举的外文参考书目就达300余种。③《西洋文化史纲要》涉及的时间范围始于5世纪，终于20世纪初，

---

① 雷海宗：《西洋文化史纲要》，上海古籍出版社，2007，第8页。

② 章克生：《雷海宗师论斯宾格勒的〈西方的没落〉》，第124页。

③ 何立波：《打破传统、独树一帜：雷海宗主要史学著作评述》，《炎黄春秋》2020年第10期，第37页。

雷海宗将西方历史分为黑暗时代、封建时代、旧制度时代、欧美文明时代。这份纲要体系完整，在体例上进行了大胆的创新，打破了传统的国别和王朝的框架，高瞻远瞩，抓大放小，通过具有影响的大事和改革变革来书写欧洲史尤其是西欧史，对西洋文化进行详细记述，梳理了科学文化、哲学社会科学、基督教等演变史。这份纲要是一部雅俗共赏的西洋文化史，内容详细，语言流畅，是20世纪30年代中国世界史学界的重要著作，可惜没有全部保存下来。在全书的末章，雷海宗认为西洋文化传播会越来越广，但是在人类命运体之下，“西洋文化势力之普及全世——势力且将日增；西洋文化命运与人类命运之打成一片”。[①] 这一观点标志着雷海宗在西洋史研究方面达到新高度。

二 批驳“欧洲中心论”，反对中国文化消亡论，彰显中国文化自信

对于文化形态史观“西方中心论”的错误思潮，雷海宗进行了批评，他也是最早批驳“欧洲中心论”的中国历史学者之一，他多次强调“世界史不是西洋史”。他在西洋史研究领域的第一篇文章就是对英国作家赫·乔·韦尔斯（H. G. Wells）所著《世界史纲》（*The Outline of History*）的批驳。1928年，雷海宗撰写了一篇重要文章——《评汉译韦尔斯著〈世界史纲〉》，严厉批驳了韦尔斯的“欧洲中心论”，认为韦尔斯缺乏历史学专门素养，其“历史”成为“西洋史”的代名词，历史观也就成为西洋史观。[②] 这篇文章于1928年3月4日发表于《时事新报》的“书报春秋”专栏。南开大学历史学院教授陈志强认为，学术界广泛反对“欧洲中心论”是在第二次世界大战前后，雷海宗在1928年就撰文反对，应为中国第一位批评“欧洲中心论”的学者。[③] 为纠正中国传统史学中重记事、轻理论的

① 雷海宗：《西洋文化史纲要》，第390页。

② 雷海宗：《伯伦史学集》，中华书局，2002，第614页。

③ 陈志强：《雷海宗批评“欧洲中心论”：以〈评汉译韦尔斯著《世界史纲》〉为例》，《史学理论研究》2012年第3期，第128页。

弊端，雷海宗撰写了《克罗奇的史学论——历史与记事》一文，促进了中国史学的发展。雷海宗强调史学研究的主观性和实用性，与以胡适、傅斯年为代表的“新考据学派”强调的唯科学主义形成了明显的对照，构成了中国现代史学中不可或缺的一部分。

雷海宗认为，“我们中国人学习世界历史，则必须要从中国的角度来看世界”。[①] 他于1954年在《历史教学》杂志上发表了《世界史上的一些论断和概念的商榷》，文章中对“地理大发现”一词进行具体的批驳：“‘地理大发现’一词，是欧美资产阶级历史学者的一个惯用名词，后来在殖民地化或者半殖民地化的大部分世界也不假思索地予以援用……”雷海宗不认可“地理大发现”的说法，建议在历史教科书中改用“新航路的发现”或“新航路的开辟”的提法。[②] 雷海宗虽然未明确提出“全球史观”的概念，但是他主张从全局和整体来把握世界历史，这和所谓的“全球性眼光”看待世界历史是完全一致的。

1940年，雷海宗的著作《中国文化与中国的兵》在商务印书馆出版，引起了学术界的广泛关注，成为民国时期的著名史学著作，广受读者欢迎。《中国文化与中国的兵》集中反映了雷海宗宽阔的史学视野，他将“埃及、巴比伦、印度、中国、希腊罗马、回教、欧西（西欧）”这七大文明定为人类历史上的七个高等文化区域。斯宾格勒的八大文化的提法比雷海宗的七大高等文化区域仅仅多了一个墨西哥文化。在这七种文化中，埃及和巴比伦的文化都已经消亡，成为死的文化。斯宾格勒认为，中国文化也已消亡。雷海宗不同意，认为中国历史有两个明显的特点能使中国避免走上像古埃及和古巴比伦那样成为“活化石”的道路。其一是地大人多：“中国的地面广大，人口众多，与古埃及、巴比伦的一隅之地绝不可同日而语。如此广大的特殊文化完全消灭，似非易事。”[③] 其二是中国的语言文字：“汉文与其他语文的系统都不相合，似乎不是西洋任何的语文所能同

① 雷海宗：《伯伦史学集》，第578页。

② 雷海宗：《世界史上一些论断和概念的商榷》，《历史教学》1954年第5期，第34—35页。

③ 雷海宗：《中国文化与中国的兵》，商务印书馆，2001，第127页。

化的。”[①] 雷海宗对中国文化充满了自信，他认为“西洋文化中国不妨尽量吸收，实际也不得不吸收，只要语言文字不贸然废弃，将来或者终有消化新养料而复兴的一天”。[②]

新中国成立以后，雷海宗的学术生涯进入了一个新阶段，开始接触、学习和研究马列主义。他称自己“发现了一个新的世界，辩证唯物主义和历史唯物主义的世界观，使我好似恢复了青年时期的热情”。马克思主义唯物史观让雷海宗的学术研究获得了一片新天地，他编写了《世界上古史讲义》（以下简称《讲义》），这是按照马克思主义指导思想编纂的全新教材。《讲义》突破了雷海宗在新中国成立以前所持的文化形态史观的界限，也未照搬当时国内通用的苏联教科书模式，具有三个显著特征：第一，具有世界史的眼光，打破了中国史和世界史的分界线，把中国史纳入世界史，以此来说明中华文明在人类文明世界的地位；第二，与传统的纵向研究历史不同，《讲义》更为重视文明的横向联系，探讨古代世界不同国家、地区、民族间的影响，这已成为今天世界史研究的主流；第三，对奴隶制和奴隶社会史的探讨是创新点，注意不同类型的奴隶制，深入分析了古代世界农业区、游牧区、海洋区三种不同地理环境下奴隶制的差异。

《讲义》“总论”部分的副标题是“中国与世界”，其中“古代中国历史的概述”这部分的写作占了一半篇幅。雷海宗把中国古代史作为世界史的一部分融入世界上古史，给中国史以重要地位，而非拼凑世界史。《讲义》的第十三章“上古中晚期亚欧大陆之游牧世界与土著世界”成为本书的亮点，突出反映了雷海宗的马克思主义唯物史观，探讨了公元前1000年到公元6世纪的一千多年时间里，亚欧大陆草原上不同时期的游牧部落迁徙，及其与巴比伦、埃及、希腊、罗马、印度、中国等地农耕民族之间的影响和互动。雷海宗后来将这一部分扩充后发表在《南开大学学报》1958年的第1期上，这篇论文有很高的学术价值和拓荒意义。[③] 雷海宗认为，“如果我们以游牧世界为主而观察全世界，会发现永远站在土著立场所不

---

① 雷海宗：《中国文化与中国的兵》，第127页。

② 雷海宗：《中国文化与中国的兵》，第128页。

③ 王敦书：《雷海宗生平和主要学术成就》，《南开史学》1992年第2期，第173页。

能见到的历史景象和历史关系，这对于全面掌握历史是有帮助的”“要试图站在游牧民族的立场来看土著世界以及整个世界”。[①]《讲义》也被教育部列入全国高校交流教材。

雷海宗对人类早期文明有自己独到的认识，至今仍具有启示意义。1957年6月2日，在天津市社联组织的“争鸣论坛”上，雷海宗做了题为《世界史分期与世界上古中古史中的一些问题》的发言，对自己过去讲授的世界上古史体系做出原则性的调整。根据历史时期不同的生产工具，雷海宗将人类历史分为四个时期——石器、铜器、铁器、机器时代。第一个阶段是原始社会，第四个阶段是资本主义社会，这两个阶段为人所熟知。不同之处在铜器时代和铁器时代：雷海宗将原始社会以后和资本主义社会以前的人类历史分为部民社会、古典社会和封建社会，没有提到奴隶社会。[②]雷海宗不认为奴隶社会是人类社会普遍经历的一个阶段，他认为把原始社会之后、铜器时代和铁器时代之前的人类历史称为奴隶社会时期以及将铁器时代之后划为封建社会的分法是不科学也不准确的。他以巴比伦为例，提出“奴隶制度在世界史上是不存在的”，而通过战争大规模获得战俘奴隶的罗马的情况则是一个例外。他提出，就全世界的历史来看，奴隶社会并非必须经历的普遍阶段，奴隶制也不是早期文明的普遍性社会形态。“雅典和罗马的短期特殊发展，只能是封建社会的变种发展。”[③]他反对将雅典等同于希腊，提出雅典奴隶制在古代世界不具有普遍性的“孤岛论”，罗马奴隶制主要来自海外征服的战俘奴隶的“特例论”，还认为希腊和罗马基本上是铁器时代早期的封建社会形态等新观点，很有创意。著名史学家吴于廑在自己的著作《古代的希腊与罗马》中借鉴了雷海宗关于奴隶社会和封建社会的一些观点。

---

① 雷海宗：《伯伦史学集》，第343页。

② 雷海宗：《世界史分期与世界上古中古史中的一些问题》，《历史教学》1957年第7期，第41—47页。

③ 雷海宗：《世界史分期与世界上古中古史中的一些问题》，《历史教学》1957年第7期，第47页；王敦书：《雷海宗生平和主要学术成就》，《南开史学》1992年第2期，第174页。

三　从“兵”的精神角度来解读中国历史的盛衰兴亡

雷海宗在《中国的文化与中国的兵》中对中国传统文化持批判继承的态度。他认为：“若要创造新生，对于旧文化的长处与短处，尤其是短处，我们必须先行了解。”① 在他看来，历代史学家对“兵”的记载侧重于制度而忽略了“兵”的精神。雷海宗撰写此书“是要在零散材料的许可范围内看看由春秋时代到东汉末年当兵的是什么人，兵的纪律怎样，兵的风气怎样，兵的心理怎样；至于制度的变迁不过附带论及，因为那只是这种精神情况的格架，本身并无足轻重。作者相信这是明了民族盛衰的一个方法”。② 从“兵”的精神角度来解读中国历史盛衰兴亡，颇具新意。

雷海宗认为，“兵”乃至于军队是一个国家的脊梁，是民族延续的支柱。但在很长一段时间里，“兵”的名声并不好，存在兵祸、兵匪一家之说。但雷海宗认为，先秦时代的兵则完全不同。在春秋以前，兵源于社会中上层，只有士族即有地位的贵族才有资格当兵，当兵打仗是贵族的职业，以当兵为荣，以不能当兵为耻。③ 雷海宗指出，《左传》《国语》中的人物没有不上阵参战的，甚至国君都亲自上阵，以至于晋惠公战败被俘，周桓王伐郑中箭。他感慨地说：“在整部的《左传》中，我们找不到一个因胆怯而临阵脱逃的人。”④

雷海宗称秦以后的中国无“兵”，秦以后的中国文化是“无兵的文化”。⑤ 与此同时，战争在西方被认为是“最高尚的艺术”。⑥ 雷海宗对中国“好兵”的传统没有传承下来非常痛心，他指出战国时期是中国“兵”制的一个分水岭。雷海宗指出，随着先秦传统贵族政治的消失，出现了皇帝个人集权，社会名义上贵贱不分、地位平等。战国末期以来，作为军队

---

① 雷海宗：《中国文化与中国的兵》，第 1 页。
② 雷海宗：《中国文化与中国的兵》，第 2 页。
③ 雷海宗：《中国文化与中国的兵》，第 101 页。
④ 雷海宗：《中国文化与中国的兵》，第 6 页。
⑤ 雷海宗：《中国文化与中国的兵》，第 102 页。
⑥ 〔美〕盖文·肯尼迪：《国防经济学》，周希敏等译，解放军出版社，1986，第 2 页。

的“兵”和文官逐渐分离，春秋时期的贵族都须接受文化武备的教育不再出现。他认为张仪是文武分离之后的新兴文人的典型，而聂政与荆轲就是新的侠士的代表。他们是职业的武人，是受雇的侠士，为雇主效命。战国末期的诸侯靠这些文人和侠士为自己卖命来维持统治。雷海宗指出：“历史已经发展到一个极为紧张的阶段，兵制也很自然地扩张到极端的限度。”[①] 在他看来，天下最终都归于皇帝，国家的政治由一个阶级的政治变为一个人的政治。那些过去愿意为国当兵打仗的人不复存在，芸芸百姓抱着“好男不当兵”的理念，重文轻武。在雷海宗看来，秦以来出现的无“兵”文化造成了中原汉族政权的军事力量日益孱弱而游牧民族愈来愈强的历史现象。

古典的好“兵”文化突然衰落，即雷海宗所说的“元、明两代是一个失败与结束的时代”，西方的军事传统和军事技艺却从未失去自己的基础。著名全球史学家威廉·H. 麦克尼尔（William H. McNeill）认为，中世纪长期的分裂割据造成欧洲各国之间存在激烈的竞争，迫使他们通过改革求生存，竞争成为欧洲各国进行军事体制改革和资本主义发展的外在的驱动力。市场化的资源调动能够把个体的努力融为一体，通过国际货币和信贷市场来调动经济资源，荷兰和西班牙的事迹就证明了这一点。[②] 而在中国，经济发达的王朝有“富国”却未必有“强兵”。雷海宗认为，由于游牧民族文明程度低，进入中原后大都汉化，所以“中国虽屡次被征服，但始终未曾消灭”；而汉化后的游牧民族“也染上汉族的文弱习气，不能振作，引得新的外族又来内侵”。[③] 在麦克尼尔看来，尽管宋朝市场经济发达，但始终处于中央征服的严控之下，王朝的指令性结构控制了国家的经济资源。而王权和指令性结构被市场原则取代是近代西方列强实现“强兵”的最主要原因。

---

① 雷海宗：《中国文化与中国的兵》，第 9 页。

② 〔美〕威廉·H. 麦克尼尔：《竞逐富强》，倪大昕、杨润殷译，学林出版社，1996，第 2—3 页。

③ 雷海宗：《中国文化与中国的兵》，第 125 页。

四 提出中国文化“二周说”和“三周说”，进行历史哲学的建构

雷海宗没有接受斯宾格勒的中国等七大文化已经消亡的观点，他认为中国文化有其独特之处。欧西由于起步晚、尚未完成一个周期，别的文化都已完成了一个完整的周期而亡。但中国文化却是例外，出现了两个周期。雷海宗认为中国文化的关键节点就是383年的淝水之战，它“是一个决定历史命运的战争”。[①] 在经历了政治破裂和文化灭亡的末世后，中国文化没有像其他文化那样灭亡，这是斯宾格勒和汤因比的文化形态史观无法解释的。雷海宗提出，其他文化都是“一衰而不复振兴”，而中国文化却最为特例。雷海宗提出独具匠心的“二周说”，“这一点是我们大可自豪于天地间的”，[②] 具有浓厚的民族性。中国历史被雷海宗创造性地划分为“两大周（期）”。

在《中国文化与中国的兵》一书中，雷海宗将盘庚迁殷的公元前1300年到淝水之战爆发的383年作为第一周。他将第一周的中国文化分为封建时代（即公元前1300年到公元前771年犬戎攻破镐京）、春秋时代（公元前770年周平王东迁到公元前473年勾践灭吴）、战国时代（公元前473年到公元前221年秦始皇统一六国）、帝国时代（公元前221年到东汉对北匈奴作战的88年）、帝国衰亡和古典文化没落时代（88年至383年）。华夏民族创造了第一周的中国文化，这一时期又称“古典的中国”，黄河流域是此时期的文化重心，外来的血统和文化居次要地位。383年淝水之战后北方五胡十六国游牧民族进入中原，中国北方出现了中国历史上第一次民族大融合。“中国文化已由古典的第一周，进到胡人血统与印度宗教被大量吸收的第二周了。”[③]

中国文化的第二周从383年到抗战时期。雷海宗也将第二周分为五个阶

---

① 雷海宗：《中国文化与中国的兵》，第151页。

② 雷海宗：《中国文化与中国的兵》，第173页。

③ 雷海宗：《中国文化与中国的兵》，第152页。

段：（1）从南北朝到五代时期（383—960）；（2）宋朝（960—1279）；（3）元明时期（1279—1528）；（4）晚明盛清（1528—1839）；（5）清末到中华民国（1839年以后）。第二周的中国文化深受胡人及佛教的影响，文化重心南移到长江和珠江流域。雷海宗指出："到明清时代，很显然的，中原已经成为南方的附庸了。财富的增加，文化的提高，人口的繁衍，当然都与此有关。这个发展是我们第二周文化的最大事业。"中国文化日益强大，而尚武精神却逐渐弱化萎靡。中国文化的个性虽未丧失，但外来因素却日渐重要，雷海宗称这一时期的中国是一个"胡汉混合、梵华同化"的综合的中国。[①] 这是斯宾格勒文化形态史观传入中国之后"中国化"进程中的重要一环。雷海宗突破了斯宾格勒的一个周期说，成为他在文化形态史观研究和传播上的重要贡献。雷海宗认为，第二周的中国文化并没有发生根本的改变，"最近百年来，西化东渐，中国文化的各方面才受了绝大的冲动，连固定不变的政治社会制度也开始动摇"。[②]

雷海宗认为，"第一周的时代各有专名，第二周的时代只以朝代为名。这并不是偶然的现事。第二周的各代之间仍是各有特征，但在政治社会方面一千五百年间可以说没有什么本质的变化，大体上只不过保守流传秦汉帝国所创设的制度而已……只在文物方面，如宗教、哲学、瘟疫之类，才有真正的演变"。[③] 雷海宗认为中国文化之所以会出现"二周"现象，是因为中国南方在383年以后的发展及积蓄的元气，由此成为中国抗战精神的历史根源。他认为，华夏民族在世界民族面前已经创建了唯一的历史第二周。只是最近百年来，外力入侵，中国文化遭受极大冲击，第二周已经到结束的时候。我们能不能再创造第三周，就靠全国人民齐心协力去争取了。我们应该有这个信心。[④]

雷海宗用中国文化"二周说"来解释中国抗战的民族精神，以鼓舞军

---

① 雷海宗：《中国文化与中国的兵》，第142页。
② 雷海宗：《中国文化与中国的兵》，第153页。
③ 雷海宗：《中国文化与中国的兵》，第153页。
④ 卞慧僧：《缅怀伯伦师——在雷海宗先生百年诞辰纪念会上的发言》，南开大学历史学院编《雷海宗与二十世纪中国史学》，第40页。

民士气。他认为：“此次抗战不只在中国历史上是空前的大事，甚至在整个人类历史上也是绝无仅有的奇迹。”[①] 此次抗战重心在南方，“二千年来养成的元气，今日全部拿出，作为民族文化保卫战的力量。此次抗战的英勇，大半在此”。[②] 中华民族的家族意识也是民族精神之源：“我们今日能如此英勇地抗战，就是受此种强度的家族观念之赐。否则我们的民族与文化恐怕也早已与埃及、巴比伦或希腊、罗马同样的完全成为博物馆中的标本，欲求今日流离颠沛的抗战生活，亦不可得矣！”[③] 他指出：“抗日战争是我们第二周末的淝水之战，甚至可说比淝水之战尤为严重。成败利钝，长久未来的远大前途，都系于此次大战的结果。”[④] 以中国文化来解释抗战精神，成为雷海宗用文化形态史观研究中国历史的一个创新。

抗战时期，雷海宗不仅确立中国文化“二周说”，并提出第三周文化即将到来。“第二周文化已是人类史上空前的奇迹；但愿前方后方各忠职责，打破自己的非常纪录，使第三周文化的伟业得以实现。”[⑤] 他认为，目前中国“正在结束第二周的传统文化，建设第三周的崭新文化”。[⑥] 在雷海宗看来，我们必须先厘清中国文化的地位、优长短劣，才能使中国文化顺利进入第三周。[⑦] 他提出，从吸取借鉴尚处于“战国时代”的西方文化的营养，才能完成中国文化的重建。面对日寇入侵，雷海宗说：“今天下一大战国也。”他认为当今世界形势如战国时代，互相征伐。他写《中国文化与中国的兵》正是要告诫持悲观论者，根据历史经验，坚决不能有与日绥靖的想法。他认为“日本速战速决的胜利是不可能的，中国速战速胜的战果是不应该的”。[⑧] 雷海宗高瞻远瞩地提出：“把眼光放远放大些，战败失地还是胜于外交压迫或短期决战的胜利。”[⑨]雷海宗认为，必须对每个国

① 雷海宗：《中国文化与中国的兵》，第 171 页。
② 雷海宗：《中国文化与中国的兵》，第 175 页。
③ 雷海宗：《中国文化与中国的兵》，第 182 页。
④ 雷海宗：《中国文化与中国的兵》，第 177 页。
⑤ 雷海宗：《中国文化与中国的兵》，第 177 页。
⑥ 雷海宗：《中国文化与中国的兵》，第 178 页。
⑦ 雷海宗：《中国文化与中国的兵》，第 1—2 页。
⑧ 雷海宗：《中国文化与中国的兵》，第 179 页。
⑨ 雷海宗：《中国文化与中国的兵》，第 179 页。

民进行初级教育与军事训练，初级教育是文化的起点，军训是武化的起点。[①] 他进一步强调，抗日战争迸发出的民族力量与民族精神“仍是我们终久要创造新生的无上保障”。[②] 其学生章克生曾回忆：“雷师对祖国前途充满信心，无限乐观，估计第三个周期的中国文化，必将一元复始，由理想转化为现实。”[③] 雷海宗的中国文化第三周论，能够大大增加人民的抗日斗志。[④]

雷海宗善于归纳概括，他高屋建瓴地将中国历史和中国文化概括为四个特点。第一，中国的文化是土生土长的，并非外来的。“中国人在中国这块土地上独立地创造了‘中国古代文明’，而那些江湖学者宣称在中国建立国家创造文字和历法是来自西方（巴比伦、埃及），企图令人相信只有‘西洋’才能创造出高度文化。”[⑤] 他从中国古代传说、典籍，中国新石器时代考古和中国古人不食兽乳的风俗习惯三个方面，进行了充分论证。第二，中国封建社会是长期高度的发展，并非停滞。他认为，中国在秦汉以后已经成为全世界唯一基本统一而且永久统一的大国，经济、交通大发展，并且在封建时代已经形成了民族，足以证明中国封建社会的长期高度的发展，而不是停滞。[⑥] 第三，中国历史一脉相承，不曾中断。他在比较几个古老文明国家的发展演变后指出：“一切过去的伟大文化都曾经一度的发展、兴盛、衰败，而最后灭亡。”“我们若把中国与其他古老文化比较一下，就可以得到惊人的发现”；“中国，由夏、商之际到今日，将近四千年，仍然健在”。[⑦] 第四，体现中国特征的人民性和民族性。雷海宗在批判一些学者为帝国主义侵略中国制造舆论的同时，强调中国历史具有明显的人民性和民族性。所谓“人民性”，因“中国封建社会发展最高”，人民有

① 雷海宗：《中国文化与中国的兵》，第179—180页。
② 雷海宗：《中国文化与中国的兵》，第184页。
③ 章克生：《雷海宗师论斯宾格勒的〈西方的没落〉》，第125页。
④ 雷海宗：《伯伦史学集》，第197—202页。
⑤ 雷海宗：《伯伦史学集》，第582页。
⑥ 雷海宗：《伯伦史学集》，第399页。
⑦ 雷海宗：《伯伦史学集》，第197页。

较高的组织力和战斗力，农民起义“中国在世界上占第一位”。[①] 所谓民族性，雷海宗认为人民坚持反对帝国主义的侵略斗争，数百年而连绵不绝，造成侵略者不是被驱逐就是被同化。他不仅总结了中国历史连续发展的原因，而且体现了作为一位历史学家的爱国爱民的高尚情操。[②]

五 和林同济等创立“战国策学派”，发出了中国文化重建的呼声

20 世纪 40 年代初，中国正处于抗战相持阶段，从西方传来的文化形态史观风靡一时，在史坛上掀起过一派涤新耳目的风潮。[③] 在 20 世纪 40 年代的史学界，文化形态史观、兰克史学、唯物史观被公认为三大流派，三足鼎立。雷海宗、林同济等“战国策学派”学者们受文化形态史观的影响，对世界文化和中国文化有着自己的认识和理解。雷海宗明确要求学生学历史要先在头脑里有个大框架，要形成整体的概念。雷海宗将每种文化的发展分为五个阶段（封建时代、贵族国家时代、帝国主义时代、大一统时代、政治破裂和文化灭亡的时代），而当时西南联大外文系的教授林同济则将文化分为封建、战国和大一统三个阶段。[④] 尽管雷、林的分期有所不同，但都是在接受文化形态史观的基础上，在斯宾格勒的“三阶段说”和汤因比的“四阶段说”继承的基础上，做了创新和发展。

1940 年 4 月 1 日，《战国策》半月刊在重庆创立，雷海宗、林同济、陈铨等为创办人，“战国策学派”初步形成。《战国策》半月刊发刊词，称“这乃是又一度‘战国时代’的来临”。[⑤] 1941 年 12 月，雷海宗在《大公

① 雷海宗：《伯伦史学集》，第 598 页。

② 何立波：《打破传统、独树一帜：雷海宗主要史学著作评述》，《炎黄春秋》2020 年第 10 期，第 37 页。

③ 杨生茂：《博而蓄约、大而存精——雷海宗〈西洋文化史纲要〉读后感》，《世界历史》2003 年第 2 期，第 115 页。

④ 江沛：《战国策学派文化形态学理论述评：以雷海宗、林同济思想为主的分析》，《南开学报》2006 年第 4 期，第 39 页。

⑤ 林同济：《战国时代的重演》，载林同济、雷海宗《文化形态史观》，大东书局，1946，第 79 页。

报》开辟《战国策》副刊，激扬文字，评论时政，标志着“战国策学派”的最终形成。江沛教授认为，“战国策学派”的代表人物有五位，他们是林同济、雷海宗、陈铨、贺麟和何永洁。雷海宗和林同济擅长阐释、宣传文化形态史观并运用于中国文化的分析，陈铨与贺麟则精于在学术上加以运用。[①] 他们根据文化形态史观来考察世界形势，强调新的“战国时代”的到来，希望广大国民能够认清日本侵略者的真实面目，从和平的迷梦中醒来，以“战国”的精神来应对“战国时代”。1940 年 4 月 1 日，林同济撰文呼吁中国人民团结起来反对日本侵略者，认为中国已经到了“不能伟大，便是死亡”的最后关头。[②] 在救亡图存的主题下，“战国策学派”呼吁重建中国文化，强调中国文化要迅速适应以西方为主导的新“战国时代”。[③] 正如江沛教授所指出的：“他们反复强调新的‘战国时代’的到来，目的既在探索中国文化发展的规律，也在观照现实，希望国人迅速认清当时形势，坚定地从和平的梦幻中清醒过来，以‘战国’的精神应对‘战国时代’”。“林、雷的文章发表后，‘战国时代的重演’的观点，一时成为知识界极为时髦的话题。”[④]

“战国策学派”不是书斋派学者，他们关注现实，研究作为最重要时代主题的抗战和第二次世界大战，对现当代国际关系和社会发展有重要影响。抗战时期，雷海宗和林同济把风靡欧美学界的地缘政治学介绍到中国，成为中国近代地缘政治学的先驱。1942 年 6 月，在抗日战争最艰难的时刻，林同济根据文化形态史观预测了第二次世界大战后的国际政治格局：“不是世界的统一，而乃是两三个超级国家的诞生。……实际上决定了人类命运的前途。”[⑤] 雷海宗独具匠心地提出，西方国家在 1815 年进入

---

① 江沛：《战国策派思潮研究》，天津人民出版社，2001，第 77 页。

② 林同济：《战国时代的重演》，载林同济、雷海宗《文化形态史观》，第 79 页。

③ 林同济：《卷头语》，载林同济、雷海宗《文化形态史观》，第 62 页。

④ 江沛：《战国策学派文化形态学理论述评：以雷海宗、林同济思想为主的分析》，《南开学报》2006 年第 4 期，第 39—40 页。

⑤ 林同济：《民族主义与二十世纪——列国阶段的形态观》，载林同济、雷海宗《文化形态史观》，第 68 页。

了帝国主义时代，并预计西方国家会在2065年前后完成“大一统”的局面。[①] “战国策学派”学人们在抗战时期运用文化形态史观分析和研究现实问题，具有“建设学术的责任”,[②] 又具有为来自内心的民族主义情结和兼济天下的责任，应给予积极的评价。

“战国策学派”学者多留学欧美而对西方有深入了解。他们在抗战时期，站在中国知识分子的立场，表现出深刻的家国情怀，在批评西方文化的同时，也客观评价了对西方历史的借鉴之处。抗战胜利后，林同济离开重庆赴欧美讲学，雷海宗返回北平，继续在清华大学教书。1946年，林同济和雷海宗合作完成的著作《文化形态史观》出版，标志着“战国策学派”学术活动的终结，此后“战国策学派”逐渐销声匿迹。新中国成立初期，“战国策学派”受到了批评。有人批评雷海宗“不断为反动刊物战国策写文章宣传法西斯理论，并在当代评论、中央日报发表反动文章，为国民党朱家骅所赏识”;[③] 也有学者抨击雷海宗“狂热的宣传反动的法西斯哲学，极力鼓吹战争”[④]。到改革开放后，学界才对雷海宗等“战国策学派”进行客观的评价，在分析其唯心主义实质之余，肯定其抗战救国及文化重建的贡献。

结　语

雷海宗在学术研究上取得了突出的成就。在抗战爆发之前，他就出版了《中国通史》《中国通史选读》《西洋通史》《西洋通史选读》以及一些译著。之后写的《中国文化与中国的兵》、《文化形态史观》（与林同济合著）等著作则在抗战时期和战后初期出版。后人辑录其作品的书有《伯伦史学集》《西洋文化史纲要》等。雷海宗在中国近代学术史上以文化形态

---

① 雷海宗：《历史的形态与例证》，载林同济、雷海宗《文化形态史观》，第34—36页。

② 雷海宗：《中国文化与中国的兵》，第212页。

③ 吴廷璆：《驳斥雷海宗反马克思主义反社会主义的谬论》，《历史研究》1957年第12期，第59页。

④ 梁萍：《雷海宗的反动的“历史形态学”观点批判》，《历史教学问题》1958年第3期，第34页。

史观闻名，战国策文化形态史观就成为雷海宗在史学上的学派特色。雷海宗并非以史料考证见长的史学家，而是一位着重研究总体史、世界文明和中国文化的学者。

王敦书教授对雷海宗有深入研究，他将雷海宗的史学和文化研究归纳为四个特点。① 第一，学贯中西、博古通今，长于史学的整体把握和跨学科研究方法的交叉运用。正如西南联大时期雷海宗的学生、著名史学家何兆武所说的："雷先生的知识极其渊博，他有着极其深厚的中国通史和世界通史的基础，这是当时的史学家极少有人能比拟的，故他能以世界历史的整体眼光来考察古往今来各个民族文化的兴亡变化之迹。"② 第二，以哲学的视野来考察史料和解释历史，致力于打破"欧洲中心论"和西方文化优越论，建立独树一帜的囊括世界、光耀中华的现代历史体系。第三，强烈的爱国主义情怀，身体力行地支持和参与到抗战之中，热情讴歌中国悠久的历史，弘扬中国灿烂的文化。第四，反对闭关自守，提倡睁眼看世界，呼吁学习西方的科技文化，求真求实，锐意创新，勇于提出自己的独立见解。王敦书教授的这个归纳是比较准确的。著名史学家、美国艺文及科学院院士、台湾"中研院"院士何炳棣将斯宾格勒、汤因比、雅斯贝尔斯、雷海宗、麦克尼尔五人列为 20 世纪治史或论史对象最"大"的史家，③ 雷海宗由此被史学家视为"全球化"的早期论者。无论如何，雷海宗都是 20 世纪中国史学长卷上不可或缺的一页。

---

① 王敦书：《雷海宗的生平、治学特点和学术成就》，《历史教学》2003 年第 2 期，第 5—10 页。

② 何兆武：《缅怀雷先生》，南开大学历史学院编《雷海宗与二十世纪中国史学》，第 60 页。

③ 何炳棣：《读史阅世六十年》，广西师范大学出版社，2009，第 118 页。

认同与误读：斌椿使团对异域的“中国”书写

潘瑞芳*

摘要 1866年2月，晚清政府向泰西派遣了第一个考察使团——斌椿使团。斌椿使团关于泰西的书写留存在《乘槎笔记》《航海述奇》等作品之中。在泰西期间，斌椿使团不仅遇到了中国人，看到了中国物品，还用“中国意象”去描绘“无法言说”的泰西事物。这一“中国”书写既是走向异域对“自我形象”的观照，也是“他塑形象”的体现，反映了近代中外交涉之初常常出现的文化误读。但是对斌椿使团在域外关于“中国”的书写尚未有深入的梳理和研究。本文基于斌椿使团的笔记史料，从比较文学形象学和阐释学的“误读”角度对其在泰西的异域“中国”书写进行解析，以重构晚清士大夫笔下中外交涉的精彩之处。

关键词 斌椿使团 中国物 中国人 中国意象

晚清以来，中国学界习惯将“中国”与“西方”（中西）或者“东方”与“西方”（东西）进行比较。这是从中国的背景来看“西方”，本质上是“中体西用”的一种延续。知识界一直习惯于将“中国”等同于“东方”，中国的他者就是“西方”。[1] 因此，关于“东方”和“西方”的比较与讨论一直没有停止。

本文基于晚清政府首个派往泰西的考察使团——斌椿使团关于泰西书

---

* 潘瑞芳，北京外国语大学历史学院博士，外语教学与研究出版社有限责任公司副编审。

① 葛兆光：《宅兹中国》，中华书局，2011。

写中的“中国”书写史料，从比较文学形象学和阐释学的“误读”角度对该使团在泰西的异域“中国”书写进行解析，以期重构晚清士大夫笔下中外交涉之处的精彩图景。

一　关于斌椿使团

随着晚清以来国门打开，越来越多的中国人走向世界，在海外经商、生活、游历。其中最重要的一批人是晚清政府的官方出访人员。根据晚清政府的要求，他们要对在海外发生的、经历的事情进行详细记载，并向总理衙门汇报。因此，晚清政府的官方出访人员书写了丰富的日记、资料，可以统称为“使西日记”。[①] 这些资料都是晚清士大夫基于亲身经历的书写，无论从种类、字数还是影响上说，都是分量最重的。其记述反映了晚清出使者走向异域世界的心路历程，也为人们了解西方社会和文化做出了重要贡献。

同治五年正月初六（1866 年 2 月 20 日），受海关总税务司英国人赫德（Robert Hart，1835 - 1911）的建议，总理衙门决定派遣前襄陵知县斌椿（字友松）携其子广英（字叔含，在内务府任笔帖式），以及京师同文馆的三名学生，随同即将回英国度假结婚的赫德亲赴法、英、德、俄等泰西九国考察，这也是中国人第一次专门为考察泰西情况而出国。[②] 这个使团就是“斌椿使团”。斌椿使团从海外返回后，斌椿将整个行程的记录写成了一本笔记和两本诗集，即《乘槎笔记》《海国胜游草》《天涯归帆草》。同文馆青年学生张德彝著有《航海述奇》。这几部作品详细记载了斌椿使团在泰西的经历和经验。

关于斌椿使团的研究也得到了学界的重视。尹德翔从书写的话语方式、文化立场等主题对斌椿的使西日记进行了研究；[③] 尹德翔、英瓦马

① 尹德翔：《东海西海之间：晚清使西日记中的文化观察、认证与选择》，北京大学出版社，2009。

② 斌椿：《乘槎笔记》，湖南人民出版社，1981。

③ 尹德翔：《东海西海之间：晚清使西日记中的文化观察、认证与选择》。

尔·奥托松（Ingemar Ottosson）还考察了斌椿的三首“竹枝词”及其跨文化交流价值；[①] 李宜桦从多种中文文献入手，考察了斌椿使团的行程、经历和评价；[②] 皇甫峥峥（Zhengzheng Huangfu）从“内化西方”（internalizing the west）的角度考察斌椿使团对泰西文化的观察、过滤与书写等。[③] 这些研究充分肯定了斌椿使团及其价值。

黄兴涛认为“中华民族”一词是近代国人民族自觉的新概念与新符号。[④] 葛兆光通过思想史的视角重建了有关“中国”的历史论述，探讨如何在中国历史中理解历史中国。[⑤] 复旦大学古籍整理研究所从国外的大量文献中发掘异域之眼呈现的既熟悉又陌生的中国，从而再度认知自己的文化和传统。[⑥] 这些关于“中华”“中国”的研究不断重构关于“中华”的认知和理解，有助于增强身份认同和国家与民族认同。

作为首个前往泰西的晚清使团，斌椿使团关于泰西的书写中有丰富的“中国”书写，包括“中国人”“中国物”“中国意象”等。但是，只有张萍认为出现在西方世界的“华物”是一种重要的中国形象，是“他塑形象”和“自塑形象”的复合体。[⑦] 王振忠从多种史料中考察晚清婺源詹世钗的生平事迹，对晚清时期活跃于泰西的“中国巨人”及泰西的中国想象进行了研究。[⑧] 在整个晚清出使日记研究领域，“中国书写”尚未引起足够关注，有必要进行深入探讨。

---

① 尹德翔、Ingemar Ottosson：《〈海国胜游草〉考辨三则——兼议对斌椿海外纪游诗的评价》，《宁波大学学报》2013 年第 5 期，第 16—22 页。

② 李宜桦：《中土西来第一人：斌椿的泰西经验考察》，《史穗》2011 年第 4 期，第 1—36 页。

③ Zhengzheng Huangfu, *Internalizing the West: Qing Envoys and Ministers in Europe, 1866 - 1893*, UC San Diego Electronic Theses and Dissertations, 2012.

④ 黄兴涛：《重塑中华：近代中国“中华民族”观念研究》，北京师范大学出版社，2017。

⑤ 葛兆光：《宅兹中国》。

⑥ 复旦大学古籍整理研究所编《域外文献里的中国》，上海文艺出版社，2014。

⑦ 张萍：《“他塑形象”与“自塑形象”：晚清域外游记中的“华物”》，《国际汉学》2019 年第 1 期，第 156—162 页。

⑧ 王振忠：《从“虹关长人”到“中国巨人”：晚清婺源詹世钗生平事迹考证》，《安徽师范大学学报》2017 年第 5 期，第 529—542 页。

二　异域“中国”的指称：中土、中国与中华

在19世纪初，在汉族活跃分子如魏源的著作中，将“中国”视为拥有新开辟、高度扩张疆土的多民族国家已经成为标准的命名方式。这些概念是我们今天认识的中国的起源。①

首次前往海外的国人如何称呼自己的祖国是很值得考究的。斌椿使团的书写中指称中国时主要使用了“中土”“中华”“中国”这三个词语。其中斌椿的《乘槎笔记》出现“中国”23次，“中土”15次，“中华”15次；张德彝的《航海述奇》出现“中国”44次，“中土”30次，“中华”29次。

“中土”和“中华”指“指中原地区或中国”，在斌椿使团的书写中，两者指称的对象基本类似。“中土”如“与中土大概相同”“以此为中土三代以上制作”“其织法与中土相似”“询中土风俗”“各货皆聚集如中土市廛”“闻自中土来”“皆中土字号”“与中土翻筋斗相似”“从未见中土人有如此装束”“形如中土僧之九连环”“门内如中土戏园”“楼内富有中土器皿”“温和如中土暮春气候”等。“中华”如“见中华人甚习”“中华笔墨”“携之中华”“少从父在中华”“来中华者争先恐后”“闻中华羽缎多出荷兰”等。而指称海外的华人时用“中土人”“中华人”的表述，如“近年中土人有七八万之多”，“土音酷似中土北方人”“皆泰西及中土人”“中土宁波人”“中华官”“中华人也”“意在看中华人也”等。

在书写异域的过程中，斌椿使团往往将中国作为参照系进行比较，体现了斌椿使团传统的“天下”观，如“幅员不广，约中土一二省地耳”；泰西的“马戏”，“较中土之技差胜”；水晶宫里的“红药，杜鹃，皆大于中土”等。

---

① 〔美〕罗威廉：《中国最后的帝国：大清王朝》，台北：台大出版中心，2013，第216—217页。

斌椿使团记录中的“中国”是一个政治概念，使用时多和泰西国家相对应。[①] 如“闻有英国火轮船三只……其形与中国船只迥异”“盖英国饮馔，与中国迥异”“法国四十四名，中国二十名”“此原系中国海口也”“因中国钦差欲往一观”“皆中国圆明园失去之物”“土人名为中国城云”“彼见我中国人在此，皆欣喜无极”等。

此外，尚有“京华”一词用来指称中国，仅有 1 例——“早饭食水饺，炮制一如京华”。在这一处记录在泰西食用水饺的书写中，张德彝将“京华”和“异邦”作对比，更能反映出他们身在故国，心系中华的心情。即便到 1901 年（光绪二十七年），张德彝出使日本时所著的《七述奇》中仍然将“华人”和“洋人”多为对立面来书写。在写到送行的人时，将“华人”和“洋人”截然分为两组。[②]

三 亲切：泰西的“中国物”与“中国人”

虽然晚清时期，大清实施闭关锁国的政策，但并未完全阻挡住中外交流的洪流。在泰西，斌椿使团看到了丰富的“中国元素”，包括中国物品和中国人等，让他们在异乡看到了祖国，也慰藉了他们的去国怀乡之情。

（一）泰西的“中国物品”

大清龙旗。旗帜在中国虽然产生于两千多年前，但是因近代以前关于现代民族国家的意识淡薄，一直并未形成代表国家的国旗。晚清时期，在与西方国家接触中，因为国旗问题矛盾冲突不断，为减少冲突矛盾，清廷才定黄龙旗为国旗。[③]

龙旗原本是清末北洋海军的军旗。黄龙旗最初在各国被用在商船上。

---

① 汪荣祖：《“中国”概念何以成为问题——就“新清史”及相关问题与欧立德教授商榷》，《探索与争鸣》2018 年第 6 期，第 58—62 页。

② 张德彝：《六述奇（下）（附七述奇未成稿）》，岳麓书社，2016，第 627 页。

③ 贺怀锴、冯巧霞：《符号与国家象征：晚清黄龙国旗研究》，《海南师范大学学报》2016 年第 10 期，第 116 页。

但是，此时大清龙旗的具体样式在《乘槎笔记》和《航海述奇》里没有明确的说明。研究认为，当时的黄龙旗应是长方形、上配黄龙标志。[①]

斌椿使团记录了很多博物馆里的中国收藏。6 月 4 日，斌椿使团在英国王室的指引下，参观了规模宏大的皇家宫殿“文思尔喀什尔”，即温莎城堡。其中的各国珍宝馆里有专门收藏中国宝器的一个房间，内藏有“恽寿平花卉册页一本，又一扇，书留香集古意七律三首，皆中国物也”。这是温莎城堡的中国收藏。在图书馆（“集书库”）中，斌椿使团还看到了世界上各种语言的图书，包括中华“满、汉、回、番”语言的图书。参观期间遇到的能讲汉语的英国人将很多中华图书展示给他们看。可见，19 世纪的泰西通过收藏世界各地的图书吸纳了来自世界各地的知识，对他们的知识更新、发展都具有重要的价值。

使团还记录了前驻华大使的个人收藏。在前驻华法国大使、摄影家葛罗（Jean - Baptiste Louis Gros，1793 - 1870）家，斌椿使团看到了很多“器具颇精”的中华物品，这些都是中国皇帝的赏赐，成为葛罗的个人收藏。这些物品被带回了泰西，作为荣耀放在了葛罗的家里。在欧期间，葛罗邀请斌椿使团到家做客。在葛罗家里，斌椿使团亲眼看到了各种中华物品，包括中国官员名人书赠的物品，比如大字匾额、福字斗方等。还有赏赐的中国官轿、紫檀床、蟒袍补褂、笔墨书籍等物，以及用餐的中华绍兴大小瓷盘、玻璃杯等常见的日产用品。这些皇帝赠送的物品是“中国人主动展示的传统文化，也是中国人所认同的中国形象”。[②] 因此，斌椿使团对此事事无巨细的书写就不仅仅是一种“客观的记录”，而是有一种对“自我”形象认可的价值。同时，也隐含了对 8 年前在北京发生的重大国际事件的一种回响。

另外，葛罗也是摄影爱好者，是早期的银版摄影家之一，制作了很多著名的银版摄影。在北京期间，他拍摄了很多照片。葛罗的家里展示了 4

---

① 施爱东：《哀旗不幸，怒旗不争：大清龙旗 50 年》，《民族艺术》2011 年第 1 期，第 6—21 页。

② 张萍：《“他塑形象”与“自塑形象”：晚清域外游记中的“华物”》，《国际汉学》2019 年第 1 期，第 158 页。

张富有北京风情的照片：正阳门大街（即前门大街）、北京大市街即东四牌楼、京中芳桂斋糕点铺以及北京的天主堂。葛罗于1860年参加了《中法天津条约》的签字，这几张照片应是咸丰年间所摄。[①] 这些图片展示了晚清帝都的精彩片段，从不同的角度展示了泰西对当时中国的观察。由于葛罗自身的身份，这些照片在泰西必然也得到了广泛的展示。而这些照片也展示了西方人关注中国的要点。其中，前门是英法联军进入北京之后的第一个重要景观点；东四牌楼是当时重要的商业街，有各种各样的店铺，芳桂斋糕点铺可能就是其中之一。而王府井东堂则是近代以来泰西传教士留存的建筑，是泰西文明影响中华的表征。

使团还记录了被掠夺的圆明园文物。1860年，英法联军侵入北京，掠夺了圆明园中的大量物品。这些物品被带到泰西之后被拍卖、销售。有很多物品也被推荐给张德彝等人。看到“中国圆明园失去之物，置此赁卖”，这引起了他们极大的不满，“不胜恨恨”，只得愤怒地离开，以维护脆弱的尊严。洋人售货者“欢笑如常”，让他们深切地感受到了国家与个人休戚与共。

使团书写中还记录了泰西的中式房屋。斌椿使团在泰西期间见到的主要都是西式建筑，见到中式建筑是奇事一件。因此，他们感觉“恍如归帆故里”，仿佛就像回到了故乡一样，急忙过去观看。果不其然，这是一座典型的中式房屋，且屋中所有物件都是来自中国广东。这足以显示出中国文化的吸引力。清朝官员和普通民众自然会从中领略到泰西对中国文化的尊重和爱慕，为此感到欣慰。实际上，这是18世纪“中国热”的时代产物。

最后还有上文提过的中华食物。那一年的6月17日是中国的端午节。“流寓异邦”的斌椿使团在泰西品尝到了中国的“饺子”，不禁勾起他们对家乡的“思念”。

（二）旅欧的“中国人”：他乡遇“故知”

晚清时期，较早前往海外的中国人多被晚清政府以负面字眼称呼，往

① 刘善龄：《西洋风：西洋发明在中国》，上海古籍出版社，1999，第62页。

往被称为“弃民、浪民、流寓”等。实际上，19 世纪下半叶，在官方正式派出官员到海外之前，中外已经有了丰富的民间交往。华人已经在泰西生活了很多年，且在商业和贸易上有了很多发展。斌椿使团在泰西遇到了不少在泰西生活、从事贸易的华人，他们在泰西生活多年，有的已经在泰西安家，有的只是在泰西“渔利”。

斌椿使团在法国遇见了华商王承荣。王承荣，字子显，江苏常州人。当时王承荣已经在巴黎生活了十几年了，在泰西娶妻，开店买卖中国、日本货物，从事贸易很多年。他会说英语、法语，因此和法国人的交往很融洽。5 月 16 日，王承荣还为斌椿“代购”了一个火轮车模型。这种新奇的展示模型物品通过简单的操作就能让人明了火车的运行原理，想必斌椿一定会带回中土，并向“好事者”展示的。通过展示这种新奇事物和知识，晚清士大夫们将会对火轮车、蒸汽机等现代科学技术有一定的直观认识。

当时，在英国和法国还有很多从事商业和贸易的华人，很多人已经在当地立足了。比如，根据张德彝在 1869 年第二次到法国的经历书写的《二述奇》（又名《欧美环游记》）里，记载了一位在泰西从事国际贸易相关工作的华人。而且还有在泰西从事文艺类工作的华人已经娶泰西女人为妻且生子。这种现象在 19 世纪 70 年代以前是不被允许的。但是，随着中外交流的日益增多，和非中国人通婚并生育子女的人越来越多了，比如陪同斌椿使团第一次出访的同文馆学生凤仪在 19 世纪 70 年代后和一名法国女子结婚。

还有在泰西卖艺的华人。斌椿使团在泰西期间，遇到了在泰西“红极一时”的中国人——詹五一行人。他们在泰西到处巡演，用斌椿的话说是“洋人以之来游，为射利也”。由于泰西人对中国人的形象认识不足，且很难直接见到华人。因此，带有表演性质的詹五等人通过一场场表演给泰西人带来了不一样的视觉和文化体验。从文化交流的角度来看，詹五一行人的“奇特”形象正是晚清落后的象征，也符合当时泰西对于晚清中国的“想象”，这一形象在当时具有一定的代表性。

在泰西的华人中也有不少“剪发易服”“入乡随俗”的人。蓄留发辫、穿着满式服饰是清朝统治的基本要求，也是晚清士大夫国家认同的基础。直到19世纪末，为推行预备立宪，载沣摄政后对辫服禁例有所放松，立宪派也将剪发作为推动宪政的重要手段，载涛、毓朗等人更是在清廷中枢积极提倡官民“剪发易服”。[①] 在泰西的华人要不要换穿当地衣服？其实一堆穿着中国服装的人对泰西当地人也是一种冲击。王韬就曾因服装、发型被西方小孩指为“载尼礼地”（Chinese Lady）。但要变装是有代价的。郭嵩焘被刘锡鸿检举的罪状之一就是曾在炮台因为天寒披上洋人衣服、崇尚洋人“张伞用扇”，等等。另外，张德彝发现自己的随员有人模仿西方人的发型剪掉辫子后，也感叹这是“自轻自贱，殊令人代怀惭愧耳”。[②]

在1866年的泰西访问中，斌椿使团看到的华人都还没有剪发易服。但是在1868年第二次出访泰西考察时，却见到了多个“剪发易服”的华人。[③]“剪发易服”在当时还是大罪。这在1868年前后的中国是匪夷所思的事情，但是在泰西，“天高皇帝远”，不会有人管。且对于长期在海外游历的华人，选择“剪发易服”以入乡随俗，避免被外国人“误解”，以更好地在海外“讨生活”，这一行为也是可以理解的。但是其中艰辛只有经历的人才知道。

泰西的报刊里也写到了斌椿使团的服装与当时的泰西人格格不入。甚至，到泰西的晚清使臣被当作“女人”，因为他们的服装、发型等都更接近泰西当地社会的女性装扮。

除了斌椿使团熟悉的在华外国人，在泰西还遇到很多个曾经到过中国的外国人，他们对中国有一定了解和认识，能够与使团成员进行直接沟通，有较多的情感共鸣，因此使他们倍感亲切。从另外一个方面，这也慰藉了使团的“思乡情”。比如，在荷兰游览时，生灵苑的“园官”邀请他们到自己的家里参观，遇到了园官的妻子和女儿，“见中华人甚习”，感觉很熟悉，不会感到奇怪、好奇。曾经到过中国的小姑娘见到华人不仅不紧

---

① 樊学庆：《“剪发易服”与晚清的立宪困局》，《中央研究院近代史研究所集刊》2010年，第41—78页。

② 陈室如：《晚清海外游记的物质文化》，里仁书局，2014。

③ 张德彝：《欧美环游记》，湖南人民出版社，1981，第183页。

张，而且还亲自带着他们到各个房间参观，这着实让斌椿使团大吃一惊。使团遇到的其他去过中华的外国人中不乏高官、王子，这也给他们的泰西之旅提供了很多的便利，使他们更容易深入理解泰西的文化、社会，获得更多关于"泰西"的知识。

斌椿使团在异域见到的中国物是泰西人对中国的观察和关注的体现。见到的中国人是在工业革命之后世界各国人员流动的自然产物。其书写是他们在异国他乡所遇到的"亲切"之物、之人，因此能够在一定程度上缓解他们在跨文化交往中的"紧张"，更好地去认识、了解泰西这一"异域"，促进双方的认同和理解。

四 认同：泰西的"中国意象"

在异国文化交往的过程中常常会遇到无法用语言直接描述清楚的事情，因此，经历者和书写往往会用本土文化的概念、意象来对异域文化进行书写，这也构成了一种文化想象（Cultural Imagery）。[①] 比如，近代前往美国旅行的林鍼在《西海纪游草》中套用中国传统叙事中的"才子佳人"模式，并运用耳熟能详的"嫦娥""蔡文姬""谢道韫"等形象来书写自己在异国的种种文化遭遇和行旅想象。

在泰西之游中，斌椿使团对所有的非华夏事物与词语兴致盎然，还不断以中国观念来"译解"泰西，比如"饶有唐虞三代之风"的监狱管理和"传贤不传子""公正廉明"的民主政治体制。

斌椿使团形容英国"刑书不必铸，酷吏不可为，饶有唐虞三代之风焉"。三代之风在中国传统知识分子的认知中是一个至高无上的存在。斌椿使团以"三代之风"书写泰西，是一种立足于中国文化的观察和书写，也反映了他们对英国社会法律制度体系的钦仰。

斌椿使团在瑞典得到了瑞典国王之母的热情款待。当天，斌椿用332

① 王铭铭：《西方作为他者：论中国"西方学"的谱系与意义》，世界图书出版公司北京公司，2007，第133页。

个字记述了受到接待的情况，还为她写了一首绝句，其中形容她为“西池王母”“蕊珠仙子”，宫殿是“贝阙珠宫”。在以中国上古意象对于西方——近代意义上的西方，而非古代中国的西方人物进行“译解”的时候，斌椿有没有想到他当时的言语在其他人眼中会有点不合适？[①]

使团还记录了大型宴会，“美酒佳肴极多，且旨膳宰皆衣金绣，持盏授餐”，繁华程度空前，斌椿使团因此意识到了中西差距，但是也无法用精确、合适的语言进行描述，只得用中华文化中的“意象”来进行比拟，“几疑此身在天上瑶池，所与接谈者皆金甲天神，蕊珠仙子，非复人间世矣”。斌椿使团受到巨大的震动和刺激，认为这里简直是“非复人间世”了。在参加泰西的舞会时，斌椿使团感受到了不一样的“贝阙珠宫”。7月3日，在家庭招待上，斌椿无法用更合适的词汇去描述威税司夫人姊妹两人的美貌，只能用中国文化中的“二乔”来代称。

7月2日，在汉堡，斌椿使团住在湖边的一个宾馆，其风景恍惚是中国的“西湖六桥风景”，让他们回想起“旧游”的经历。透过斌椿使团的书写，可以看到外国并不是当时清朝人想象的那么“落后”，而是和大清一样的美好。

在异域空间的“中国意象”书写从本质上来看书写的还是“异域”，而不是中国。但是这一书写反映了斌椿使团从中国文化立场对泰西的观察和认知，是他们自我形象的强烈认同，并将这一形象投射到“他者”的一个认知过程。这一书写方式体现了中外交流之初的精彩瞬间。在此过程中，斌椿使团不自觉在记述西方的同时，展现了自己最熟悉的中国文化景观，说明中国传统的士大夫在接触西方新事物时以建立于旧经验之上和联想比附中国事物的方式来消化吸收进而记述表现的话语特色。

五 误读：“看”与“被看”之间对话

异国形象是形象学研究的基本对象。这种形象并非异国现实的复呈，

---

① 施爱东：《哀旗不幸，怒旗不争：大清龙旗50年》，《民族艺术》2011年第1期，第4—5页。

而是形象塑造者根据自己的理解和欲求创造出来的。不同文化之间在交流的时候经常存在误读现象，比如中国形象在泰西的不同时期就呈现出多样化的图像，既有真实的记录，亦有想象、虚构和误读。由于民族情绪的存在和历史上不同文化之间冲突的影响，使人们把误读等同为误解、误会。而从比较文学形象学的角度出发，揭示不同文化之间的先天性差异才是文化误读的根源。因此，正视误读的必然存在，认真探求误读形成的原因和动机，将误读可以看成是了解自身、了解他者、推动民族交流的工具。[1]

两种文化在互相观察的时候，由于文化的差异，必然存在这样那样的误解。作为晚清第一批出访的华人官员，其服装、装束、举止等都会被当地人误解。在荷兰的时候，“又每日自晨至夕，所寓店前男女老幼云集，引领而望。乘车出时，则皆追随前后，骈肩累迹，指话左右，盖以华人为奇观也”。荷兰的男女老幼纷纷来观看华人。不仅观看，而且“追随前后，骈肩累迹，指话左右”。用张德彝的话说，这是把华人当作“奇观”了。从这个细节也说明当时中荷两国之间的交往还不甚密切。

更大的误解发生在俄国。斌椿使团在俄国彼得堡游玩的时候，在公园门口遇到了一大批人在等着围观“华人”。俄罗斯的女子见到华人男子，都很惊讶，甚至指着使团成员彦慧说“这是中国的美女啊!”返回驻店的路上又有两个姑娘对彦慧十分感兴趣，相互交谈了很久，仔细询问，都无法辨别彦慧的性别。还有两个更为“开放”的女子希望和张德彝、彦慧等人手拉手聊天，且死死跟随。虽然使团记录中没有明确写出他们的想法，但是他们着实大惊失色。这样由于装束引起的“性别误解”也曾发生在1867年前往泰西的王韬身上。[2] 当时中西交通尚不发达，黄皮肤、黑头发的华人出现于泰西境内，自然也为这些泰西居民带来不小冲击。因此，在斌椿使团体验西方各式新事物、观看他者、评论他者的同时，其实自己也成为被众多他者观看的对象，当地民众围在酒店门口不愿离开等现象正说明这种特殊的交流方式。

---

① 吴鸿志、蔡艳明：《异国形象的文化误读》，《西南农业大学学报》2008年第1期，第92页。

② 王韬：《漫游随录》，湖南人民出版社，1982，第133页。

以斌椿使团为代表的晚清华人在走向世界的过程中看到了不一样的异邦，同时也被外国人以“异邦”的眼光来审视。在看与被看的尴尬与惊羡中，斌椿使团由于华人身份而备受关注。而他们在自我角色的“重构”中重新认识一个陌生的我。与此同时，通过外国对“华人”的观看，也可以得出推论，斌椿使团的泰西之行并非默默来去，反而因华人身份而受到关注，因泰西当时并没有多少华人，并得到了特别关照。[①] 而这种关照也使斌椿使团对自身有了深刻的认知。

另外，在斌椿使团泰西书写的字里行间并没有明确写出来“自卑感”，但是一些表述艳羡的文字已经透露了书写者“比较”的眼光，可以从中看到这种隐藏的“自卑”情绪。

结　语

斌椿使团所记的文本除了是一种实察考述的采风之作，也是一种反映中国传统文人如何面对西洋新事物的某种历史心态的文本。比起一般读书人，斌椿的思想、眼界和胸襟都应较为开阔，但还是受传统士大夫心态之限，与《海国胜游草》集子前题词相赠的诸位文人故友以及其表弟杨能格一样，斌椿将出访视为“绝域怀柔”，杨能格“是行也，其奉宣天子威德，以怀服远方”之句，凸显当西方已逐渐步入现代化国家之列时，中国文人却仍停留在传统出使藩属国的册封使任务想象中。因此斌椿才会在异域写下“蕃王知敬客，处处延睇视”这一隐含华夷之辨的中秋四十韵，将其寄给了弟弟子廉、表弟杨能格和外甥维雨楼。

在两种文化接触的开始，理解另一种文化最直接的方式就是“比附”。这样能够将自有的文化投射到另外的文化上，通过“自我”视角认识到两种文化之间的共同性和相似性。但是这种“比附”的方式同时也消解了两种文化之间的差异。对于斌椿来说，这种投射，既是为了加深自己的理解，也是为了更好地“完成任务”，让国内的阅读者、士大夫等人更容易

① 李宜桦：《中土西来第一人：斌椿的泰西经验考察》，《史穗》2011 年第 4 期，第 11 页。

接受与自己文化“相似”的文化。

作为观察者，斌椿在泰西之行中看到了泰西和世界，也看到了“自己”。但是，同时他也作为“被观察者”被观察。斌椿使团的泰西书写中也写到了多次“被看”的经历，非常有意思，也反映了两种文化接触之处的各种“冲突”。在与“他者”的对照中，他们还看到了在泰西游历的华人和泰西当地丰富的中国元素，并用“中国意象”去书写泰西，在“看”与“被看”之中，他们不断地寻找着自身在世界的位置。在此过程中，斌椿使团最主要的认知模式就是比较和同化，也就是将陌生的文化现象纳入主体已有的概念框架中进行比较分析，用文化迁移、认证和替换的方式来展开“他乡皆故土”式的欣赏，这使得所见之“西方”成为晚清天朝之“镜像”，看到的也不过是自身的文化倒影，而沿途见闻更是印证和强化了先在优越的自我形象，这就曲解了西方现代化的本真认知，遮蔽了西方的现实问题。①

① 黄继刚：《晚清域外游记中的空间体验和现代性想象》，《内蒙古社会科学》2015 年第 6 期，第 126 页。

张贵永博士学位论文与德国新兰克学派

庄超然*

摘要 本文以张贵永在柏林大学的博士学位论文《弗·冯·荷尔施泰因外交政策的特点与方法之研究》为出发点，结合张贵永所处的学术脉络和时代语境分析这部侧重外交史研究的论文及其学术价值。张贵永的博士学位论文应当是他西方史（尤其是外交史）研究的代表作之一，直接体现了他对德国新兰克学派“外交优先”学术传统的继承。因此这部作品也应视为中国学界德意志帝国政治文化研究学术史的先驱之一。只不过由于史学范式转变等原因，其学术价值一直没能得以揭示。

关键词 张贵永　西方史　外交史研究　新兰克学派

诚如一些研究所言，张贵永（1908—1965）作为中国台湾地区西方史研究的代表人物之一，对他的西方史研究还有尚待扩展或细化之处。[①] 本文将阐述张贵永在柏林大学的博士学位论文《弗·冯·荷尔施泰因外交政策的特点与方法之研究》的主要内容，揭示它与德国新兰克派之间的关联，进而说明前者的学术史价值。本文希望有助于进一步理解张贵永的西方史研究对于中国台湾地区史学发展、近代中西史学交流等方面的学术意义。

一　张贵永生平述略

张贵永，字致远，浙江鄞县（今宁波市鄞州区）人。1929 年毕业于清

---

* 庄超然，中国矿业大学外国语言文化学院讲师。

① 张广智主编《近代以来中外史学交流史》（中），复旦大学出版社，2020，第 694 页。

华大学历史系，同年入柏林大学深造，1933 年获柏林大学博士学位。他于 1934 年任“中央大学”史学系教授，讲授西洋史。1949 年后任台湾大学教授，1953 年兼任台湾师范大学教授。1955 年参与创建“中研院”近代史研究所，并任研究员。1963 年担任“中国文化学院”首任史学系主任。在台湾大学任职期间曾多次到外国讲学，1965 年在西柏林自由大学担任客座教授时脑中风去世。[①]

从张贵永的讲座和著述来看，其教学和研究领域主要涉及西方史、西方外交史、近现代史学思想等方面。张贵永大部分的论著收录于自编文集《史学讲话》以及族亲在他去世后整理的《张致远文集》等之中。

国内学界对张贵永的研究主要集中在对其西方史研究和史学思想的整体评述方面，立足张贵永相应的具体文本的个案研究还较少。

二　张贵永的博士学位论文

（一）博士学位论文的基本情况

张贵永的博士学位论文《弗·冯·荷尔施泰因外交政策的特点与方法之研究》研究的是德意志帝国时期颇有争议的政治人物弗里德里希·冯·荷尔施泰因（Friedrich von Holstein，1837 - 1909）的外交策略。荷尔施泰因是威廉二世时期的外交官。尽管他并未担任过重要职务，但通过与政治、军事高层的交往圈的联系，他在 1890—1906 年能够间接影响德意志帝国的外交政策。这种幕后掌权的形象让他被称为威廉二世时期的“灰衣主教”(éminence grise)。

论文共 109 页（含索引、参考文献等），正文 97 页。根据论文前言[②]以及《德国高校年鉴》对张贵永论文的简要说明，该文应最晚完成于 1933

① 参见李勇《张贵永与西方史学研究》，《史学月刊》2014 年第 1 期，第 111—122 页，此处第 111 页。此文大部分被收入《近代以来中外史学交流史》中。另见陈弱水《台大历史系与现代中国史学传统（1950—1970）》，《台大历史学报》第 45 期，2010，第 117—154 页，此处第 134 页。

② Chang Kuei - Yung，*Friedrich von Holstein*，S. VI.

年5月，并于1934年印刷出版。①

以往认为，张贵永的博士学位论文导师是弗里德里希·梅尼克（Friedrich Meinecke，1862－1954）。本文相信，根据张贵永博士学位论文以及相关史料，可以基本断定其博士学位论文的导师应当是梅尼克的同事——历史学家赫尔曼·翁肯（Hermann Oncken，1860－1945）。② 首先，张贵永这篇博士学位论文实际上发表在翁肯主编的《近当代史研究》（*Forschungen zur neueren und neuesten Geschichte*）系列第4册（于1934年出版）。其次，张贵永在论文前言中提到，该研究源于翁肯的推动，也表达了对后者在历史研究方面帮助了自己的感谢之情。③ 再次，此时还在柏林学习汉语的傅吾康（Wolfgang Franke，1912－2007）的回忆录中提及他与张贵永的交友情形时也认为翁肯是张的导师。④ 最后，张贵永申请博士学位的档案等材料中提到了翁肯对自己论文的评语。⑤ 综上，基本可以确定翁肯才是张贵永的博士学位论文导师。

这个事实并不是要否认梅尼克对张贵永的影响，但这表明，翁肯同样是解读张贵永的史学研究，特别是后者博士学位论文的基点。因此，有必要先了解翁肯的历史研究路径。

（二）翁肯历史研究路径的影响

翁肯于19世纪90年代在柏林大学求学时师从新兰克派（Neorankeaner）史学家马克斯·伦茨（Max Lenz，1850－1932）。1905年9月至1906年3月，翁肯在芝加哥大学担任访学教授。⑥ 辗转海德堡、维也纳、慕尼黑等

① *Jahresverzeichnis der an den deutschen Universitäten und Hochschulen erschienenen Schriften*, Band 50, Berlin und Leipzig: Walter de Gruyter & Co., 1935, S. 290.

② 已有研究指出，以往认为张贵永的博士导师为梅尼克并不准确。参见张一博《张贵永与德意志历史主义在民国时期的传播》，《河北学刊》2019年第4期，第209—215页。

③ Chang Kuei－Yung, *Friedrich von Holstein*, S. VI.

④ 〔德〕傅吾康：《为中国着迷：一位汉学家的自传》，欧阳甦译，社会科学文献出版社，2013，第46页。按照这里的表述，张贵永这篇德文论文应当经傅吾康润色过。

⑤ 张一博：《张贵永与德意志历史主义在民国时期的传播》，第201页。

⑥ Christoph Studt, "Ein geistiger Luftkurort" für deutsche Historiker: Hermann Onckens Austauschprofessur in Chicago 1905/06, in *Historische Zeitschrift* 264 (1997), S. 361－389.

地后，他于1928年起在柏林大学任教。总体上他与伦茨承接的是兰克的“普遍精神与客观方法”。[①] 他将历史解释为国家间不断的权力斗争，看重外交对国家的影响。从学术史角度来看，完全有理由将翁肯列入“重新将追求客观性放在首要地位”并认为“外交优先”（Primat der Außenpolitik）[②] 的新兰克派。纳粹上台后，由于翁肯拒绝其民粹—种族主义的历史观念遭到打压，于1935年被强制退休。[③]

翁肯与梅尼克关系密切，1922—1928年梅尼克与翁肯合作出版了《政治学经典作家》（*Klassiker der Politik*）系列。[④] 1934年翁肯接替梅尼克成为帝国历史委员会（Historische Reichskommission）主席。[⑤] 根据翁肯的学生回忆，海德堡时期，翁肯与国家法学家格哈德·安许茨（Gerhard Anschütz，1867－1948），国民经济学家、经济史家埃伯哈德·戈坦（Eberhard Gothein，1853－1923），诗人、文学家弗里德里希·贡多尔夫（Friedrich Gundolf，1880－1931），主攻中世纪早期的历史学家卡尔·汉佩（Karl Hampe，1868－1936），哲学家卡尔·雅斯贝尔斯（Karl Jaspers，1883－1967），艺术史家卡尔·诺伊曼（Carl Neumann，1860－1934），新康德主义代表人物之一的海因里希·里克特（Heinrich Rickert，1863－1936），马克斯·韦伯的弟弟、经济学家阿尔弗雷德·韦伯（Alfred Weber，1868－1958）交好。[⑥]

纵观翁肯的历史研究成果，历史人物传记占了重要的位置。这类代表作有《拉萨尔：一部政治传记》（*Lassalle：eine politische Biographie*）、《鲁道夫·冯·本尼森：一位德意志自由主义政治家》（*Rudolf von Bennigsen*，

---

① Felix. E. Hirsch，“Hermann Oncken and the End of an Era”，*The Journal of Modern History*，Vol. 18，No. 2，pp. 148－159，149.

② 〔德〕利奥波德·冯·兰克：《历史上的各个时代》，杨培英译，北京大学出版社，2010，第21—22页，编者导言。

③ Christoph Studt，“Oncken，Hermann”，*Neue Deutsche Biographie* 19（1999），S. 538 f.

④ Gisela Bock，*Friedrich Meinecke in seiner Zeit*：*Studien zu Leben und Werk*，Stuttgart：Franz Steiner Verlag，2006，S. 156.

⑤ Hans Friedl（Hg.），*Biographisches Handbuch zur Geschichte des Landes Oldenburg*，Oldenburg 1992，S. 537－541.

⑥ Felix. E. Hirsch，“Hermann Oncken and the End of an Era”，p. 152. 另见 Christian Jansen，*Professoren und Politik*，*Plotische Denken und Handeln der Heidelberger Hochschullehrer 1914－1935*，Göttingen：Vandenhoeck & Ruprecht，1992。

ein deutscher liberaler Politiker, 1910)。前者是德国社会民主党的创立者之一；后者是德意志帝国民族自由党（Nationalliberale Partei）的领袖之一。翁肯这两部著作反映出他对政党政治的重视。有研究指出，翁肯对历史人物的传记实际上包含于他对1848年之后德意志民族自由主义（des deutschen nationalen Liberalismus）历史的探究计划之中。[①] 另外翁肯还发表了大量的历史政治方面的文章，也进行过史料编纂。前者当然要在翁肯的政治立场上加以理解。这方面他被认为是瑙曼（Friedrich Naumann，1860-1919）民族自由派的支持者，赞成工人阶级与民族国家的和解。[②] 此文无法全面考察翁肯的政治态度以及其历史—政治方面的论述，仅以他个别论著勾勒大概轮廓。如《历史—政治论著集》（1914）中的《政治、历史书写与公共意见》[③] 以及《论外交与内政的联系》[④] 均反映了第一次世界大战前后翁肯对德国内政外交、政治进程与历史书写之间的关系的思考。

《政治、历史书写与公共意见》一文最初作于1903—1904年，此时德意志帝国的议会化趋势越发明显，各个党派也强化其在公共生活的作用。翁肯此文就是在此背景下探讨政治、历史书写和公共意见三者的关系。这种讨论部分仍接续了兰克《论历史与政治的区别和联系》中的观点，比如历史和政治都有相同的基础：对过去事件的了解；两者既是科学又是技艺。但区别在于历史是普遍的，而政治是民族国家的。但翁肯提出的重要问题是，在公共意见日益施加政治影响力的时代，如何处理历史书写要求的普遍趋势与历史书写者所在民族国家立场之间的张力？[⑤] 这个矛盾还包含另一层面，即公共意见与历史书写又有怎样的关系？翁肯文中对此实际并未展开。该话题在魏玛德国时期变得更具有现实意义。某种程度上这解

---

① Klaus Schwabe, "Hermann Oncken", in Hans - Ulrich Wehler (Hg.), *Deutsche Historiker*, Band. Ⅱ, Göttingen: Vandenhoeck & Ruprecht, 1971, S. 81-97, hier S. 85.

② Klaus Schwabe, "Hermann Oncken", S. 87.

③ Hermann Oncken, "Politik, Geschichtsschreibung und öffentliche Meinungen", in *Historisch - politische Aufsätze und Reden von Hermann Oncken*, Bd. I, München - Berlin: Verlag von R. Oldenbourg, S. 205-243.

④ Hermann Oncken, *Über die Zusammenhänge zwischen äußerer und innerer Politik*, Springer Fachmedien Wiesbaden GmbH, 1919.

⑤ Hermann Oncken, "Politik, Geschichtsschreibung und öffentliche Meinungen", S. 223.

释了张贵永的博士学位论文为何以荷尔施泰因这位广受公众非议的政治人物为研究对象。

《论外交与内政的联系》首发于1918年10月8日的海德堡，此时德国败局已定。后来它又被收入献给军事思想家、军事史家汉斯·德尔布吕克（Hans Delbrück，1848－1929）七十大寿纪念文集中。这一天恰好是德国政府签字投降、一战正式结束的一天。可见翁肯作此文的背景是，德国即将面对的变局下，通过讨论外交与内政之关系思考建设“新德国”的问题。翁肯将它表述为“能否找到一个权力与自由的真正组合（Synthese）”。[①]翁肯认为，战争进程说明德国“战前外交政策的虚弱……在于它不能同必要的内政紧密地联系起来。当外部孤立德国的危险越来越大时，内部的党派、政制、经济、财政的不同观点对于可能发生的世界大战不能做充分准备”。[②] 在他看来，关键问题是，“在世界形势压力下，在1890年后已经无法得以贯彻的德意志的传统外交政策能否与政治意图的统一（Einheit）的最高信条与进步中的新秩序相适应?”[③] 因为，“我们看到，一个强大的对外政策只能在与整体国家（Gesamtnation）协调一致下才能得以贯彻。这对我们德国人来说是世界大战的最重要的教训”。[④] 为此，“大众需要被教育并准备好支持所谓世界政策”“议会必须变得成熟，在外交与内政的互动关系和张力中承担责任，这对于行使其日常作用也是必要的”。[⑤]

在了解翁肯的历史研究路径的基础上就可以理解张贵永这篇博士学位论文的选题。翁肯将这篇论文作为《近当代史研究》系列的第4册出版。该系列另三册是：弗朗茨·里希特（Franz Richter）的《普鲁士国家政策的欧洲问题与1830—1832年的革命危机》（1933）、弗里茨·黑尔维希（Fritz Hellwig，1912－2017）的《1860—1870，争夺萨尔：拿破仑三世的莱茵政策研究》、埃韦莱纳·彼得斯（Evelene Peters）的《罗斯福与皇帝：

---

① Hermann Oncken, *Über die Zusammenhänge zwischen äußerer und innerer Politik*, S. 6.

② Hermann Oncken, *Über die Zusammenhänge zwischen äußerer und innerer Politik*, S. 29－30.

③ Hermann Oncken, *Über die Zusammenhänge zwischen äußerer und innerer Politik*, S. 35－36.

④ Hermann Oncken, *Über die Zusammenhänge zwischen äußerer und innerer Politik*, S. 36.

⑤ Hermann Oncken, *Über die Zusammenhänge zwischen äußerer und innerer Politik*, S. 36.

1895—1906 的德—美关系研究》。此四项研究实际上构成了拿破仑战争后到一战前近百年间普鲁士—德意志外交历史的初步图景。翁肯本人在 1933 年出版了两卷本的《德意志帝国与世界大战前奏》(*Das Deutsche Reich und die Vorgeschichte des Weltkrieges*),试图在当时最新公布的英德档案基础上,将一战前德国的外交政策放在整个欧洲的内外部变化的广泛联系中予以考察。[1] 这样看来,翁肯正是在探索德意志的百年外交历史发展的构想下指导张贵永撰写博士学位论文。

无论如何,可以确定的是,张贵永的博士学位论文能够成型得益于有关荷尔施泰因文献的陆续问世。尤其是赫尔穆特·罗格(Helmuth Rogge,1891 – 1976)编辑的《荷尔施泰因书信集》[2] 恰在 1932 年出版。根据罗格的回忆,由于当时出版社担心出版荷尔施泰因这个极具争议的政治人物的文献会带来非议,编者与出版社决定请翁肯担任前两者争议情况下的仲裁人。不过,最终并未出现需要仲裁的情况。[3] 这样一个事实侧面表明,通过翁肯,张贵永想必得以在第一时间了解《荷尔施泰因书信集》的出版情况。论文的引用情况也说明了这部书信集是这篇论文最重要的文献基础之一。罗格为《荷尔施泰因书信集》撰写的前言描述了荷尔施泰因在当时的接受情况,某种程度上这也是理解张贵永进入荷尔施泰因研究的情形:

> 荷尔施泰因是德国近代史的一个特殊现象:没有领导地位、不担负责任、没有明显影响、生前公众几乎不了解的一个人,几年内在众多官方或私人的出版物中被大量研究和批判,以至于他几乎成了整个政治进程中的代表人物。……但真正的荷尔施泰因却总是不为人知。[4]

换言之,当时缺少对荷尔施泰因进行合乎历史语境的严肃考察。罗格通过整理荷尔施泰因与其堂妹伊达·冯·施蒂尔普纳格尔(Ida von Stülpnagel)

---

① Klaus Schwabe, "Hermann Oncken", in *Deutsche Historiker* Bd. Ⅱ, Göttingen: Vandenhoeck & Ruprecht, 1971, S. 85.

② Helmuth Rogge (Hg.), *Friedrich von Holstein Lebensbekenntnis in Briefen an eine Frau*, Berlin: Ullstein Verlag, 1932.

③ Helmuth Rogge, *Zur Geschichte der Holstein – Forschung*, Bad Godesberg 1974, S. 10.

④ Rogge (Hg.), *Friedrich von Holstein*, S. XIII.

的书信来往，为进一步的研究奠定了基础。结合荷尔施泰因的生平，罗格将《荷尔施泰因书信集》分为八个部分，其中第五部分到第七部分别为："在俾斯麦主导的外交部：1876—1890""新路线：1890—1900""为德国的世界地位而斗争：1900—1906"。这样的划分也多少影响了张贵永博士学位论文的篇章安排。在这些文献材料的基础上，张贵永认为"现在似乎是时候以专著式的论述，结合 1890 年到 1906 年德国外交政策，试图展现荷尔施泰因的私人与公务生活"。[①]

这说明了张贵永该研究的基本范围是后俾斯麦时代下弄清荷尔施泰因的个人生活与作为政治人物的功过，以得出对他的整体评价。这样就提出至少两个问题，一是张贵永对荷尔施泰因有怎样的评价？二是在当时的历史语境下，荷尔施泰因的这种整体形象具有怎样的意义？下文将分别讨论这两个问题。

（三）博士学位论文的内容

论文正文分为六章，前四章基本上介绍了荷尔施泰因卷入的重要事件，如阿尼姆审判对他的影响、他在俾斯麦卸任中扮演的角色、他与威廉二世以及其顾问圈子的关系以及争取外交自主性的努力等。第五章则论述了荷尔施泰因处理具体外交事务的观点，篇幅上这部分也最多，约占论文正文一半。第六章则是结论。可以看到，这篇论文中首尾两章分别作为导言和结语，中间四章实际上分为两个部分，第二至四章实际上以荷尔施泰因在外交部的角色为线索呈现的德国的"内政问题"。第五章主要论述荷尔施泰因对列强的策略，它实际上可以理解为对兰克开启"论列强"（die großen Mächte）的承接。这样看来，尽管该文以"荷尔施泰因的外交策略"为题，但实际上将内政与外交结合在一起论述。

在作为论文主体部分的第五章中，张贵永首先给出了荷尔施泰因在当时面对的整体外交环境：德国的世界政策建立在欧洲政策基础上；德国能否在被包围（Einkreisung）的态势下坚持下来。因为到了世纪之交，俾斯

---

① Chang Kuei－Yung，*Friedrich von Holstein*，S. V.

麦为确保德国优势的三个支柱（孤立法国、孤立英国以及挑起法国与意大利的不和）已经瓦解。[①] 之后根据国别—地区论述荷尔施泰因的外交认识。其中以对英政策、仲裁法庭观念、东亚问题和摩洛哥政策（第一次摩洛哥危机）四部分的论述最为详细。可以看到，张贵永实际上是从德国的欧洲政策以及海外政策两个层面讨论荷尔施泰因在其中的角色。

论文的结论是，荷尔施泰因称不上“灰衣主教”。他在德国外交中发挥重大影响的主要原因在于俾斯麦之后德国缺少真正的政治领袖，外交人才匮乏严重。另外，荷尔施泰因自己也未提出一个有创造性的大策略可以为后世称道。论文第四、五章的论述说明，在威廉二世意图加强个人统治的大背景下，荷尔施泰因还需要与皇帝及其近臣过分干预外交事务作斗争。因而很多外交事务荷尔施泰因并不能决定。最后张贵永提到，荷尔施泰因本人已经意识到他可能会被误解为阴谋家，但表示自己并未有这种意图。[②]

由于整篇论文涉及德国与其他欧美列强的内政外交细节，悉数考察这些并不可取。因此这里从其中选取三个片段来展现张贵永的撰写思路。

（1）阿尼姆审判

阿尼姆审判是指曾任驻法大使的哈里·阿尼姆（Harry Arnim，1824－1881）在巴黎离职后被发现私藏官方外交文件（阿尼姆坚称所藏文件只含私人事务），所以于1874年遭到起诉。荷尔施泰因当时作为驻法使馆的秘书被卷入其中，荷尔施泰因在阿尼姆受审后，遭到阿尼姆律师指控而不得不回国出庭作证。对此事件张贵永并未过多着笔，这可能与第一章在整篇论文的结构中处于导入性地位有关。张贵永指出了该事件的一个重要起因是阿尼姆和俾斯麦对法策略上的矛盾。[③] 法国战败后，对于法国的政制而言，俾斯麦倾向于共和制，因为这使法国能相对稳定地完成其条约义务，又能孤立法国与周围的君主制国家的关系。阿尼姆则认为，共和制意味着麻烦与不安，也会煽动其他国家的革命，因而主张法国恢复君主制，阿尼

① Chang Kuei－Yung, *Friedrich von Holstein*, S. 39.

② Chang Kuei－Yung, *Friedrich von Holstein*, S. 83－84.

③ Chang Kuei－Yung, *Friedrich von Holstein*, S. 3.

姆试图以此争取威廉一世的支持。这样，政见不和之外，似乎也有阿尼姆试图取代俾斯麦的权力斗争的因素。[①] 不管怎样，张贵永同后来很多相关研究指出，该事件可能影响了荷尔施泰因后来的政治生涯走向。[②] 俾斯麦在这场丑闻中笑到最后，但它反映出德意志帝国内部关于对外政策、国家政治结构等矛盾一定程度上也预示着俾斯麦的下台。威廉二世（Wilhelm Ⅱ，1859—1941，1888—1918 年在位）登基后试图建立个人统治（Persönliches Regiment），这暴露了德意志帝国宪法确立的政治架构的问题。

（2）外交事务的自主性

第二章花了相当多篇幅说明俾斯麦被解职的经过以及荷尔施泰因在其中的角色，第三章则试图呈现后俾斯麦时代下荷尔施泰因在帝国外交部的越发重要的地位。第四章关注威廉二世时代内政与外交方面的各种势力：皇帝、宰相、国务秘书、普鲁士大臣、军队的复杂关系，目的是为了论述荷尔施泰因在这个复杂的权势斗争中试图维持外交政策的自主性。张贵永借助约翰内斯·哈勒尔（Johannes Haller）的《奥伦堡伯爵之生平》（*Aus dem Leben des Fürsten Phillipp zu Eulenburg - Hertefeld*）认为："皇帝与荷尔施泰因之间的矛盾决定了后来德意志帝国内政与外交情况的发展。"[③]

张贵永当然看到了荷尔施泰因这种斗争的合理性：作为皇帝的威廉二世干预外交，"即兴的演说以及与外国君主、外交官的联系"给德国外交带来困扰。[④] 张贵永还提到了荷尔施泰因对 1896 年威廉二世卷入的几次外交事件的评价。"1896 年对于殿下来说是糟糕的一年。这一年以克鲁格电报开始，以米夏埃尔·格拉夫·冯·穆拉维约夫（Michael Graf von Murawiew，1845 - 1900）任俄国大使以及维多利亚女王的信结束……与俄国和英国

① 另见 Norman Rich, "Holstein and Arnim Affair", *The Journal of Modern History*, Vol. 28, No. 1, 1956, pp. 35 - 54。〔德〕俾斯麦：《思考与回忆：俾斯麦回忆录》第 2 卷，杨德友等译，三联书店，2006，第 139、144—145 页。〔美〕弗里茨·恩斯特：《金与铁：俾斯麦、布莱希罗德与德意志帝国的建立》，王晨译，四川人民出版社，2018，第 324 页。

② Chang Kuei - Yung, *Friedrich von Holstein*, S. 4 - 5. Vgl. Norman Rich, "Holstein and Arnim Affair", p. 51f.

③ Chang Kuei - Yung, *Friedrich von Holstein*, S. 28.

④ Chang Kuei - Yung, *Friedrich von Holstein*, S. 28.

（的关系）都变糟了……”①

张贵永进一步指出，双方矛盾在于君主对外交政策的干涉乃至“皇帝的宪政位置”。荷尔施泰因担心皇室、议会与民众之间的矛盾可能会危及帝国的根基。② 张贵永注意到，在这种情况下，荷尔施泰因也加入到国内政策的斗争中。例如就军事法庭改革问题，他支持在陆军司法管辖中引入现代化的特性，甚至试图争取时任帝国宰相的霍亨洛厄来反过来影响威廉二世。③

张贵永还以威廉二世密友奥伦堡伯爵（1847—1921）的观点为例，侧面说明了荷尔施泰因斗争的必要性。奥伦堡一方面预见到了德意志帝国卷入的危险，另一方面他又认为，将威廉二世纳入议会宪法之中这个唯一的解决办法是不可能的。④ 作为皇帝好友，奥伦堡实际上扮演着各方势力与皇帝的协调人的角色。他的这种观点令张贵永更倾向于荷尔施泰因的立场：“荷尔施泰因为合乎宪法的统治而非军事—绝对主义的统治的斗争，在理论上是无需解释的。”⑤ 对于荷尔施泰因争取外交自主性，张贵永认为它关乎官僚制（Beamtentum），也关乎国家理性（Staatsraison）。⑥ 张贵永问道，尽管“议会制愈发深入人心（即便普鲁士保守的反对派也坚持这种观点），但它在实践中真的有益于德意志帝国吗？这是德意志法律历史中的重大问题”。⑦

无论如何，第四章呈现的种种矛盾令读者不禁怀疑荷尔施泰因的外交策略究竟怎样主导了德国外交，考虑到瞬息万变的国际局势，他能否完成外交部“主心骨”的作用。

（3）论列强

第五章根据德国外交政策的不同利益地区展开，具体分别论及了英法

---

① Chang Kuei - Yung, *Friedrich von Holstein*, S. 32.
② Chang Kuei - Yung, *Friedrich von Holstein*, S. 28.
③ Chang Kuei - Yung, *Friedrich von Holstein*, S. 34.
④ Chang Kuei - Yung, *Friedrich von Holstein*, S. 36.
⑤ Chang Kuei - Yung, *Friedrich von Holstein*, S. 36.
⑥ Chang Kuei - Yung, *Friedrich von Holstein*, S. 37.
⑦ Chang Kuei - Yung, *Friedrich von Holstein*, S. 36.

俄奥意及其利益相关地区。不过张贵永并未完全遵照这个设想行文。这一章最后有关设立仲裁法庭、东亚政策、摩洛哥危机的三个小节更多的是分析德国卷入的争端。尤其是设立仲裁法庭一节，充分体现了荷尔施泰因的政治洞见以及德国与列强在处理国际关系方面的矛盾。

对于设置仲裁法庭的提议，荷尔施泰因的反应是。

……那些不引人注意的小国作为仲裁活动主体，小问题作为仲裁客体是可能的；但大国和大问题行不通。因为国家视自身为自我目的，而非实现一个外在的、更高目的的手段——越大的国家越是如此。对于国家来说没有比维护自身利益更高的目的，这一点对大国而言并不意味着必须保持和平，而更多的是通过一个适当组成的团体（Gruppe）来压制敌人以及竞争对手。因此若这种推测成立，在俄国外交的考虑中，如果这个组织得以实现，列强的最高法院（Areopag，仲裁法庭）就是一个权力工具而非和平工具。俄国可能首先打算以这个最高法院作为大陆列强的组织来反对英国；也许之后又会针对其他列强……①

荷尔施泰因从现实政治的角度出发，说明仲裁法庭在国际事务中作为权力工具与和平工具之间的微妙处境。对于列强来说，自身利益作为最高目的是不愿也不能接受这样一个外在手段。这个评论得到他同僚的认可。德国尽管试图避免仲裁法庭被塑造成反对者的形象，但这个愿望落空了。张贵永在这一节中还简述了英国与美国对仲裁法庭的立场。两国出于各自的考虑曾表达考虑签署仲裁法庭协议。这样英美德三国实际上抱有相同的顾虑，但其应对策略却不同。对此张贵永评论道：

在荷尔施泰因那里教条的考虑占了上风。他从一开始就拒绝那种对本国可能不利又会被他国政治目的作为借口加以利用的机制（Institution）。更具策略的考虑，即拒绝这种机制是否会给本国造成更大的不利——即便起初并不明显——使本国落了下风。英国的策略则

① Chang Kuei - Yung, *Friedrich von Holstein*, S. 62.

> 不同……他们考虑到了公开拒绝可能带来的不利；这样英国方面虽然乐于坐到谈判桌前，但后来又试图尽可能摆脱束缚，直至在实践上几乎谈不上受到制约，正如1896—1897年英美谈判展现的那样。在会谈中可能对他国有利，但需要避免的是，独立于国际大众主导的潮流之外。[①]

张贵永没有具体解释何为“教条的考虑”，但上段文字中诸如“对国家来说没有比维护自身利益更高的目的”等表述令人不禁想到他在第四章中论及荷尔施泰因为“国家理性”而与威廉二世斗争。在那里，荷尔施泰因认为皇帝过分干预政治事务会给帝国带来危险。张贵永可能认为，正是基于这种“教条的”的“国家理性”，在面对设立仲裁法庭的问题上，荷尔施泰因与其同僚认为自己看出了设立仲裁法庭的真相，并凭此认为自己做出了正确的决定。但张贵永以英美两国的策略为例说明，在复杂的国际关系中，有时候关键在于“避免更大的不利”。

当1898年8月底俄国提出设立仲裁法庭的提议时，帝国的缔造者俾斯麦已于一个月前去世。无法得知他会如何应对俄国的这项计划，但俾斯麦回忆录结尾处的一段论述对于评价荷尔施泰因等人的外交策略可能十分有益。俾斯麦写道：“政策的任务在于尽可能正确地预见到别人在现有的状况下会做些什么。这种远见的能力，很少是生来就能达到这种程度，以至于不需要相当的实际经验和个人知识，就能发挥作用。每当想到这些特质在我们的领导集团身上丧失到了何种程度时，我不觉为之忧心忡忡。”[②] 作为后俾斯麦时代外交部主心骨的荷尔施泰因也如此教条甚至判断失误，俾斯麦确实有理由担忧。

如果说德国有关仲裁法庭的反对立场源于荷尔施泰因决策失误的话，德国的东亚政策则反映了皇帝干预的后果以及荷尔施泰因有限的影响力。按照荷氏的想法，德国本可以利用列强在东亚的利益冲突用来修复与俄国的关系。但德国皇帝执意在中国获取殖民地等举措错失了这个机会。挑起

① Chang Kuei - Yung, *Friedrich von Holstein*, S. 65.

② 〔德〕俾斯麦：《思考与回忆》第3卷，第127—128页。译文据原文有改动。

摩洛哥危机（又称丹吉尔危机）则是荷尔施泰因的又一次失误，本想测试英法俄三国协约，但最后造成了德国的外交孤立困境。这次危机不久，荷尔施泰因的辞呈得到了批准。

三 荷尔施泰因与德意志帝国政治文化史：张贵永博士学位论文的学术价值

通过对张贵永博士学位论文三个片段的评析可以看出，他基本上完成了在前言中提出的研究目的。但不知道是否出于某种考虑，这样一篇有关荷尔施泰因整体形象的研究中对于此项研究意义的叙述较为有限。这里结合论文出版的历史背景以及论文涉及的研究领域来探讨其学术价值。

论文的历史背景方面这一点前文中已经有所介绍，这里还可以再补充一些。首先是关于荷尔施泰因的研究史料方面。正如这篇论文前言所述，该研究并不打算成为一部有关荷尔施泰因的政治传记，原因是荷尔施泰因更多的个人文献还未被公开。[①] 编辑出版了《荷尔施泰因书信集》的罗格相信，一些问题只有希冀于这批个人文献的出版才能得以阐明。实际上罗格已经争取了文献保管者同意，并着手编辑荷尔施泰因文献全集。但此时纳粹政权上台，这项工作被迫中止。1935 年这批文献被盖世太保没收，1939 年被转交给德国外交部，二战后落入联军手中。[②] 文献出版时已经到了 20 世纪 50 年代末期。其波折的命运反而说明了有关荷尔施泰因的研究价值。诺曼·里奇（Norman Rich）在荷尔施泰因个人文献集导言中仍然向读者强调出版荷尔施泰因个人文献的必要性：一战后众多回忆录文献一致将荷尔施泰因视为导致德国战败的“邪恶天才”，这种推测实际上并没有什么依据。[③] 张贵

---

① Chang Kuei - Yung，*Friedrich von Holstein*，S. V. 另外一个因素在于，20 世纪 20 年代末围绕历史传记的目的和写法等问题，红极一时的传记作家埃米尔·路德维希（Emil Ludwig，1881 - 1948）和专业史学家之间展开了一场大辩论。参见孟钟捷《魏玛德国“历史传记之争及其史学启示”》，《历史研究》2017 年第 3 期，第 162—179 页。

② Norman Rich，M. H. Fisher（ed.），*The Holstein Papers* I，Cambridge University Press 1955，pp. xxi - xxii.

③ Norman Rich，M. H. Fisher（ed.），*The Holstein Papers* I，p. ix.

永通过其研究已经基本上澄清了将荷尔施泰因作为德国滑入战争的替罪羊之一的观点是没有道理的，尽管荷尔施泰因在一些国际问题上决策失误也是事实。

因此，张贵永完成于纳粹政府初期与二战前的这样一篇论文无论如何都会提出一个问题，荷尔施泰因和他那一代的政治人物与一战以及魏玛共和国的混乱有怎样的关系？对荷尔施泰因的妖魔化实际上与当时攻击犹太人、左翼分子的“匕首谎言”（Dolchstoßlegende）的逻辑并无二致。在此意义上，该文可谓是对这类政治谎言的反击。然而到了1933年，纳粹已经逐渐开始“一体化”的背景下，这类讨论变得无足轻重。毕竟1935年张贵永的博士学位论文的实际指导者翁肯也被强制退休。但毫无疑问的是，张贵永以荷尔施泰因为研究对象的博士学位论文应当有助于理解德意志帝国时期政治文化、政治人物功过以及与之相关的一战战争罪责等问题。因此这篇论文可被认为是这些领域研究的先驱之一。具体而言有：一、新兰克学派“外交优先”的史学传统；二、德意志帝国（乃至魏玛共和国）的政治文化。

就外交还是内政优先问题而言，“外交优先”首先是兰克以来德意志史学的核心思想之一，它是指一个国家之关键在于针对他国以自保，对外扩张其权势，因此外交方面的尝试和需求决定性地反作用于国家内部机制。该思想又对德意志民族主义的政治意识形态的发展起到过重要作用，成为权势国家（Machtstaat）的思想基础。[①] 但一战之后，魏玛共和国的动荡政局充分表明了外交与内政紧密交织在一起。在这种危机语境下，新兰克派史学家们仍意图接续的“外交优先”思想也就无法论证和赞扬德意志国家权势的扩张，只能试图重新寻找和理解“权势”之外的价值标准。年轻一代学者，例如梅尼克的学生埃卡德·克尔（Eckart Kehr，1902－1933）已经有意识地借助马克思和韦伯的学说从经济和社会层面解释德意志帝国的发展。[②] 埃卡德·克尔提出的“内政优先”不仅在当时引起了广泛讨论，

① Heinrich Heffter，“Vom Primat der Aussenpolitik”，*Historische Zeitschrift*，Bd. 171，H. 1（1951），S. 1－20.

② Hans－Ulrich Wehler，“Eckart Kehr”，in *Deutsche Historiker*，Band 1，Göttingen：Vandenhoeck & Ruprecht，1971，S. 100－113，hier S. 110－111.

而且在后来联邦德国史学研究的几次争论中也可以找到回声。[①] 实际上，有研究已指出，梅尼克在《德英联盟问题历史》中业已借助埃卡德·克尔的视角展开论述。[②] 上文论及翁肯的《论内政与外交的联系》也说明，“外交优先”的德意志史学传统不得不面临修正。由此，鉴于荷尔施泰因在外交部扮演的角色，他与帝国政治精英的密切关系以及他去世后得到关注乃至引起热议，外交史视角下的荷尔施泰因实际上并不能全面反映出这样一个历史人物的复杂性以及他所处的历史环境。张贵永的博士学位论文实际上也用了相当的篇幅讨论内政问题。

就德意志帝国和魏玛共和国的政治文化领域而言，有关荷尔施泰因的话题可以纳入对“国家机密”（Arcanaimperii）的研究之中，自然也在国家理性（Staatsraison）的讨论范围内。张贵永在其论文正文中提到了“国家理性”一次。鉴于他和梅尼克的关系，他或许接触过后者于1925年出版的《近代史上的国家理性观念》一书。在那里，梅尼克将俾斯麦称为19世纪能够长期保持和平的国家理性的“最高和最佳范例”。[③] 在这个意义上，张贵永这篇论文可以看作讨论以荷尔施泰因为代表的帝国政治人物如何应对俾斯麦的遗产，又如何在内部政治结构矛盾、人事权谋以及列强帝国主义竞争中逐渐失去这种“国家理性”的历程。在旧式内阁政治中，类似于俾斯麦的精明政治家可以借由国家理性观念的指导努力维持国家权势和列强均势。但是，当“现代君主国的权势政治正踩在大为不同和危险得不可比拟的地面上”[④] 之时，当大国的权势被“黩武主义、民族主义和资本主义”[⑤] 绑定时，在如何平衡公共需求和国家理性之间的矛盾以及政治人物在其中能够扮演何种角色等问题方面，荷尔施泰因可以说是一个并不光鲜的案例。按照韦伯要求的政治家三种前提性素质来看，荷尔施泰因并

① 孙立新、孟钟捷、范丁梁：《联邦德国史学研究：以关于纳粹问题的史学争论为中心》，社会科学文献出版社，2018，第47、109、125页。

② Hans - Ulrich Wehler, *Der Primat der Innenpolitik*: *Gesammelte Aufsätze zur preußisch - deutschen Sozialgeschichte im 19. und 20. Jahrhundert*, Walter de Gruyter, 2012, S. 6.

③ 〔德〕迈内克：《马基雅维里主义》，时殷弘译，商务印书馆，2008，第577页。

④ 〔德〕迈内克：《马基雅维里主义》，第575页。

⑤ 〔德〕迈内克：《马基雅维里主义》，第578页。

不缺乏眼光和激情，他缺少的是责任。在这一点上，张贵永的判断似乎与此一致。荷尔施泰因的悲剧在于，作为官僚统治（Beamtenherrschaft）的杰出代表，他在大部分外交决策中处于领导地位，但又无法也不愿承担决策的责任。

张贵永的论述还涉及了第二帝国的政制问题。他并未过多强调，但很明显的是，文中指出荷尔施泰因承认议会在现代政制的地位，反对俾斯麦的恺撒主义、威廉二世的个人统治，但在其政治活动中不仅依赖于前两者，而且其权力欲与这些大人物不遑多让。他支持议会制很可能仅仅出于让国家政治生活正常运转的考虑，并非作为一个真正的议会派。它涉及的就是第二帝国晚期政治生活中出现议会制趋势与旧式内阁政治的冲突。这种矛盾甚至在整个魏玛共和时期仍然没有得到解决。一段时期内它已经构成宪法危机乃至现代国家思想的危机。[①] 张贵永指出荷尔施泰因反对皇帝过度干预外交，并评论提到的“在实践中议会制真的有益于德国吗?”可能不仅仅就事论事，亦可解释为对混乱的魏玛德国与纳粹“合法”上台的追问。在留德这段时间，他作为局外人应当经历了 1930 年至 1932 年的几次大选。然而每一次大选都没有减缓或解除危机。最后，1933 年 1 月希特勒就任德国总理，魏玛议会民主开始解体。如此看来，荷尔施泰因的经历体现的德意志帝国政治生活的结构性矛盾及其后续影响实在是一个重要话题。张贵永有关荷尔施泰因卷入的一些事件的个别论述实际上已经指出了后来被韦勒称为“没有协调的独裁性多头统治”下的“持续性国家危机”。[②]

里奇在 20 世纪 60 年代出版的《荷尔施泰因：俾斯麦与威廉二世时代的政治与外交》的结语中指出，针对荷尔施泰因的政治行为可以有多种阐述方式。其中，倘若荷尔施泰因反对威廉二世的那些行动发生在希特勒时期，前者恐怕会得到赞扬。[③] 这样一种简单类比未免忽视了具体语境，但

---

① 〔德〕卡尔·施米特：《合法性与正当性》，冯克利、李秋零、朱雁冰译，上海人民出版社，2014，第 21—22 页。

② 〔德〕汉斯-乌尔里希·韦勒：《德意志帝国》，邢来顺译，青海人民出版社，2009，第 55 页。

③ Norman Rich, *Friedrich Von Holstein, Politics and Diplomacy in the Era of Bismarck and Wilhelm* Ⅱ, Vol. 2, Cambridge University Press, 1965, pp. 835 - 836.

却提示我们再一次考虑张贵永写作该文的历史意义。当他在 1933 年 5 月写下论文前言时，《消除人民与国家困境法》（即所谓“授权法”）已经使希特勒摆脱了议会的制约，他“合法地”拥有了独裁权力。希特勒终于可以放开手脚实施所谓“一个国家、一个民族、一个领袖”的理想目标。而“宪政民主合法地、和平地向自己最极端的敌人投降了”。[①] 魏玛共和国最后几届政府内阁中若有人像荷尔施泰因那样为捍卫自己相信的国家利益而与政治领袖斗争，结果会有所不同吗？而像荷尔施泰因这样情愿工作于幕后不承担责任的特点又可能在魏玛共和国诡异的政治生活中扮演重要角色吗？

结　语

综上，张贵永的博士学位论文基本上接续了兰克以来德意志史学家关注民族国家内政外交发展的史学研究传统。这篇以荷尔施泰因为研究对象、完成于魏玛德国晚期的论文可谓包含了对近半个世纪德国政治生活的反思，但它来得太早（有关荷尔施泰因的史料刚刚解禁）又太迟（纳粹已上台）。毕竟德意志史学研究传统和整个世界都会在不久后面对空前的“浩劫”。

从史学范式发展的角度看，张贵永以荷尔施泰因为对象的研究可以说见证了新兰克学派的日薄西山。此时新兴的社会史、文化史研究已经展开；马克思主义与社会科学的研究方法也被一些史家采纳。新兰克学派历经二战的磨难也不得不自我扬弃。张贵永也在 20 世纪 50 年代开始转向关注汤因比的史学研究。此后他虽有对外交史研究方面的论述，但未有如他博士学位论文这般深入了。[②]

---

① 〔美〕彼得 · C. 考威尔：《人民主权与德国宪法危机》，曹晗蓉、虞维华译，译林出版社，2017，第 1 页。

② 张广智主编《近代以来中外史学交流史》（中），第 714—715 页。

互动与代差：18世纪欧洲—太平洋交往中的实践和叙事

徐桑奕[*]

摘要 自1767年开始的往后十余年是以英法为主的欧洲国家和波利尼西亚土著进行互动的高峰时期。在此过程中，欧洲人的理性和土著“野性思维”进行了长期而深刻的碰撞。在欧洲航海者的各类记载中可以看出，土著的许多作为是令他们难以理解的，例如他们的性道德和令人烦恼的偷窃行为。不同倾向和侧重的记述构建了理性视域下的土著形象，并引发了欧洲人的思考。另一个值得注意的现象是，随着交往的加深，一些土著甚至希望与航海者一道去欧洲。其中最著名的是1774年来到英国的一位名为欧麦（Omai）的土著，在为期约两年的留英时间中，他接触到了西方社会形形色色的风俗文化，成为土著受到“理性教化”的典型案例。虽然未能迅速改变他者文化，欧洲的理性思维及其衍生品的影响力仍是土著惯习不能比拟的。这一期间的交往使得欧洲因素影响了土著社会的基本结构，后者赖以存在的几组基本关系范畴已开始改变，故该时段可被视为是往后剧变发生的“前夜”。

关键词 欧洲航海者　波利尼西亚土著　理性　原始惯习

18世纪中叶，欧洲各强国的争端已从陆地延伸到海洋，再从近海向远洋发展。葡萄牙人、西班牙人和荷兰人的澳门、马尼拉和巴达维亚等传统据点及其辐射范围已经难以满足近代欧洲日趋激烈的资源、市场和航路竞争。七

* 徐桑奕，中山大学国际关系学院助理教授、中山大学大洋洲研究中心研究员。

年战争（The Seven Years' War）是这种态势的阶段性结果和新的起点。在1763年后的十数年中，以英法为代表的欧洲国家争相派遣船队深入太平洋，试图抢占先机。当时著名的地理学家、水文学家亚历山大·达尔林普尔（Alexander Dalrymple）即矢志追寻哥伦布、麦哲伦的脚步，将寻找“南方大陆”（Terra Australis Incognita）作为他“毕生最大的热情”所在。①

航海家在好望角和合恩角之间的广大海域间频繁穿梭，而他们时常停留、多有记述，乃至好望角此后一度成为整个太平洋的代名词，正是跨越中、南太平洋的波利尼西亚（Polynesia）文化区。詹姆斯·库克船长（Captain James Cook）时代的航海者就已在相隔数千公里的塔希提（Tahiti）和夏威夷方言中分辨出了近似的同根词，他们随即认定两地人群应属同一民族（nation）。② 19世纪20年代，法国探险家迪蒙·迪尔维尔（Dumont d'Urville）将太平洋划分为三大文化疆域，③ 在他的体系中，塔希提、夏威夷、新西兰等地均属于波利尼西亚。有学者指出，波利尼西亚地区面积虽广，但是在语言、文化与社会组织上却有高度的类似性。④ 这表明，将这些岛屿视为一个区域或民族意义上的整体研究具有一定的可行性。从材料来源上看，欧洲航海家的记述是研究18世纪太平洋社会风貌直接而关键的史料，几乎每次航行都会有数位参与者留下不同角度的记录，这些文献经过当代历史学家的甄别与编辑后变得更加易读及可信，例如新西兰历史学家比格尔霍尔（J. Beaglehole）在库克日志的版本整合与编纂上做出的杰出贡献，马歇尔·萨林斯（Marshall Sahlins）等学者具有人类学视角的研究也在重建原始族群的社会系统和精神世界方面贡献卓著，令18世纪的跨太平洋文明互动得以呈现为一种更为清晰的历时性图式。⑤ 就国内学界的成

---

① Alexander Dalrymple, *Account*, pp. iii–iv, vi–vii, 引自 Williams Glyndwr, “The *Endeavour* Voyage: A Coincidence of Motives”, Margarette Lincoln (ed.), *Science and Exploration in the Pacific*, Boydell, 1998, p. 7。

② 〔美〕马歇尔·萨林斯：《“土著”如何思考：以库克船长为例》，张宏明译，赵丙祥校，上海人民出版社，2003，第349页。

③ 〔美〕唐纳德·弗里曼：《太平洋史》，王成至译，东方出版中心，2011，第70页。

④ 马腾岳：《波利尼西亚的政治体系变迁与去殖民化运动》，《世界民族》2015年第2期，第67页。

⑤ 〔美〕马歇尔·萨林斯：《历史之岛》，蓝达居等译，上海人民出版社，2003。

果而言，王华教授、刘文明教授、汪诗明教授等业已就欧洲—太平洋交往过程中的一些突出案例进行了深入解读和分析。[①]

一　邂逅、冲突与认知

18 世纪的启蒙运动风起云涌，“理性”（reason）则是人们改造世界、追求真理的有力武器。康德第一次抽离出“理论理性”和“实践理性”，马克思则在此后强调了人应该在实践中证明自己思维的真理性和此岸性，[②]并将实践理性建立在唯物主义的基础上。马克思的实践理性定义大致可表述为：现实的人在实践活动中形成的具有一定普适性的价值规范或价值判断能力。[③] 因此，若身处波诡云谲、前途未卜的大洋深处，欧洲航海者必然审慎行事，“运用理性决定在特定情势下如何行动才算正当”。[④] 他们的到来将对土著民族的原有“惯习”[⑤]（habitus）——社会结构、生活方式、精神

① 相关研究如王华《异质文化初次接触的启示——以詹姆斯·库克之死个案研究》，《史学月刊》2007 年第 9 期，第 72—79 页；刘文明《跨文化视野下詹姆斯·库克与大洋洲原住民的互动》，《全球史评论》第 13 辑，中国社会科学出版社，2017，第 69—84 页；汪诗明《论英国对西南太平洋岛屿的殖民统治模式》，《历史教学问题》2013 年第 1 期，第 24—29 页；等等。

② 《马克思恩格斯选集》第 1 卷，人民出版社，1995，第 55 页。

③ 关锋、刘卓红：《马克思的实践理性及其和谐维度》，《学术月刊》2010 年第 3 期；张峰、田德鹏：《基于实践理性的马克思主义意识形态践行能力研究》，《中州学刊》2019 年第 6 期，第 15 页。

④ 〔英〕尼尔·麦考密克：《法律推理与法律理论》，姜峰译，法律出版社，2005，前言，第 1 页。

⑤ 依据布迪厄（Pierre Bourdieu）的看法，“惯习”概念主要突出这样的基本观念：即行动是由关于在社会世界中如何运作的“实践感”控制的。布迪厄认为，社会生活应被看作结构、性情和行为共同构成的交互作用，通过这种作用，社会结构和结构的具体化的知识生产出了对行为具有持久影响的定向性，这些定向性反过来又构成了社会结构。因此，这些定向性同时既是“构造性结构”，又是“被构造的结构”；它们形成了社会实践，也被社会实践所形成。但是，实践并不是以态度研究的方式，直接从那些定向性中得到的，而是来自“即兴创作”的过程。笔者认为，该词汇能够比较好地概括土著情感、“野性思维”和行为等要素。同时，“Habitus”一词还有若干不同译本，例如“习性”“生存心态”“惯态”等，在此不做更多延伸。参见〔法〕皮埃尔·布迪厄《实践感》，蒋梓骅译，译林出版社，2003；〔法〕皮埃尔·布迪厄《布迪厄：关键概念》，林云柯译，重庆大学出版社，2018；王进《中西文化会通视域下的“Habitus”》，《中国翻译》2021 年第 1 期，第 113—114 页。

世界等一切轨迹与原则——产生了巨大冲击。

1779年2月14日，英国海军将领、大航海家詹姆斯·库克殒命于波利尼西亚北陲的夏威夷群岛，其三次环球航行之旅就此写下休止符，欧洲和太平洋之间为期十余年的频繁交流期也戛然而止。关于库克之死的原因和文化背景，国内外历史学家、人类学家已做过详尽的考证和研究。[①] 宏观上看，在18世纪中叶为期十数年的互动高峰中，欧洲人的"实践理性"与土著的"神话经验"之间展开了极不对称的交锋，以至于两种思维方式的界限在如今看来都变得略显模糊。在这个问题上，马歇尔·萨林斯曾在《"土著"如何思考》一书中对某种架空历史、罔顾不同文明间民俗与文化差异的研究模式进行了批驳。对此，他以斯里兰卡人类学家加纳纳什·奥贝赛克拉（Gananath Obeyesekere）的《库克船长的神化：太平洋上欧洲式的神话编造》（*The Apotheosis of Captain Cook: European Mythmaking in the Pacific*）一书为例，指出后者在该论述中实质上抛开了太平洋（夏威夷）土著历史背景和文化生态的独特性，转而给他们强加了"四海皆准"的实践理性预设。萨林斯认为，从民族志、航海志和当事人的记录等资料中能够看出，夏威夷人接受了詹姆斯·库克就是他们信奉的罗诺神（Lono）的化身这一事实，并在1779年的新年庆典（玛卡希基节）期间极尽所能地赋予了库克极高的"神性"。[②] 然而，奥贝赛克拉却对此予以否认，认为夏威夷人没有理由将库克误认为是罗诺神，这一切都是航海者、传教士和后来皈依基督教的当地人炮制出来的"欧洲中心"式的"神话"。为此，他"乞灵于自己斯里兰卡土著的身份和生活经验"，试图以"南亚人的文化和宇宙观为捷径，去理解波利尼西亚人的信仰和实践"。[③] 萨林斯进一步指出，奥氏的弄巧成拙之处在于，为达到"捍卫土著社会"这个充满道德感的目的，却将资产阶级理性这个"更大尺度"的精神内核赋予了夏威夷

---

① 马歇尔·萨林斯的《历史之岛》《"土著"如何思考：以库克船长为例》《文化与实践理性》等一系列著作围绕相关问题进行了系统论述。王华教授的《异质文化初次接触的启示——詹姆斯·库克之死个案研究》、刘文明教授的《跨文化视野下詹姆斯·库克与大洋洲原住民的互动》等论文亦是对此的分析。

② 〔美〕马歇尔·萨林斯：《"土著"如何思考：以库克船长为例》，第3—5页。

③ 〔美〕马歇尔·萨林斯：《"土著"如何思考：以库克船长为例》，第6页。

人，这“无疑是一个巨大的讽刺”。[1]

大量事实表明，库克之死是欧洲—波利尼西亚互动中文化误解达到高潮的一个标志事件，是一起跨文化障碍造成的冲突事件，[2] 是一个“仪式性的后果”[3]。如果为此开始对土著原始信仰进行祛魅，冠之以土著头人（chief）们经过深思熟虑后做出的审慎决定和巧妙伏击，那恐怕才是历史强加给对夏威夷人和波利尼西亚社会的真正曲解和最大污名。实际上，就效果来看，土著固有的思维方式和行事逻辑未必就比不上欧洲人引以为傲的理性，当代人类学家倾向于将这种朴素本体论的来源归结到口口相传的神话宇宙和层层构建的社会禁忌。如毛利人，他们“历史上祖先的生活同现在的生活一样”[4]，祖辈留下的经验成为其认识的重要来源，是故他们的世界呈现为一种“永恒的回归”“过去的体验就是体验现在的方式”。[5] 这种思行体系或许会引起部分18世纪文明人士的轻蔑哂笑，却无碍于它本身的存在、运行和自洽。狄德罗在他于1772年完成的《布干维尔航次补编》（*Supplement au Voyage de Bougainville*）中以土著的口吻写道：“我们已经从你们身上吸取了东西，而且也从你们唯一的长处（智力）中吸取了东西，请相信我，尽管我们是野蛮未开化的，但我们也知道如何计算。”[6] 可见狄德罗相信土著社会自有一套原生的思维和行为方式。克劳德·列维－斯特劳斯（Claude Levi－Strauss）则一直告诫人们，所谓的古代社会并不落后，不能因为土著“仍将神灵或祖先创造他们时的状态视为典范”，就妄下结论。[7] 他评价道：“每一文明都倾向于过高估计其思想所具有的客观性方向……当我们错误地认为未开化人只是受机体需要或经济需要支配时，我们则未曾

① 〔美〕马歇尔·萨林斯：《“土著”如何思考：以库克船长为例》，第7页。

② 刘文明：《跨文化视野下詹姆斯·库克与大洋洲原住民的互动》，《全球史评论》第13辑，第83页。

③ 〔美〕马歇尔·萨林斯：《历史之岛》，第143页。

④ Johansen J. Prytz, *The Maori and His Religion*, Munksgaard, 1954, p. 163.

⑤ 〔美〕马歇尔·萨林斯：《历史之岛》，第80页。

⑥ Diderot Denial, “Supplement au Voyage de Bougainville”, *Le neveu de Rameau et autres textes*, Liver de Poche, 1772, pp. 459－460.

⑦ 〔法〕克劳德·列维－斯特劳斯：《我们都是食人族》，廖惠瑛译，上海人民出版社，2016，第44页。

想他们也可以对我们提出同样的指责，而且在他们看来，他们自己的求知欲似乎比我们的求知欲更为均衡。”① 斯特劳斯此言本意是对土著善用自然资源的赞赏，然事实证明他们在与“（外来）人”的交往中却显得无所适从，若有理性的“庇佑”，他们本不该以血肉之躯主动制造与船坚炮利的欧洲人间的龃龉，但却多次率先挑起事端。对于此类“堂吉诃德式”的“冲锋”行为，萨林斯称之为“神话真实的历史隐喻”，② 亦即其精神世界的现实投影。自然宗教和神谶是世界总体架构的重要组成，各级头人、祭司和贵族则垄断了解释权。在这些因素的共同把持下，神谕狂欢、部族纠纷和“猎首”（cannibalism）崇拜等戏码循环往复上演，填充了土著社会在地理、社会和心态上的闭环结构。“对他们而言，文化主要是‘活’的——活在实践中，并且作为惯习而存在。”③ 同时，阶序化土著社会的分化程度并不逊于文明世界，且有着其独特的运行机制。对此，人类学家敏锐地观察到，为了显示保持社会秩序的能力，就要先生产出一个初始的无秩序，只有在克服了一切无序后，领袖才能像“天神下凡”一般，彰显自己的强力。④ 库克船长等人很有可能就成为其牺牲品。

另一方面，理性世界的来者则要显得更加谨慎。从1764年前后英政府对远洋航行的将领授意来看，冲突绝非他们所希望的。从一些海军部的指令来看，“征服”已不是英国的主要目的，占有金银等硬通货也非制订计划的主要动机；他们的目标是以新的方式取代旧殖民者在南半球的地位，直接的征服和统治都是“多余的”，对当地的自由贸易和英国自身经济利益只能起到“拖后腿的作用”。只有在“万不得已”的情况下，才应“视情况”在当地树立“英王权威”。⑤ 由此可见，英国主观是希望和当地人建立良好关系，开展贸易活动，并扩大英国在太平洋腹地的影响。同期进行环球航行的法国人路易·德·布干维尔（Louis de Bougainville）的最初目

---

① 〔法〕克劳德·列维－斯特劳斯：《野性的思维》，赵建兵译，京华出版社，2000，第13页。
② 〔美〕马歇尔·萨林斯：《历史之岛》，第143页。
③ 〔美〕马歇尔·萨林斯：《历史之岛》，第73页。
④ 〔美〕马歇尔·萨林斯：《历史之岛》，第112页。
⑤ Frost Alan，“Shaking off the Spanish Yoke：British Schemes to Revolutionise Spanish America，1739－1807”，in Margarette Lincoln（ed.），*Science and Exploration in the Pacific*，pp. 19－20.

的是要将马尔维纳斯群岛移交给西班牙，更无在其他地区挑起冲突之意。从他初到塔希提时留下的记录中也能看出，布干维尔的确是想要和当地人和平相处，建立联系。“十二个全身赤裸的男人划着一只独木舟带头前进，向我们挥动几根香蕉树的树枝。从他们的表情看，这应该就等同于橄榄枝了。我们用各种临时想起来的友好手势回应他们……并回赠一些了帽子和手帕。这些礼物提供了真诚友好的交往保证。”①

欧洲人在太平洋的真正艰难之处在于，他们无法发挥其理性之于他者思想体系的共时性优势，无法和平说服土著接受西方理念。根据西方哲学家的观点，“实践理性”在人类的认识能力体系以及心灵能力体系中据有一个突出的、甚至主导性的地位。② 但土著的行事方式与“预设套路”仍有一定距离。斯特劳斯提出，“语义的贫弱”有时并不会影响逻辑的表达。③ 无论如何，“野性思维”都是当时的欧洲人难以理解的。而对土著来说，他们也处在类似的困境中。

二　欧洲叙事中的土著社会侧影

对土著来说，与欧洲人的交往可以看作他们“丧失本性”的过程，亨德里克·威廉·房龙（Hendrik Willem Van Loon）更直言它为“蓄意毁掉一个种族的故事”④。一方面，无论是否裹挟着恶意，域外来使仍然凭借器物上的优势，不断将自身行为方式传播、施加于土著，令后者无所适从。另一方面，一种因民族身份油然而生的优越感使得英国人在情感上难以对他者做到平视。作为“统治海洋的帝国”的国王，乔治三世公开表示他自己为“代表大不列颠人”而感到荣耀。而在英国本土，就连苏格兰人都成了处于“边缘”的“家门口的野蛮人”，苏格兰文明被称为“被奴役的”

---

① 〔法〕布干维尔、狄德罗：《世界环游记》，刘芳菲译，江西教育出版社，2016，第92页。

② 范大邯：《实践理性相对于审美判断力的优先性？——关于康德的审美自律学说的再思考》，《清华西方哲学研究》2018年第1期，第104页。

③ 列维-斯特劳斯在此以不同部族中“食物”和“性”的语义关系为例，进行了论述。参见〔法〕列维-斯特劳斯《野性的思维》，第122—123页。

④ 〔美〕亨德里克·威廉·房龙：《发现太平洋》，沉晖译，北京出版社，2001，第64页。

“落后愚昧的”文明；这样的文明只能服膺于“自由的”“先进理性的”高级文明。[1] 由此可知，在生产力和社会文化上更为落后的太平洋土著社会，势必会受到英国（英格兰）人不自觉的差别对待。1767 年，当英舰“海豚”（Dolphin）号停驻在麦哲伦海峡附近的火地岛（Tierra del Fuego）时，船长乔治·罗伯森（George Robertson）描述道，火地岛居民可谓是他见过“最可怜和落后的人形生物”。当双方分别时，火地岛人无动于衷，“仿佛从未见过我们”。对此，罗伯森断言：“沉溺在幻象（reflection）和无知（ignorance）中，他们自满于目前的处境。”[2]

该年 6 月，“海豚”号登临南太平洋的塔希提岛，欧洲人和该岛首次相遇。但这个“阿卡迪亚”（Arcadia）式的乌托邦并没有第一时间显示出它热情好客的一面。在发现船只靠近时，当地人迅速聚集起来，乘大量独木舟包围了英船，从最开始言语、肢体上的寻衅到后来的石块和弓箭，英方对此报以威力更大的火枪和炮火，土著因之伤亡颇多。[3] 来自文明世界冷酷无情的火器（sharp lesson）似乎极大地震慑了塔希提土著，自此他们开始表现得小心和恭顺，尽量不去拂逆欧洲人。

这种转变很快得到了体现。在英国人造访不到一年的 1768 年 4 月，法国军舰“赌气者”（Boudeuse）号和“星”（Etoile）号驶抵塔希提岛附近海域，布干维尔是此次行动的指挥者。作为一名坚定的卢梭服膺者，想必他也熟稔前者的自然观念以及“高贵野蛮人”（noble savage）之说。[4] 虽然只在塔希提岛停留了约 10 天，法国人对这个风光秀丽的岛屿及其居民依然不吝赞颂之辞。而塔希提人自然、淳朴的一面也给他们留下了深刻印象，这从随行的法国博物学家肯默生（P. Commerson）的记录中可见一斑：“……一群自然的人，本性纯良，毫无偏见……遵循本能带来的温和的冲

① 贺敏：《十八世纪不列颠民族认同及启示》，《青海民族研究》2017 年第 5 期，第 200 页。

② Robertson George，H. Carrington（ed.），*The Discovery of Tahiti*，Hakluyt Society，1948.

③ Williams Glyndwr，“Seamen and Philosophers in the South Seas in the Age of Captain James Cook”，*The Mariner's Mirror*，Vol. 65，No. 1，1979，p. 7.

④ 有说法认为，卢梭本人并未直接说出“高贵”这样的表述，而只直接提出过“善良的野蛮人”（bon sauvage）一说，但不可否认的是，该说法正是经他而闻名遐迩，可参见尚晓进《什么是浪漫主义文学》，上海外语教育出版社，2014，第 18 页。

动（gentle impulse），而不受外界污染……这是一个幸福的岛屿，是一个真正的乌托邦。"[①] 这类说法在当时有一定市场，曾初步塑造了波利尼西亚诸岛"人间乐园"（earthly paradise）的形象。[②]

尽管总体上相安无事，但土著的本能与天性还是引起了欧洲人的不同看法。塞缪尔·约翰逊（Samuel Johnson）一贯对卢梭等人的说法大加抨击，他认为，土著不仅在身体素质上不如文明人，同时他们也根本不会控制（负面）情绪，而是会受它牵制，"就像是熊一样"。[③] 这类评价对应的典型是土著的性道德问题。甫一到达塔希提，欧洲人即被土著社会的一系列习俗震惊。最初，土著女子被作为向欧洲人示好的象征，罗伯森对此记述道："海员们发誓，他们从未见过如此美丽的女性。他们纷纷表示，为得到一个这样的女子，愿意少拿三分之一的薪水……他们疯狂爱上了这片海滩，即使是几周前被医生确诊的病号们，似乎也可以为此奋不顾身……"[④] 数年后的夏威夷，女子们"几乎是动用暴力，强迫你投入她们的怀抱"，并且这"显然是出于纯然的情爱结果"。[⑤] 布干维尔注意到了当地一夫多妻制（polygamy）的盛行，而他的叙述中多了一些共情思考："一夫多妻制在这里很普遍，甚至在头人们当中也是如此，这是因为，爱是他们唯一的激情……年轻女子在这方面也没有受到任何约束，一切都让她追随内心的想法，随心所欲，相好的男人越多，越受到公众的赞赏。"[⑥] 无独有偶，狄德罗在《航次补编》中继续对土著性道德问题进行了扩展，呼吁法国人追随波利尼西亚式的"自由之爱"（free love），和传统的性道德、性伦理决裂。从这个意义上看，原始社会仿佛取得了一次重大成功。土著始料未及的是，他们的行为与习俗居然能被文明世界关注并进行广泛讨论，其形象还得到

---

① Hammond L. Davis（ed.），*News from New Cythera*：*A Report of Bougainville's Voyage 1766 - 1769*，University of Minnesota Press，1970，p. 53.

② 比格尔霍尔曾对柯马森文本记录中的一些方法、判断和细节进行过批评。

③ Boswell James，G. B. Hill（ed.），*The Life of Samuel Johnson*，*LL. D.*，Oxford，1934.

④ Robertson George，H. Carrington（ed.），*The Discovery of Tahiti*.

⑤ Cook James and King James，*A Voyage to the Pacific Ocean... in His Majesty's Ships Resolution and Discovery*，Vol. 2，Chamberlain et al，1784，p. 544；Ellis William，*An Authentic Narrative of a Voyage Performed by Captain Cook*，Vol. 2，1782，p. 153.

⑥ 〔法〕布干维尔、狄德罗：《世界环游记》，第123—124页。

了萃取和提升，这堪称是土著惯习对于理性的一次小小“暴政”。不过，亲历者对此的态度仍是谨慎的。库克曾在他第三次航行的记录中写道：“我不会干涉海员和土著女子之间的接触，因为我阻止不了；但也不会鼓励，因为我也不知道接下来会发生什么。”①

另一个值得关注的细节是，对土著偷窃（thieving）行为的记述在欧洲人的文本中俯拾皆是，频繁发生的失窃事件令欧洲人苦恼不已。早在16世纪初麦哲伦船队环球航行时，就对太平洋关岛（Guam）一带的土著查莫罗人（Chamorro）的盗窃行为感到愤怒。查莫罗人其时处于原始社会阶段，没有私有观念；面对陌生来客，他们蜂拥而至，哄抢物资，甚至还拖走了舰船上装载的小艇，西班牙人遂称这一带为“盗贼群岛”（the Islands of Ladrone）。② 时隔数百年，欧洲人的太平洋经历再次与失窃产生关联。最初，“海豚”号的海员常发现他们的物资不知何时就突然不见了，他们随即明白，当地人几乎“什么都偷”，无论是铁制物品还是镶有金边的帽子。对于猖獗的盗窃，英国人曾试图以炮火和枪支的威力予以震慑，但这些也并没能完全遏止塔希提土著的偷窃行为。③ 对布干维尔而言，这种情形也是棘手的。虽然在塔希提受到礼遇，法国人仍因偷窃问题射杀了一名土著，并击伤三人。④ 布干维尔的描述中不乏对盗窃行为的揶揄和不满：“这里的居民都是举世罕见的偷窃专家”；⑤ “每个人都可以在遇到的第一棵树上采摘水果，也可以进入别人家里拿东西……对我而言，他们成了灵巧的扒手……如果他被抓住的话，这个罪犯会受到的唯一惩罚就是被木棒打几下然后强制归还赃物。”⑥ 事后他总结认为，土著的偷窃行为也分情况，他们通常不会对自己人或惯常物品下手，但一些新鲜事物的到来将大大激发他们行窃的欲望。⑦ 1777年初，库克一行曾停留在汤加群岛。因害怕财物

① Cook James and King James, *A Voyage to the Pacific Ocean.*

② 张箭：《麦哲伦船队横渡太平洋的艰难航行初论》，《太平洋学报》2018年第2期，第74页。

③ Alexander Michael, *Omai* “*Noble Savage*”, Collins and Harvill Press, 1977, p. 16.

④ Alexander Michael, *Omai* “*Noble Savage*”, p. 31.

⑤ Alexander Michael, *Omai* “*Noble Savage*”, p. 31.

⑥ 〔法〕布干维尔、狄德罗：《世界环游记》，第120—121页。

⑦ Alexander Michael, *Omai* “*Noble Savage*”, pp. 31 – 32.

失窃，他特意准备了不少礼物，欲赠予当地土著上层，以期减少失窃情况，但这并未令岛民们罢手。最终，一些家禽、铁器和枪支的相继被盗引发了库克的愤怒，他扣留了部分土著上层为人质，才找回部分遗失物品。[①]

“每个人都将不符合自己习惯的事称为野蛮。”[②] 航海者在风尘仆仆之余，还要经受物品的不断失窃，所以心有怨气，可以理解；但他们对土著社会的评判全然出于欧洲式的道德考量，罔顾当地风土民情，这无疑暴露了其欧洲中心主义思想。

三　降临：土著欧麦的奇幻之旅及其影响

在欧洲与土著社会交往的故事书写中，出版于1719年的小说《鲁滨孙漂流记》（*Robinson Crusoe*）可谓是当中翘楚。在这部举世闻名的小说中，主人公鲁滨孙在困居海岛数十年后，救出一名即将被吃掉的野人，将他命名为“星期五”，并最终带他返回英国。作者丹尼尔·笛福（Daniel Defoe）或许未曾料想，类似的戏码在数十年后竟然真能上演——甚至还不止一次。对此，罗伯森曾基于自己的航海经历断言：“我的确相信，如果空间足够，将有非常多的土著希望随我们的船一起返回英国……”[③]

土著能够登上欧洲船只首先出于欧洲人航海活动对向导指引的需求，从一些迹象来看，这种需求是逐渐变得迫切的。在库克的第一次环球航行中，一位名为图皮亚的土著作为塔希提的代表，数次登上过“努力”（Endeavour）号，与英国人进行交流，后者还给他起了个“乔纳森”（Jonathan）的欧洲式昵称。[④] 双方熟络起来后，他甚至还曾主动表达了希望随该船一道返回英国的愿望。[⑤] 虽然库克对此并未做出积极反应，但约瑟夫·班克斯（Joseph Banks）——此行中的真正“大佬”——则对此怀有一定的兴趣，并决心

---

① Alexander Michael, *Omai* “*Noble Savage*”, pp. 171 - 172. 值得一提的是，库克在1773年到达汤加时，因受到当地人的热情接待，便将此地命名为“友爱群岛”（Friendly Islands）。

② 〔法〕克劳德·列维-斯特劳斯：《我们都是食人族》，第1页。

③ Robertson George, *The Discovery of Tahiti*.

④ Alexander Michael, *Omai* “*Noble Savage*”, p. 25.

⑤ Alexander Michael, *Omai* “*Noble Savage*”, p. 44.

带上图皮亚同行。班克斯对此记述道："虽然库克先生估计不会赞成，但我却能感觉到，政府应该不会注意到这种无伤大雅之事……比起同伴们更热衷的狮子老虎，我想不出任何理由，为什么不对这样一个人产生一些好奇心。我猜，我和他之间将会有一些有趣的对话，他也能对接下来的航行有所帮助，说不定他还能在未来行程中遇到一些他的同胞……这些就足够回报我（去促成此事）。"① 在班克斯看来，图皮亚的存在既能有助于航行，又是英国人见所未见的遥远民族之代表，必然会引起学术上的乃至社会性的轰动。图皮亚由是获准登船开始他的旅程，并在航行中发挥了一定的作用，但最终病逝于途中。

从文明世界舶来的斧头、螺丝、钉子等金属物品，令人惶恐的艨艟巨舰和火器，以及此前沃利斯之行中的前车之鉴，令土著不敢再轻举妄动，遂对欧洲人事之愈谨。随着双方交往的加深，"赴欧"一事开始成为土著当中的热点问题，乃至向着各种戏剧化方向发展。在第二次环球航行中，库克和托拜厄斯·弗诺（Tobias Furneaux）分别指挥"决心"（Resolution）号和"冒险"（Adventure）号，并再次选择塔希提作为中途补给地。有鉴于数年前的经验，此时央求前往欧洲的土著数量激增。在这当中，一位名为欧麦（Omai）的土著最终脱颖而出。此人和托拜厄斯·弗诺是老相识，两人早在"海豚"号来访期间便已结识。据记载，欧麦对这次随行的机会表现得十分谨慎，他在第一时间认出了弗诺，并不断"讨好"（ingratiate）其他海员，甚至还和个别想要学习土著语言的海员成为关系密切的朋友。② 有学者考证，欧麦尝试接近英国人、希望登船去英国，都是为了"复仇"。当时，他所在的家族已经式微，失却了原有领地的统治权，其周边的波拉波拉（Bola Bola）岛的居民可能是一个主要对手。因而，欧麦在此后的一切行动都是为了重振家族，而英国人的"和蔼"与"技术"即是他潜在的武器。③ 事实证明，即便不具备文明人的思维逻辑，欧麦的心思也的确细腻，明显领先于同侪。很快，他成为"冒险"号上唯一的土著候选者，获

① 引自 Banks Joseph，*The Endeavour Journal*，J. C. Beaglehole（ed.），*New South Wales*，1962。

② Alexander Michael，*Omai "Noble Savage"*，p. 53.

③ Alexander Michael，*Omai "Noble Savage"*，p. 53.

准随船一道返回英国。

1774 年 7 月，欧麦随“冒险”号抵达英国，开始了为期约两年的英伦之旅。对于他的到来，英方给予了充分的重视，且进行了精心的布置安排，如海军大臣桑威治（Earl of Sandwich）、班克斯、博物学家丹尼尔·索兰德（Daniel Solander）等人都亲自接待了他，一些伦敦和地方上的贵族也参与进来充当欧麦在旅程中的向导和伙伴。在随后的旅程中，欧麦在欣琴布鲁克（Hinchingbrooke）、约克、伦敦等地停留，受到各地乡绅和贵族的热情款待。他广泛参与到英国社会风靡的高雅文化（politeness）中，班克斯等人带他出席各种名流聚会，著名画家约书亚·雷诺兹（Joshua Reynolds）为他创作肖像画，他参观了英国海军的码头和舰艇，甚至还参加了皇家学会（Royal Society）的一次聚会活动。欧麦一直在学习英语，受到英式文化的熏陶，还学会了下棋，他的天赋、努力和礼节得到了英国人的肯定。[①] 然而，这些新闻也受到了一些质疑。例如，塞缪尔·约翰逊认为，库克等人的航海日志，包括将土著千里迢迢送到英国的举动都是不可理喻的，原始和理性之间存在着无法弥合的鸿沟；对于欧麦这一个例，约翰逊表示，正因为有了良好的氛围和高素质的同伴，欧麦才能稍稍表现得不那么野蛮。[②]

留英期间，欧麦面临的最重要的一次“政治任务”是接受英王乔治三世的接见。作为一名热衷于海外事务的君主，乔治三世十分关注英国势力在太平洋地区的扩张，故对欧麦的到来也格外有兴趣。据记载，当听说即将面见国王时，欧麦“即表现出了极大的尊崇，他非常希望自己举止恰当”；根据海军部的记载，欧麦将他原本准备的简短寒暄扩充成了一段较长的讲话，其中甚至还包含一些向国王寻求军事援助的内容：“……您是英格兰、塔希提和波拉波拉的国王，而我则是您的附属品；我来此的目的

① 关于欧麦在英国的经历，时人如萨拉·班克斯（Sarah Banks）、芬妮·伯尔尼（Fanny Burney）、约瑟夫·克拉多克（Joseph Cradock）等所作日记或书信中有所记载，迈克尔·亚历山大在《欧麦》一书中对此做了部分辑录。

② Alexander Michael, *Omai* “*Noble Savage*”, pp. 104 – 106.

是寻求武力协助，以此来毁灭波拉波拉人，因为他们是我的敌人。”[①] 是故，在知识界的邀约与纷争外，乔治三世、桑威治、库克等英国政策的制定者和执行者，都欲从欧麦身上发掘些政治意义和价值。诚然，真正出兵帮助欧麦“复仇”是不现实的；他们的意图是，通过树立这样一个来自土著社会而又“自我跃迁”的范例来扩大英国在太平洋地区的影响。在第三次远航出发前夕，库克在日志中坦陈：“总之，在欧麦停留英国和准备离开的期间，各种措施的进行都是为了让他向同胞传达（convey）一个信息，即英国的伟大和慷慨（greatness and generosity）。”[②] 这一动机在欧麦临行前获得的礼物单（present list）中有所体现。除却土著最喜爱的铁制品，还有桌椅、刀叉、杯勺、锡盘、钟表、针线、肥皂、药品、女性服装，甚至有国王和王后的画像；此外，欧麦在英国结交的朋友也向他赠送了礼物。[③] 这些充满人文关怀的礼物首先代表了英国对土著社会的善意，但也暗示着试图以西式生活取代土著的既有惯习。同时，它还内嵌了帝国的政治隐喻，希望扶植欧麦作为英国在南太平洋的“代理人”。

随着欧洲人的介入，岛屿社会“头人/贵族—平民”的社会结构和人际关系出现了变化的可能与张力。起初，平民、头人对于神圣事物的传统反应构成了他们与神圣事物之间的关系，也因此构成了头人与平民之间的相互关系。这种传统的关系范式成为波利尼西亚文化传统得以持续建构的结构。[④] 此时，欧洲人的到来为社会中的各类传统范畴提供了新的“功能性价值”，一定程度上催生了土著社群内部的“觉醒”，一种当时还无法臧否的“觉醒”。欧麦等土著与欧洲人进行了深入交流，欧麦还远赴重洋，亲身感受了文明世界的生活，如此史无前例的经验对当时的土著社会可谓机遇和劫数并存。一方面，欧洲在科技和文化上的巨大优势是无可辩驳的，若能合理借助，太平洋世界的发展程度会产生质的进步。另一方面，

① Alexander Michael, *Omai "Noble Savage"*, p. 74.

② Cook James and King James, *A Voyage to the Pacific Ocean*.

③ Alexander Michael, *Omai "Noble Savage"*, pp. 143 - 144.

④ 刘晓春：《关于历史/结构——萨林斯关于南太平洋岛殖民遭遇的论述》，《民俗研究》2006年第1期，第44页。

欧洲社会制度与太平洋大相径庭，囫囵照抄、强行适应的代价仍未可知，但确将挤压原生社会及其文化的生存空间。例如，欧麦在离开英国时已经略带些“遗憾”（regret）的情绪；在此后的航行中，他积极地为库克一行人排忧解难，向不同岛屿的土著宣扬他的海外经历。英国政府和军方也曾试图以他为媒介，提升自己在南太平洋的影响。① 另一些记述提到，虽然仍具有一定的“猎人本能”，但欧麦似乎已在酒精等舶来品中迷失自我。有英国人对此十分鄙薄，认为这是他“本性”（real character）的暴露。②

欧麦的英伦之行可谓一次富有浪漫色彩的“奇幻之旅”，但他并没能对英国的南太平洋拓殖计划起到很大作用。19 世纪初，随着传教士团体的进驻，塔希提头人开始与伦敦会（London Missionary Society）缔约，皈依基督教。③ 并以此为奥援，攫取利益。而英国在太平洋诸岛的动态和规划也进入了更为实用、注重效益的阶段。

结　语

当代学者声称，人类活动已经加速到可以推动地球超越其“行星边界”（planetary boundaries）的程度。“行星边界”是指全球系统各种交替状态的阈值；一旦越过此边界，系统就会进入一个新的状态，不可逆转的环境变化就会发生。④ 将这一生态环境领域的表述引入历史语境即能看出，随着欧洲人的到来和介入，18 世纪后期太平洋诸岛的“行星边界”已受到破坏，西方观念和产品的小幅输入开始分解其原有结构，各个基本范畴开始发生改变，而岛屿社会的生态与文化环境将在下个世纪迎来更大的劫数。房龙指出，欧洲人带来的“酒精和疾病”，加上波利尼西亚人“先天的易胖体质和懒散”，令他们的身体素质急剧下降。⑤ 随着 19 世纪更多冒险

① Alexander Michael, *Omai "Noble Savage"*, pp. 146 - 167.

② Alexander Michael, *Omai "Noble Savage"*, pp. 170 - 171.

③ 马腾岳：《波利尼西亚的政治体系变迁与去殖民化运动》，第 71 页。

④ 〔德〕凯瑟琳·施韦尔特纳·马涅斯等：《海洋史的未来：迈向全球海洋史研究计划》，张森译，《全球史评论》第 14 辑，中国社会科学出版社，2018，第 77 页。

⑤ 〔美〕亨德里克·威廉·房龙：《发现太平洋》，第 75 页。

者的来临，太平洋的鱼类、矿物、鸟粪，甚至人口资源都将面临空前的浩劫。对于上述问题，一些欧洲学者也表达了痛惜之情。詹姆斯·邓巴尔（James Dunbar）在1780年不无反思地写道："欧洲的积弊已经渗入到了塔希提的血液中……以后若有任何土著部落被我们遇到，我都将会为他们感到难过。"① 事实证明，由于双方之间发展程度、风俗习惯之间的差异太大，以至于欧洲与波利尼西亚的交往只能以拥有话语权的前者之标准来加以言说。即使能够客观看待，哪怕发现和赞美他者的闪光点，实用需求的滋长也将会把上述认知作为未来扩张的参考。

① JamesDunbar, *Essays on the History of Mankind in Rude and Cultivated Ages*, London, 1780, pp. 356 - 357.

马尼拉植物园与西班牙对菲律宾殖民地生态的再评估（1858—1898年）

张　蔻*

摘要　菲律宾的马尼拉植物园始建于1858年，由西班牙殖民政府出资建设，创立者为斯库德罗，他于1857年至1860年担任菲律宾总督。马尼拉植物园的建立及其承担的研究工作反映了19世纪中后期西班牙人对菲律宾殖民地人与自然的认知转型。在帝国权力日益衰微之时，西班牙王室希望把菲律宾打造为帝国内部最具生产力的殖民地之一，稳固西班牙在亚洲的根基。因此，菲律宾殖民地的人与自然重新进入西班牙殖民者的视野之中。在理性与科学的启蒙思潮的影响下，通过马尼拉植物园承担的自然史研究工作，西班牙殖民者重新审视了菲律宾林业与农业生态的经济价值。19世纪西班牙对菲律宾的认知转型、科学实践以及殖民地生态再评估都汇聚于马尼拉植物园这一西班牙在亚洲建立的自然剧场中。

关键词　马尼拉植物园　菲律宾　林业生态　农业生态　殖民地再评估

菲律宾的马尼拉植物园（El Jardín Botánico）是亚洲地区为数不多由欧洲殖民者建立的经济植物园。1858年，时任菲律宾总督的西班牙军官费尔南多·诺萨加赖·斯库德罗（Fernándo Norzagaray y Escudero）在马尼拉的阿罗塞罗斯（Arroceros）建立了马尼拉植物园，占地大约3公顷。

---

*　张蔻，北京大学历史学系博士研究生。

马尼拉植物园虽于1858年才落成，其间还因建立地点引发争议。但早在1788年，西班牙植物学家与自然学家胡安·何塞·鲁佩托·德库利亚尔·比利亚鲁埃瓦（Juan José Ruperto de Cuéllar y Villanueva）便借鉴了美洲植物园的经验，以菲律宾皇家公司（Real Compañía de Filipinas）的名义向西班牙王室提议建立马尼拉植物园。这位富有远见的植物学家此时已注意到西班牙和马尼拉之间频繁的贸易往来，他认为最能促进亚洲与美洲之间商贸的方法就是在马尼拉建一座植物园。

1870年，西班牙植物学家塞瓦斯蒂安·比达尔·索勒（Sebastián Vidal y Soler）前往菲律宾担任马尼拉植物园园长。在任职期间，塞瓦斯蒂安·比达尔在马尼拉植物园开展的研究工作卓有成效，他也因此声名大噪。与马尼拉植物园同时建立的还有菲律宾农业学校与林业部。西班牙王室当时正在重新审视菲律宾殖民地的生态对西班牙发展是否具备价值以及具备何种价值，以此调整在亚洲的殖民策略。建立马尼拉植物园不仅是因为西班牙政府有进行自然科学实验与研究的需要，更是为了满足西班牙人在菲律宾寻找“绿色黄金”（有利可图的木材与植物）的诉求，以此弥补菲律宾长期因金银匮乏、无法实现财政自足的现实问题。

从之前研究马尼拉植物园的论著看，相关研究主要集中在科学史领域。这些论著或是集中于研究几任植物园园长及其开展的研究工作，如罗德里格斯（Rodriquez）撰写的《马尼拉植物园与塞瓦斯蒂安·比达尔》[①]；或是从比较西班牙与国际科学合作的视角研究马尼拉植物园在国际植物园网络中的地位，突出地区（Region）尤其是植物区系（floristic region）概念在国际植物园史中的重要性，如古铁雷斯（Gutierrez）最近撰写的贯穿西班牙与美国殖民时期的博士论文《帝国战略的区域》[②]。

在此基础上，笔者希望从生态史视角探究西班牙殖民政府希望通过马

① L. Rodriquez, “The Botanical Garden of Manila and Don Sebastian Vidal y Soler”, *Anales de la Real Academia de Farmacia*, Vol. 28, 1962.

② Kathleen C. Gutierrez, *The Region of Imperial Strategy: Regino García, Sebastián Vidal, Mary Clemens, and the Consolidation of International Botany in the Philippines, 1858 - 1936*, Ph. D. diss., Berkeley University of California, 2020.

尼拉植物园达成的重要任务：对菲律宾殖民地林业与农业生态的再评估。对菲律宾林业与农业生态的再评估反映了西班牙的殖民地版图随着美洲国家陆续独立而日益缩微后对菲律宾殖民地生态的态度转变。为了长久占据这一亚洲殖民阵地，西班牙殖民科学家在评估菲律宾生态时采取了一种审慎的保护当地自然的态度。

马尼拉植物园与对菲律宾森林生态的再评估

19 世纪马尼拉植物园担负的一项重要任务便是评估菲律宾森林资源的经济价值。西班牙殖民政府正式将评估菲律宾的林业资源纳入科学与行政工作范畴，于 1863 年成立的海外事务部下属的科学视察部成立了一个附属机构：菲律宾森林总调查部（Inspeccion General de Montes de Filipinas）。[①] 由于前期准备不足，菲律宾森林总调查部直到 1867 年才正式运营。

1876 年 7 月 21 日，菲律宾森林植被委员会（Comision de la Flora Forestal）成立，成为菲律宾森林总调查部的附属机构。在菲律宾森林总调查部之外，西班牙殖民政府还成立了山林工程部（Ingeniero de Montes）。山林工程部管辖着马尼拉植物园中的林业研究部，直到 1876 年才正式运营。

在马尼拉植物园运营期间，由于菲律宾本土掌握林业知识的精英人数有限，马尼拉植物园长时常在其他管理菲律宾森林资源的机构兼任其他职务。因此，马尼拉植物园与菲律宾森林资源管理的各个部门关系密切。例如前文提及的最负盛名的植物园长塞瓦斯蒂安·比达尔既是菲律宾森林植被委员会的委员长，同时也服务于菲律宾森林总调查部。

又如，19 世纪曾担任马尼拉植物园首席园艺师的雷希诺·加西亚·巴萨（Regino Garcia y Baza）也是菲律宾森林植被委员会委员长的助理。这位优秀的园艺师是 1866 年马尼拉农业学校校长、马尼拉植物园长索利奥·埃斯佩霍·库莱布拉（Zolio Espejo y Culebra）的助理，同时他还是一位擅长

① Javier María López García, "Forestales Españoles en Ultramar: La Labor de los Ingenieros de Montes en las Islas Filipinas (1863 - 1898)", *Agricultura y Sociedad*, No. 78, 1996, p. 239.

风俗画的画家。在1883年出版的由塞瓦斯蒂安·比达尔撰写的《菲律宾植物谱系概览》（*Sinopsis de Familias y Generos de Plantas Lenosas de Filipinas*）一书中，雷吉诺贡献了上百张精致的植物插图。

塞瓦斯蒂安·比达尔于1878年至1889年任马尼拉植物园园长。在马尼拉植物园建立之后的很长一段时间内，位于马德里的西班牙王室曾多次表达对马尼拉植物园研究工作的失望之情。西班牙王室认为，马尼拉植物园并没有为母国带来实际利益。官员们将希望寄托于这位新上任的植物园园长身上，期盼他能够立即改革植物园的工作，尽快培育出极富经济价值的植物。

作为菲律宾植被委员会的委员长，塞瓦斯蒂安·比达尔认为，植物园改革的首要任务是重新认识与评估长期被西班牙殖民官员与自然学家忽视的菲律宾植物资源的经济价值。他认为，重新评估菲律宾的森林资源是马尼拉植物园改革工作的关键，因为菲律宾内部的自然资源的经济价值并不被西班牙人所知，这一观点后来也被西班牙王室认可。在塞瓦斯蒂安·比达尔的提议下，马尼拉植物园承担的一项重要职责便是评估菲律宾的森林资源，尤其是能够加工成商业木材的树种。

为达成这一目标，塞瓦斯蒂安·比达尔首先研读了1845年由奥古斯丁教士曼努埃尔·布兰科（Manuel Blanco）撰写的著作《菲律宾的植物》（*Flora de Filipina*）[①]。《菲律宾的植物》是首部根据林奈分类学系统研究菲律宾植物种群的著作。长期以来，西班牙王室忽视了这部著作的价值，将其束之高阁。直到菲律宾森林总调查部成立，该著作得以重新获得王室的重视。这部著作后来成为西班牙殖民时期菲律宾林业科学的理论基石。1886年，塞瓦斯蒂安·比达尔编写了《菲律宾维管植物调查报告》（*Revision de Plantas Vasculares Filipinas*）[②]。这本植物册记载了马尼拉植物园运营期间在菲律宾发现的约2200种本土植物，其中1500种植物已获得命名。

---

① Manuel Blanco, *Flora de Filipinas*: *Segun el Sistema Sexual de Linneo* (Sto. Thomas, por Candido Lopez, 1845).

② Sebastián Vidal, *Revision de Plantas Vasculares Filipinas*, Manila: Estab. tipo - litográfico de M. Perze, 1886.

塞瓦斯蒂安·比达尔对菲律宾林业资源的关注与他早年的工作经历相关。早在1874年，他便参与了撰写《菲律宾山林志》（*Memoria sobre el Ramo de Montes de Filipina*）[①] 的工作，当时他还只是一名普通的森林调查员。《菲律宾山林志》试图标注出菲律宾境内山区中所有具备经济价值的树种、水果及其他自然产品。菲律宾森林部成立后，西班牙殖民者视菲律宾全国范围内的森林为孕育“绿色黄金”的植物的温床，殖民目光逐渐从城市中心转向乡村与山区边缘。

> 总而言之，我们看到菲律宾山区存在优质的、足以满足国内消费需求的树木。一种无节制的自由，演变成令人困惑的限制，迟早会破坏这些林木资源。这是有先见之明的，因为无节制的自由令土地既无法耕种也无法居住……需要迅速统计这些森林的经济和自然价值，让人能够准确判断树林整体与细节上的情况，这是为促进地方利益的所有工作的基础。[②]

除了西班牙殖民政权中心所在的吕宋岛，《菲律宾山林志》还提出开发南部民都洛岛与苏禄群岛的森林资源：

> 当麦哲伦船队到达菲律宾海域时，民都洛岛也许是当时人口最多的地区。它拥有肥沃的土壤和丰富的水资源，几乎位于群岛的中心地带。而在被征服后不久，民都洛岛因各种原因衰落了，直到最近才回归政府的视野之中。然而，民都洛岛的内部情况鲜为人知，那就是这里富含优良的木材，从海岸就能看出来。大量木材用于建筑，还有一大部分成为烟草包装纸。[③]

通过开发南部岛屿的森林资源，西班牙渴望再次征服南部被穆斯林占据的土地，重现失地复归运动的光辉。西班牙殖民者称赞开发南部岛屿资

① Sebastián Vidal, *Memoria Sobre el Ramo de Montes en las Islas Filipinas* (*Madrid*: *Imprenta*, Estereotipia y Galvanoplastia de Aribau y Ca, 1874).

② Sebastián Vidal, *Memoria Sobre el Ramo de Montes en las Islas Filipinas*, p. 42.

③ Sebastián Vidal, *Memoria Sobre el Ramo de Montes en las Islas Filipinas*, p. 12.

源的行动为东南亚的收复失地运动（Reconquista）。

西班牙殖民政府对菲律宾森林生态的关注可追溯至16世纪初。初登菲律宾群岛的西班牙人曾制定《印第安人法律》（*Leyes de Indios*），其中包含两项森林使用条例：一、保护本土居民利用森林资源的传统权利；二、禁止所有妨碍森林生长的行为。[①] 从16世纪初至19世纪中叶，菲律宾的林木仅被视为一种建立物质基础的材料，用于建造工具、家具、住房、教堂与船只。早期西班牙人在菲律宾发明的徭役制度（又名Polo制度）规定年满16岁的菲律宾青年每年需要服40天役，主要工作为砍伐树木造船。当时，森林本身有价值但不拥有经济价值似乎是西班牙殖民者与菲律宾人公认的观念。

除了用林木建屋造船之外，西班牙人出于经济目的或科学目的考察与利用菲律宾森林资源的活动屈指可数。究其原因主要是殖民初期西班牙人缺乏获取森林资源的能力与意愿。16世纪至17世纪，西班牙殖民者眼中的菲律宾的森林和山区只不过是白银黄金的蕴藏地。吕宋岛上伊格罗特人（Igorot）居住的科迪勒拉山区（La Gran Cordillera）森林的地下有大量金银等矿产资源。无论是在菲律宾还是在美洲，追逐金银在漫长岁月中一直是西班牙殖民政策的中心。正如研究美洲植物学史的学者沃斯（Paula de Vos）所言，白银主宰了西班牙帝国的经济、政治与科学史。[②] 然而，从殖民初期一直到离开菲律宾，西班牙人一直未能挖掘出森林深处的金银。

因为在此地无法直接获取金银，在16至18世纪初的大部分时间内，菲律宾在西班牙人眼中都只是非生产性（不具有经济生产力）的殖民地。不过，来自美洲充裕的金银资源一定程度上弥补了菲律宾金银不足的问题。同时，得益于大帆船贸易（Galleon Trade）与每年从墨西哥获得的财政补贴（situado），菲律宾能够继续在西班牙帝国网络中争得一席。美洲的金银消解了西班牙人开发菲律宾内陆自然资源的意愿，这种情况在西班牙的其他殖民地同样存在。

---

① Greg Bankoff, "The Tree as the Enemy of Man: Changing Attitudes to the Forests of the Philippines, 1565 - 1898", *Philippine Studies*, Vol. 52, No. 3, 2004, p. 327.

② Paula De Vos, "An Herbal El Dorado: the Quest for Botanical Wealth in the Spanish Empire", *Endeavour*, Vol. 27, No. 3, 2003, p. 117.

1770年，时任马德里皇家植物园园长的卡西米罗·戈麦斯·奥尔特加（Casimiro Gómez Ortega）如此感叹："审视一下真正的利益，（西班牙）更喜欢费力的美洲黄金和白银。应开采其他更容易获得的、同样有利于增加财富与促进繁荣的水果与天然产品。"[①] 18世纪，西班牙帝国逐渐衰落，波旁王朝开始了改革之路。启蒙运动在西班牙帝国引起两股思潮：一是植物园与自然史研究，二是自由贸易与企业家精神。[②] 18世纪西班牙的危机蔓延至菲律宾，随着19世纪初大帆船贸易中止与新西班牙独立，菲律宾被纳入自然史研究的范围之内。西班牙王室要求菲律宾实现财政上的自给自足，成为生产性殖民地。

19世纪世界木材市场的兴盛在一定程度上带来了转机。木材成为一种具有货币价值的商品，这一观点催生了菲律宾国内的木材市场。西班牙殖民政府出售他们认为荒废贫瘠的土地（terrenos baldios）来促进农业发展，包括早期确立但后来废弃的王室授予土地，这些荒废贫瘠的土地实际上是国内的森林。[③] 这一目标也出现在塞瓦斯蒂安·比达尔写的《菲律宾山林志》中："另一个需要认真对待的问题是将王室废地转归私人所有后实行农耕。"[④]

在国内与国际木材市场的激励下，一些居住在菲律宾公地上的居民发现了森林中蕴藏的商机。他们砍伐公共土地上的树木运到马尼拉出售给私人企业家。城镇居民购买了这些木材，他们或是自己使用，或是转售。1868年至1884年，菲律宾通过出售木材获得的利润从27000比索增至72000比索。1884至1885年，木材贸易的收益已超过90000比索。[⑤] 菲律宾首次出现了木材承包商（Contratista）这一职业。

---

① Daniela Bleichmar, "A Visible and Useful Empire: Visual Culture and Colonial Natural History in the Eighteenth – Century Spanish World", in Daniela Bleichmar, Paula De Vos, Kristin Huffine et al. (eds.), *Science in the Spanish and Portuguese Empires*, 1500 – 1800 (Califonia: Stanford University Press, 2008), p. 294.

② Paula De Vos, "An Herbal El Dorado: the Quest for Botanical Wealth in the Spanish Empire", *Endeavour*, Vol. 27, No. 3, 2003, p. 118.

③ Greg Bankoff, "One Island too Many: Reappraising the Extent of Deforestation in the Philippines prior to 1946", *Journal of Historical Geography*, Vol. 33, Issue 2, 2007, p. 319.

④ Sebastián Vidal, *Memoria Sobre el Ramo de Montes en las Islas Filipinas*, p. 8.

⑤ Frederick Fox, "Philippine Vocational Education: 1860 – 1898", *Philippine Studies*, Vol. 24, No. 3, 1976, p. 37.

身为自然学家与林学家，塞瓦斯蒂安·比达尔觉察到19世纪殖民地官员内部看待森林的普遍态度。他们认为树是人类的敌人："人们普遍认为，减少森林覆盖面积能够改善群岛上的气候。认为树是人类的敌人的人不在少数，却不曾想如果森林消失，人们可能喝不到一滴水，在炎热的环境中无法呼吸。"①

西班牙殖民者另有一种与科学利用森林资源背道而驰的观念，那便是菲律宾的森林资源取之不尽用之不竭，根本不需要科学利用。② 虽服务于西班牙王室政府，塞瓦斯蒂安·比达尔此时却适时展现出一名林业学家对自然的关怀，这在一定程度上影响了菲律宾林业部对待森林生态的态度。他注意到森林涵养水源、保持水土的功能，于是采取谨慎的态度，希望评估与利用林业资源的活动不至于破坏本土环境。

此外，塞瓦斯蒂安·比达尔在从事植物园研究工作之余潜心阅读了德国人类学家费多尔·雅沃尔（Fedor Jagor）的著作，并翻译了其著作《菲律宾之旅》（*Reisen in den Philippinen*）③。该书描述了菲律宾不同部族及其多样的传统习惯。同时，他也接触到人类学家卡尔·戈特弗里德·森佩尔（Carl Gottfried Semper）的研究论著。这些由外国人类学或民族学家执笔的研究论著为西班牙殖民政府了解菲律宾社会尤其是当地的森林社会提供了重要参考。

19世纪后半期，西班牙殖民政府在评估菲律宾林业生态的同时促进了菲律宾本土民族学与人类学研究的蓬勃发展，大量关于森林与高山社会的研究调查与论著出版。由此，高山与森林社会进入了国家的视野。从某种意义上讲，山区边缘自此开始逐步被整合进菲律宾整体。

马尼拉植物园与对菲律宾农业生态的再评估

19世纪马尼拉植物园承担的另一项重要职责为促进菲律宾本土农业的

① Sebastián Vidal, *Memoria Sobre el Ramo de Montes en las Islas Filipinas*, p. 37.

② Javier María López García, "Forestales Españoles en Ultramar: La Labor de los Ingenieros de Montes en las Islas Filipinas (1863 – 1898)", *Agricultura y Sociedad*, No. 78, 1996, p. 248.

③ 塞瓦斯蒂安·比达尔将其翻译为 *Viajes por Filipinas*，于1875年出版。

发展，尤其是培育可供出口至世界市场的经济作物。1858 年，菲律宾园艺与农业学院（Escuela de Botánica y Agricultura）同马尼拉植物园一道建立。依据 1861 年 3 月 29 日的王室法令，这所学院将由菲律宾王室经济协会直接监管，马尼拉植物园园长兼任该学院的院长。菲律宾园艺与农业学院的办学目标与山林部相似，都是通过寻求与培育被称为“绿色黄金”的经济作物，将菲律宾打造成西班牙最具生产力的殖民地。

菲律宾国家之友经济协会（Sociedad Económica de Amigos del País）是马尼拉植物园建立的初始引擎。自然史研究曾经是 1778 年菲律宾国家之友经济协会成立之初最重要的部门。不过可惜的是，由于在菲律宾的西班牙殖民政府官员不知如何着手自然史研究，这一部门成立不久便夭折了。雷希诺·加西亚·巴萨为 19 世纪晚期菲律宾著名的植物学家，担任过马尼拉植物园的首席园艺师。从他的工作报告看，菲律宾国家之友经济协会建立植物园的初衷是榨取菲律宾的农业生态，之后才逐渐转变为科学研究。

1861 年 5 月 29 日，菲律宾战争与海外部部长（the Ministerio de la Guerra y de Ultramar）将未来马尼拉植物园园长的工资一度增加到了 2000 比索。该部长再次重申了马尼拉植物园园长的主要职能，尤其强调植物园园长应致力于培育具有商业价值的植物，其职责包括“向菲律宾当地人教授植物学和农学方面的知识；指导植物园运营与植物驯化工作；培养高水平的动植物培育者。除学习理论知识外，他们还将学习足够的实践技能，足以将植物学知识传播到菲律宾群岛上的各个省份”。①

1863 年 9 月，加那利群岛人费尔南多·博略萨·阿马多尔（Fernando Boullosa y Amador）曾申请了马尼拉植物园园长一职，并为此撰写了一篇阐述菲律宾农业潜力的论文。他有 14 年的农学实践经验，在论文中他尤为强调菲律宾棉花和烟草的潜在价值。② 人们通常会诟病西班牙王室在任命

---

① Kathleen C. Gutierrez, *The Region of Imperial Strategy: Regino García, Sebastián Vidal, Mary Clemens, and the Consolidation of International Botany in the Philippines, 1858 - 1936*, p. 23.

② 转引自 Kathleen C. Gutierrez, *The Region of Imperial Strategy: Regino García, Sebastián Vidal, Mary Clemens, and the Consolidation of International Botany in the Philippines, 1858 - 1936*, p. 23。原文出处：Ultramar, Leg. 527, Exp. 1, Núm. 32, AHN。

官员上较为随意，官僚职位混乱，职能模糊。但是在任命植物园园长这一职位时，西班牙王室却一反常态，态度十分严谨。担任植物园园长的官员都需要经过严格的录用考试，这也从侧面反映出西班牙殖民政府十分重视马尼拉植物园的工作。

1869 年，时任马尼拉植物园园长的农业经济学家索利奥·埃斯佩霍·库莱布拉撰写的《菲律宾农业手册》(*Cartilla de Agricultura Filipina*)[①] 出版。这是菲律宾出版的第一部专业农学著作。在该手册中，索利奥·埃斯佩霍·库莱布拉以自问自答的方式科普了农业基本理论以及在菲律宾种植经济作物的实践知识。此后这本手册也成为马尼拉农业学院的基本教材。

1870 年，身处马德里的西班牙王室官员质疑马尼拉植物园研究工作的实际效益。官员们普遍反馈，马尼拉植物园还未驯化出更有利可图的农产品，也没有改进烟草、大麻与蔗糖等经济作物的种植方式，以便大规模生产。[②] 此外，西班牙王室官员一直对马尼拉植物园的地理位置不佳耿耿于怀。原因是马尼拉植物园地处洪水易发区，这也使它成为一项不合理的投资。包括菲律宾王室经济之友协会的理事拉斐尔·加西亚·洛佩兹（Rafael García Lopez）在内的官员们一直在讨论将马尼拉植物园迁到一处自然条件更为优越的地方，然而西班牙殖民政府迟迟未就此达成共识。

1872 年，民都洛岛上建立了一所农业学校（Tamontaca Farm School）。[③] 这所学校的任务主要是将农业生态评估的触角延伸至该岛的南部，致力于在南部穆斯林区建立一个长久的能够自给自足的基督教社会。可持续的农业生态随即成为西班牙殖民政权能否在菲律宾站稳脚跟的关键。

1872 年，拉斐尔·加西亚·洛佩兹认为菲律宾的过去、现在与未来的财富都依赖于农业。在所有能够增加农业收入的经济作物中，他优先关注烟草，并鼓励培养专业的烟草种植者："烟草种植与收益将（在农业学院）

---

① Zoilo Espejo, *Cartilla de Agricultura Filipina*, Imp. de Ramirez y Giraudier, 1869.

② Kathleen C. Gutierrez, *The Region of Imperial Strategy: Regino García, Sebastián Vidal, Mary Clemens, and the Consolidation of International Botany in the Philippines, 1858–1936*, p. 34.

③ Frederick Fox, "Philippine Vocational Education: 1860–1898", *Philippine Studies*, Vol. 24, No. 3, 1976, p. 280.

设立单独部门得到优先关照。其教学将得到最大程度的关注与考察，学生们将在学院中获得最基本的能力。”[①] 事实上在马尼拉植物园成立的最初几年，位于马德里的西班牙王室植物园官员一直在关注品质优良的古巴烟草，希望将古巴的烟草移植到菲律宾。

烟草一直是18、19世纪西班牙帝国力图跻身世界霸权前列、在世界贸易中占据一席之位时最为关注的商品之一。1782年建立的烟草专卖制成为西班牙王室在殖民地财政收入的最主要来源。技术落后与本土人忽视或缺乏烟草种植的相关农业知识一直是西班牙烟草业发展的两大阻碍。教授先进的耕作技术、培养专业化农业人才成为农业学院的重要职责。

拉斐尔·加西亚·洛佩兹在回顾马尼拉植物园的起源时惊叹于菲律宾群岛上的农业状况是如此落后，即便岛屿上的资源是如此丰富。

> 很难用言语形容：（菲律宾）拥有无与伦比的地质条件，生机勃勃的气候，上帝之手在这里肆意发挥制造大自然的鬼斧神工。看到这里这些珍稀的果实日常被人遗忘，谁都会深感遗憾。如果不耕种、不给予足够的关注，这里就生产不出丰富的产品。[②]

拉斐尔·加西亚·洛佩兹探究马尼拉植物园起源的报告反映出几个问题。首先，马尼拉植物园的工作在一定程度上改变了菲律宾仅作为商贸驿站的情况。它以某种方式在鼓动当地人深入农耕的同时，也探查与承认菲律宾土地上人与自然本身的价值。以拉斐尔·加西亚·洛佩兹为代表的兼管行政管理与科学研究的西班牙殖民政府官员强调，菲律宾农业应当在符合当地气候、土壤、河流等自然条件的情况下节制发展。农业发展的步伐不能越自然之轨：

> 幸运的是，在这些岛屿上，正如大众所知，存在贫瘠或未开垦的

---

① Rafael García López, *Origen é Historia del Jardin Botanico y de la Escuela de Agricultura de Filipinas* (Madrid: Imprenta a Cargo de Juan Inesta, 1872), p. 18.

② Rafael García López, *Origen é Historia del Jardin Botanico y de la Escuela de Agricultura de Filipinas*, p. 5.

> 土地向人敞开怀抱；寥落的土地，甚至是处女地，等待着农业去推动发展。从上述内容清晰可见，农业部是在岛屿上传播优良农业规范的唯一途径。当地人的习惯与自然、农业部部员提出的方法与经验都应该融入农业部实践中。①

其次，通过在菲律宾发展农业，西班牙王室希望增加当地能够指导与教育菲律宾农业与园艺技能的官员、科学家的人数和接受高等农业、园艺教育的菲律宾本土居民人数。在很长一段时间内，来到菲律宾群岛的人只有流放的罪犯、捞快钱的商人与被王室指派过来平定菲律宾乡村暴动的士兵。

在菲律宾保持相当数量且接受过教育的人口数反映出一种殖民政策上的转变。19 世纪 30 年代至 19 世纪 60 年代，西班牙王室在菲律宾的政治军事力量达到顶峰。此时，大帆船贸易的黄金时代已成旧史，西班牙人需要思考的是如何留住尚存的殖民地，留下西班牙在亚洲最后的根茎。农业自然是菲律宾成为生产性殖民地的关键。在大力培育热带经济作物、发展热带农业的基础之上，西班牙殖民政府得以开始规划如何长久地在菲律宾这唯一的亚洲桥头堡维系统治。

在西班牙殖民政府在菲律宾大力发展农业的同时，一种意想不到的情况出现了：菲律宾本土精英同样看到了自己国家丰富而充满生命力的自然与社会。菲律宾本土涌现出众多才华横溢的擅长风俗画的画家，如前文提到的。通过描绘菲律宾生机勃勃而又闲适自如的乡村生活，本土的有识之士逐渐感受到，菲律宾的自然与社会涌动着无尽的价值与活力。至19 世纪末，菲律宾本土有识之士逐渐以乡村与农民为主题的风俗画成为表达乡愁与独立意识。

西班牙帝国视野下的菲律宾殖民地生态

相比英国人和荷兰人建立的全球自由贸易网络，18 世纪至 19 世纪的

① Rafael García López, *Origen é Historia del Jardin Botanico y de la Escuela de Agricultura de Filipinas*, p. 34.

西班牙全球贸易体系更容易被形容为“加密的”与“排外的”。这是因为西班牙王室严格把控帝国的贸易垄断，这令西班牙国库变为紧锁的保险柜。贸易垄断理念同样影响到西班牙建立植物园的政策。垄断香料贸易是16世纪西班牙王室投身经济植物园（Economic Botanic）建设的最初动力。这项工作最早由西班牙国内的植物经济学家推动，带有强烈的功利主义色彩。得益于殖民时期西班牙人在美洲接触到的动植物群落，18世纪由费迪南德六世创建的马德里植物园已达到欧洲领先水平。

18世纪，林奈以及他的植物分类学为植物园成为自然史研究阵地提供了理论基石。可以说林奈的植物分类学造就了光彩夺目的植物园。虽然作为实体的植物园很早就出现在历史舞台，但直到19世纪中叶，经济植物园的概念才真正为人所知。按照现代西方植物学家的观点，帝国语境下的植物园都可归类为经济植物园，其功能为“研究植物、菌类、藻类和细菌对人类及其牲畜以及环境可持续直接或间接、积极或消极的影响。这些影响可以是有关培植的、商业的、环境的或者仅是美学的。它们的作用可能面向过去、现在或未来”。[①]

从长时段与帝国的视角看，菲律宾殖民地生态能得到西班牙政府的再次关注的一个原因是18世纪末至19世纪西班牙从关注贵金属转向关注自然史。尤其在19世纪，西班牙帝国正致力于将国内受启蒙运动影响发展起来的林业与农业科学向殖民地推广。对菲律宾殖民地生态的再评估都包含在一个规模更为广大的帝国自然史研究中。其背后推动者是西班牙国内一部分受启蒙思想影响的政治经济学家。研究自然史与搜集标本成为政治经济学这一新兴“科学”的关键组成部分，它承诺能够保证整个西班牙社会的福祉。自然史成为整个西班牙帝国开明经济改革的强大政治工具，并应用到西班牙的各殖民地。

1760年至1808年，西班牙王室多次赞助以植物学研究为目的的殖民

① 转引自Paula De Vos, “The Science of Spices: Empiricism and Economic Botany in the Early Spanish Empire”, *Journal of World History*, 2006, p. 400。原文出处：Gerald E. Wickens, *Economie Botany: Principles and Practices* (Dordrecht: Kluwer Academic Publishers, 2001), pp. 2 -4。

地探险活动。在总计57次的探险活动中，有8次是以植物学研究为唯一目的或核心目的。[①] 1789年，西班牙颁布一道王室法令，要求殖民地各级行政人员撰写报告描述所在地区生产的有用的自然产品，并将报告与样本传回西班牙。从官员自殖民地搜集的物品看，90%以上为实用性的植物，包括可入药和制作粮食的植物，可可、茶、靛蓝等经济作物，以及可制成家具的木材。[②]

1789年，上文提及的首次向西班牙王室提议在菲律宾建立植物园的自然学家胡安·何塞·鲁佩托·德库利亚尔·比利亚鲁埃瓦正向西班牙王室提议在菲律宾培育肉桂和肉豆蔻。[③] 这是为了应对当时荷兰在亚洲对香料贸易的垄断。而早在1786年他第一次被西班牙王室任命到菲律宾进行植物学研究时，便已经提议在菲律宾种植靛蓝、桑葚、棉花、可可、胡椒等经济作物。这些植物收集活动或探险符合西班牙启蒙时期的政治经济方针，能通过农业发展增加国内财富。

活跃了两个世纪的大帆船贸易极大削弱了西班牙殖民者进一步了解与开发菲律宾自然资源的意愿。与此同时在18世纪的绝大部分时间内，西班牙陷入战争之中，财政收入也无法支撑在菲律宾继续开展自然史研究，更无法支撑建造一座植物园。长期以来，菲律宾一直依赖来自新西班牙的王室补贴（Real Situado）维持本土经济。1762年，英国占领了马尼拉。虽然之后马尼拉又回归西班牙统治，但英国短暂占领马尼拉这一事件沉重打击了西班牙王室在殖民地的威望。假使英国得逞，西班牙将永久失去它在亚洲的唯一殖民地。七年战争之后，英国商业资本涌入菲律宾，西班牙殖民政府的财政收入锐减。西班牙急需促进本土经济发展填补殖

---

① Daniela Bleichmar, "Atlantic Competitions: Botany in the Eighteenth - Century Spanish Empire", in James Delbourgo and Nicholas Dew (eds.), *Science and Empire in the Atlantic World* (*New York*: Routledge, 2008), pp. 225 - 226.

② Paula De Vos, "The Rare, the Singular, and the Extraordinary: Natural History and the Collection of Curiosities in the Spanish Empire", in Daniela Bleichmar, Paula De Vos, Kristin Huffine et al. (eds.), *Science in the Spanish and Portuguese Empires, 1500 - 1800* (Califonia: Stanford University Press, 2008), p. 272.

③ *Memoria de Juan de Cuéllar sobre la Canela*, 22 de Enero, 47, N. 12, 1789, 23, AGI.

民地的财政亏损。

菲律宾经济发展的转折点发生在 1778 年至 1787 年。在这一时期，巴斯科·巴尔加斯（Basco y Vargas）担任菲律宾总督。在其任职期间，巴斯科·巴尔加斯提出了菲律宾的经济总计划[①]。经济总计划催生了菲律宾国家之友经济协会，意在尽可能多地从菲律宾的自然资源中获取财富。其首要目标是让菲律宾成为具备自我生产力的殖民地，以减轻西班牙国库负担，减少外国资本和商品进口、发展本土工业与商业。如前所述，自然史研究是经济总计划中最关键的内容，但因菲律宾本土缺乏受过良好教育、熟知当地自然环境与动植物的自然学家而搁置。

19 世纪见证了菲律宾林业与经济农业的双重发展。1815 年大帆船贸易终止时，除马尼拉周边地区之外，菲律宾内陆几乎没有得到开发，种植园经济也未在菲律宾发展起来。1821 年墨西哥独立，菲律宾成为自治殖民地，摆脱了此前从属于新西班牙总督区的依附地位。但这也意味着，菲律宾再也无法如依赖新西班牙总督区的王室补贴维持经济。

自 1830 年起，西班牙统治下的菲律宾迎来了以种植农产品出口为基础的商业资本主义时代。[②] 1835 年，马尼拉向世界市场开放。菲律宾的蔗糖、麻、咖啡、大米和靛蓝开始出口到国外。与此同时，外国资本逐渐进入菲律宾内部。无法忽视的商机促使西班牙殖民者审视群岛内的自然资源。到 1850 年，菲律宾不再是西班牙国王的封建领土，而成为西班牙国家之外的一个行省。[③] 波旁王朝渴望将菲律宾殖民地置于更集中的监管下，它将成为经典重商主义意义上的“殖民地”，为大都市提供原材料，然后购买成品。美洲殖民地相继独立之后，西班牙人急需在菲律宾群岛开拓生态资源边疆以维持权力。热带自然环境与帝国命运历史性地

---

① 有关 1778 年至 1818 年经济总计划的具体情况可参考 Onofre D. Corpuz，*An Economic History of the Philippines*（Quezon City：University of the Philippines Press），1997。

② Russell K. Skowronek，“The Spanish Philippines：Archaeological Perspectives on Colonial Economics and Society”，*International Journal of Historical Archaeology*，Vol. 2，Issue 1，1998，p. 47.

③ Onofre D. Corpuz，*An Economic History of the Philippines*（Quezon City：University of the Philippines Press，1997），p. 140.

捆绑在一起。

马尼拉植物园是研究菲律宾自然史的主要场所，担负改善岛屿环境的职责。西班牙殖民者认为，菲律宾群岛上旺盛涌动的生物群落处于失序的状态，这种状态不利于后续的经济发展。为增加殖民地财富与福祉，科学规划、开发与管理岛屿的自然资源确有必要。

与其他由殖民政府推动建设的植物园相似，马尼拉植物园不仅仅是大型科学与商业实践，更是大型政府行为。[①] 西班牙王室希望通过发展农业振兴西班牙及其殖民地的经济。当分散的热带作物被发现，西班牙王室重新发掘了植物的经济生产力。

与此同时，马尼拉植物园发挥了仅靠农业科学难以达成的目标——给予西班牙从整体重新鸟瞰这片作为亚洲据点的群岛的契机。透过马尼拉植物园，西班牙需要彰显再征服亚洲的野心与决心。在某种程度上，西班牙自我塑造的形象与马尼拉植物园的建立相互纠缠。马尼拉植物园及其植物标本赋予帝国权力与威望，展示王室开明进步的政策。

按照最初建立马尼拉植物园与菲律宾园艺与农业学院的设想，西班牙殖民政府会在菲律宾每两年举办一场公开展览，展示从菲律宾获得的农业产品、能够成为农业劳动力的四足动物、农业工具和机械。[②] 1888 年，菲律宾代表西班牙帝国参加了巴塞罗那世界博览会。菲律宾因本土培育的优良动植物品种而在博览会上大放异彩。这一场临近 19 世纪与 20 世纪之交的世界博览会成为西班牙展现自身强权的绝佳舞台。

结　语

在整个 19 世纪，西班牙王室对自然史研究带来的经济与科学效益报以高度期望，认为这意味着一个重生的更为强大的帝国，足以在竞争激烈的

① 关于植物园的这一说法可参考 Londa Schiebinger，*Plants and Empire：Colonial Bioprospecting in the Atlantic World*（Cambridge：Harvard University Press，2004）。

② Rafael García Lopez，*Origen e Historia del Jardin Botanico y de la Escuela de Agricultura de Filipinas*，p. 20.

国际舞台上保持帝国身份。这也源于西班牙在19世纪面临美洲独立危机时急需维持它在亚洲的帝国根基。通过自然史研究，西班牙殖民者发现有商业价值的农业产品分散在整个帝国内部。马尼拉植物园只是西班牙帝国重新审视殖民地人与自然政策的其中一环。重新评估殖民地生态给菲律宾带来的重要影响是，西班牙帝国视野之下的菲律宾不再只是毫无生产力、只有废弃矿产的焦土，而是生机勃勃的生命涌动之地。

传播福音、社会教育、革命和侵略*

——奉天基督教青年会的成立，1911—1914年

武志华**

摘要 伴随着20世纪初中国新政、革命与列强竞争，基督教在中国东北地区兴起。在苏格兰长老会、丹麦青年会、基督教青年会北美协会、美国政府和奉天省教育部门的支持和推动下，奉天基督教青年会于1911年开始筹备，于1914年3月在一座租用的两进大院中正式成立。在此过程中，发挥重要作用的人物不仅包括来自美国的首任总干事耶鲁敦、苏格兰长老会的谭文纶（William MacNaughtan）与苏匡国、丹麦青年会的华茂山、丹麦路德会牧师李格非，还有中国的刘玉堂长老和宁武、王少源和萧树军三位革命者。奉天基督教青年会是中国东北基督教扩张、列强博弈、本地社会教育兴起和辛亥革命共同作用的产物。

关键词 奉天基督教青年会　基督教青年会北美协会　奉天文会书院　奉天省教育司　辛亥革命

1903年，受北美协会派遣，美国普渡大学教师绕伯森到达江苏省江宁府筹建青年会，不久就发现："我们青年会所具有的名气与影响对于许多人利用以完成自己目的来说是个诱惑。"①

青年会兴起于19世纪中后期的英国和美国，是通过德智体群四育传播

---

* 本文初稿是笔者硕士学位论文第二章内容，曾经于2014年投稿华中师范大学第四期"中国基督教史研究"暑期青年学者论坛，与会学友提出很多建议与意见，在此致谢。本文正文中的"基督教青年会""奉天基督教青年会""中华基督教青年会全国协会""基督教青年会北美协会"分别简称"青年会""奉会""全国协会""北美协会"。

** 武志华，辽宁大学近现代社会文化史研究中心会员。

① Report of C. H. Robertson, 1903 (Y. USA. 9 - 1 - 1), p. 1.

基督教的国际组织。于19世纪末开始传入中国，其中仅中国人先后创办的近代城市青年会至少47家。[①]奉会是中国的重要青年会之一，对奉天城政治、外交、文化和社会产生了重要影响。

有关中国青年会成立的问题已有一些研究成果。贾永梅考证了中国最早的学校青年会和城市青年会成立的时间，而赵晓阳从宏观上考证了中国各地各种青年会及其全国机构的创建时间。[②] 郑利群专门研究广州青年会创建问题，但是主要研究其会所建造，因为他认为青年会成立以建造会所为先决条件。[③] 这一点值得商榷，因为所有青年会成立之初基本是租用而非建造其会所，前者才是中国青年会成立的首要问题。相比之下，有关天津、北京、上海等地青年会的研究相对详细深入。[④]

关于奉会成立的问题相关研究论著都只是简单提及，且众说纷纭。一般认为奉会由丹麦人华茂山或者美国人普莱德于1912年在大南门里创立。[⑤] 张

---

① 赵晓阳：《基督教青年会在中国：本土和现代的探索》，社会科学文献出版社，2008，第31、15、300页。黄华亭：《周村的基督教》，周村区政协文史资料委员会：《文史资料选辑》第2辑，1984，第80—82页。《奉天长春青年会之开幕》，《青年》1912年4月，第154页。

② 贾永梅：《基督教青年会传入中国史实考略》，《史学月刊》2008年第2期；赵晓阳：《基督教青年会传入中国及中国基督教青年会创建时间考证》，《澳门理工学报》2014年第1期；《中国基督教青年会早期创建概述》，《陕西省行政学院学报》2003年第1期。

③ 郑利群：《移植与再造：广州基督教青年会创建史实考述》，《暨南史学》第9辑，广西师范大学出版社，2014。

④ 左芙蓉：《社会福音·社会服务与社会改造——北京基督教青年会历史研究》，宗教文化出版社，2005，第56—66页；张志伟：《基督化与世俗化的挣扎：上海基督教青年会研究（1900—1922）》，台北：台大出版中心，2010，第42—59页；王小蕾：《全球地域化视域下的天津青年会研究：1895—1949》，中国社会科学出版社，2016；李方：《天津基督教青年会成立的历程》，《遵义师范学院学报》2019年第6期，第37—40页；赵天鹭：《义和团运动后基督教团体在华事业转型探析——以天津基督教青年会为中心》，《基督宗教研究》2018年第2期。

⑤ 沈阳市文物管理办公室编纂《沈阳市文物志》，沈阳出版社，1993，第143页。辽宁省地方志编纂委员会主编《辽宁省志·宗教志》，辽宁人民出版社，2002，第209页。《沈阳市文物志》和《辽宁省志·宗教志》均依据前述时人后来回忆。此说一般出自齐守成《沈阳（奉天）男女青年会概略》，政协沈阳市委员会文史资料研究委员会编《沈阳文史资料》第9辑，政协沈阳市委员会文史资料研究委员会办公室，1985，第135页；齐守成：《奉天基督教青年会成立》，沈阳市文史研究馆编著《沈阳历史大事本末》，辽宁人民出版社，2002，第467页。齐守成声明这得自他20世纪80年代查阅有关资料和走访当年的知情者。以下均引用齐守成观点，参见赵晓阳《基督教青年会在中国：本土和现代的探索》，第37页；王连捷《阎宝航》，黑龙江人民出版社，2002，第33页；王淑岩《二十年代奉天基督教青年会的群众文化教育和反帝爱国活动》，辽宁省文化厅《文化志》编辑部编《辽宁省文化志资料汇编》第4辑，1990，第13—19页。

韵泠则认为奉会成立于1913年，成立之初聘美籍普赖德君任总干事，英籍邱树基君任学务干事，丹籍华茂山君任学生及德育干事，本国人萧树军、贾连山二君任会员干事，张国栋任体育干事。[①] 其他观点则都没有具体时间：（1）丹麦人华茂山诸君在前清时创立；[②]（2）民国初年创立于奉天城大南门里左手面城墙根下一座三进旧院，由美国和丹麦的教会捐款支持；[③]（3）民国初年由华茂山创立于奉天城大南门里顺城街；[④]（4）1914年开始筹备于大南门内东城墙根，赁屋十数间，配备一间游艺室，开办英文夜校和讲演会；但是经过普莱德和阎宝航等人经营几年后才正式成立，在景佑宫原址盖起三层大厦，包括教室、游艺室、讲演大厅等。[⑤]

总之，中国青年会是近代中国转型时期中西方合作与互动的产物，关于其成立问题的研究仍然有待深化。本文将利用《盛京时报》、全国协会出版的《青年》与《青年进步》、中华续行委办会编辑《中华基督教会年鉴》、上海市档案馆收藏与明尼苏达大学图书馆收藏的中国基督教青年会档案[⑥]等史料，从全球史视野分别考察与研究国内外人员成立奉会的过程及其背景和动机。

---

① 张韵泠：《沈阳基督教青年会记略》，范基民等主编《文史资料存稿选编（25）·社会》，中国文史出版社，2002，第784—785页。

② 谢荫昌自1906—1924年长期在奉天省教育部门担任要职，但是他只是根据1929年病榻之侧回忆，而其人离职已经多年。谢荫昌：《演苍年史》，北京图书馆编《北京图书馆藏珍本年谱丛刊》第198册，北京图书馆出版社，1999，第62、86、92页。

③ 宁恩承20世纪10年代曾经在奉天就学，曾经参加奉会活动，这是他于1984年在美国加州的回忆。宁恩承：《阎宝航与我》，《阎宝航纪念文集》编委会编《阎宝航纪念文集》，辽宁人民出版社，1995，第30—31、34、43页。

④ 刘鸣九在20世纪20年代作为张学良卫队旅旅部一等书记官，曾以张学良名义为奉会募捐。刘鸣九：《怀念阎宝航》，《阎宝航纪念文集》，第103—104页。

⑤ 这是王益知1949年后回忆。引文原作沈阳高等师范学校，当时应该是奉天两级师范学校，王益知：《张学良外纪》，《社会科学战线》1985年第3期，第219—220页。

⑥ Elmer L. Anderson Library at the University of Minnesota，Kautz Family YMCA Archives收藏的中国基督教青年会档案在本文中主要包括两种：Annual and quarterly reports of YMCA international work in China（Collection No. Y. USA. 9 - 1 - 1）；Records of YMCA international work in China（Collection No. Y. USA. 9 - 2 - 4）。

一 西方青年会与中国辛亥革命的交汇

青年会由乔治·威廉于1844年在伦敦成立。[①] 1851年青年会传入美国后发生了许多变革：分会加强自治，于1854年与加拿大合作在纽约成立北美协会；服务宗旨完善成为德智体群四育；青年会服务的目标群体扩展到在校学生。[②] 1855年，基督教青年会世界联盟于巴黎成立。19世纪后期，在北美协会的领导和帮助下，1886年北美学生志愿海外传教运动形成。随着美国逐渐成为世界头号工业国并加强海外扩张以争夺世界市场，美国政府与资本家开始支持青年会在海外"精神扩张"，好与之配合。[③] 北美协会对世界的扩张始于1889年日本青年会的成立。但是，日本在19世纪90年代就控制了青年会，因为日本民族意识觉醒更早更强，而且当时日本公立学校已经较为普及，青年会很难渗透到这些学校，而当时的中国和韩国在这两方面相对落后，因此北美协会寄厚望于中韩两国发展青年会。[④]

鸦片战争之后，受特权保护的西方基督教会在中国发展起来。1890年，北美协会受邀来中国组织青年会。对于这项工作，全国协会第一任总干事美国人来会理指出："中国的命运端赖它的许多青年，基督教青年会以一个团体的资格自然有机会去转移中国优秀青年的思想与生活。"北美青年会领袖穆德（Mott）指出："旧中国将要衰落，新的中国将要兴起，

① J. E. Hodder Williams, *The Life of George Williams*: *Founder of the Young Men's Christian Association* (New York: Association Press, 1906), pp. 106, 125, 129, 157–159.

② 谢扶雅：《基督教青年会原理》，青年协会书局，1923，第7页。L. L. Doggett, *Life of Robert R. McBurney* (New York: Association Press, 1919), pp. 72, 80, 82, 87. Kimberly Ann Risedorph, *Reformers, Athletes and Students*: *The YMCA in China*, 1895–1935 (Dissertation, Washington University, 1994), pp. 29, 79, 80, 82, 85. 北美协会仅有美国和加拿大两个成员，并且加拿大在1912年分立出去，但是两国还在此后的对外活动中以其形式进行合作。

③ 赵晓阳：《美国学生海外志愿传教运动与中华基督教学生立志传道团》，《宗教学研究》2008年第3期，第210—211页。

④ Letter Hollis Wilbur to Mott, 3 October 1911, pp. 1–2, In Japan – Correspondence and Reports, YMCA Archives. Jon Thares Davidann, *A World of Crisis and Progress*: *the American YMCA in Japan, 1890–1930* (Lehigh: Lehigh University Press, 1998), pp. 40, 45, 95.

新中国的领袖正在传授新教育的学校内受到训练，试问这样训练出来的领袖该是怎样的？在这一点上，我们这个运动要和教育界的精神势力合作，务使将来中国的领袖能真正基督化。”[①] 美国企图通过青年会影响中国青年精英使之成为其在华利益的代理人。而甲午战败使中国朝野惊醒，中国开始深入学习西方。严复明确提出“今日要政，统于三端：一曰鼓民力，二曰开民智，三曰新民德”，认为此三端为强国之本。[②] 这与青年会四育中的德智体包含的“完人”理念遥相呼应，颇有异曲同工之妙。

1895 年，北美协会首先成立了天津青年会。1896 年，穆德第一次来中国，推动中国的学校青年会增加到 27 个，中国学塾基督幼徒会总委办由此成立，1902 年易名为“中韩港基督教青年会总委办”。[③] 从此，中国各地城市青年会纷纷成立。中国青年会的发展受益于西方特别是美国与日本在中国的文化竞争。日本在日俄战争中的胜利使西方原本针对中国的“黄祸论”扩展乃至聚焦到日本。[④] 1908 年，美国总统西奥多·罗斯福决定把美国获得的 1000 万美元的“庚子赔款”专用于中国教育，还向中国青年会拨款 180 万美元。[⑤]

与此同时，中国革命逐渐兴起。孙中山自 1883 年后在香港皇仁书院学习、受洗、形成革命理念。1887 年，孙中山转学至香港西医书院，参与创建青年会，开始从事革命活动。1894 年，孙中山组织兴中会，并寻求基督徒、传教士的帮助。1912 年孙中山还参与筹建了南京青年会。[⑥] 他认同青年会倡导社会改良，服务人类的价值，并且认为其以青年为主体，具有良好的革命活动宣传

---

① 冯公智、步慕芳：《基督教青年会与中国近代体育的关系》，《体育文史》1985 年第 6 期，第 5 页。

② 严复：《原强修订稿》，王栻主编《严复集》第一集（上），中华书局，1986，第 27 页。

③ 赵晓阳：《中国基督教青年会早期创建概述》，《陕西省行政学院学报》2003 年第 1 期。

④ 罗福惠：《清末民初中国人对“黄祸”论的反应》，《近代史学刊》第 1 辑，华中师范大学出版社，2001，第 197 页。

⑤ 〔美〕任达（Douglas R. Reynolds）：《新政革命与日本——中国，1898—1912 年》，李仲贤译，江苏人民出版社，1998，第 7—13、21—26、111—113、217 页。服部龙二编辑《王正廷回忆录》，“中央大学”出版部，2008，第 44—45 页。

⑥ Immanuel C. Y. Hsu，*The Rise of Modern China*（NY：Oxford University Press，2000），pp. 455 - 457. 黄宇和：《三十岁前的孙中山：翠亨、檀岛、香港，1866—1895》，三联书店，2012，第 401 页。南京基督教青年会编《十周纪念册》，1922，第 5 页。

条件和环境，可以提供革命的有生力量。[①] 还有一个重要人物王正廷。1905年，他成为日本东京的中华留日学生青年会总干事。1907年，他在孙中山邀请下加入同盟会。他后来又成为中华留美学生青年会总干事、全国协会第一任中国总干事。[②] 另一位中华留日学生青年会总干事马伯援则指出中华留日学生青年会是中国留日学生活动中心，而中国留日学生又是同盟会中坚。[③]

总之，西方为奉会提供资金和人才，辛亥革命也如影随形借此机遇渗透奉会筹建中。在此背景下，奉会很快成立。

二　奉天城的学校青年会

1. 近代东北基督教发展

由于清政府长期实行封禁政策，1913年中国东北地区广袤的土地上只有1500万人口。但因资源十分丰富，东北自近代以来就成为列强争夺的目标。作为清朝陪都和后来奉系军阀的统治中心，奉天城是朝鲜、俄国、中国与蒙古之间以及关内外的交通要冲，成为列强在东北地区争夺的焦点。西方势力的先遣队是基督教会。在中国东北传教的先驱罗约翰（John Ross）认为："满洲教会一直有相同出身。虽然像每一个分布广的组织一样，它现在包含许多不同因素，无处不在，但是实际上却是一个。据我所知，除了在南方少数边远的传教站、港口和北方的吉林省，所有其他传教站直接或者间接源自奉天城。"[④] 奉会第一任总干事耶鲁敦（Elmer Yelton）认为建立奉会实有必要。[⑤]

① 秦方、田卫平：《孙中山与基督教青年会关系初探——以演讲为中心的讨论》，侯杰主编《"孙中山与中华民族崛起"国际学术研讨会论文集》，2006，第225—226、228、234—235页。

② 完颜绍元：《王正廷传》，河北人民出版社，1999，第14、16—18页。

③ 马伯援：《青年会与中国革命》，《上海中华基督教青年会三十五周年纪念册》，第33—37页，转引自赵怀英《基督教青年会在中国"本土化"（1895—1937）——对美国文化影响中国的方式及其中国人自主性的研究》，博士学位论文，北京大学，2010，第82、88页。

④ Ross John, *Mission Methods in Manchuria: Missionary of the United Free Church of Scotch Mouk-den, Manchuria* (Edinburgh and London: Oliphant Anderson & Ferrier, 1903), p. 6.

⑤ Report of investigation concerning building in Mukden, May 28 - 29, 1914 (Y. USA. 9 - 2 - 4), p. 1. Elmer Yelton, General Secretary, Mukden, Manchuria. Annual Report for the year ending Sept. 30, 1913 (Y. USA. 9 - 1 - 1), p. 1.

捷足先登的是爱尔兰长老会与苏格兰长老会。从19世纪60年代末开始，两会各自派遣传教士来东北传教。1883年，苏格兰长老会传教士司督阁（Dugald Christie）于奉天城成立临时诊所，数年后逐渐发展成盛京施医院。[①] 1891年，两个差会在奉天城设立基督教长老会关东老会，统摄东北地区的基督教会。[②] 1894年，他们在奉天城创办了一所近代教会学校——文会馆（United Irish and Scotch Arts & Science College）。该校所开课程以神学甚至儒学为主，但也讲授自然科学，后来称文会书院。[③] 1893年，丹麦路德会开始传入中国东北。[④] 西方教会促进了近代科学在东北的传播，但也导致诸多社会问题。1900年义和团运动爆发，之后很快传入东北地区，奉天城基督教会损失惨重，盛京施医院和文会馆的校园也遭到破坏。[⑤] 沙俄借口镇压义和团运动出兵东北。而1904—1905年的日俄战争结束以后，东北南部成为日本的势力范围。

俄国占领中国东北时，清政府希望"全行开放"东北以使列强互相牵制，从而收回领土。1903年，奉天城开通中东铁路，清政府与美国、日本签订商约准许奉天城开埠。[⑥] 1905年5月，赵尔巽取代增祺成为盛京将军，全力推进新政。[⑦] 1906年，两级师范学校创立；[⑧] 日本人中岛正雄创办

---

① 郭卫东、刘一皋编辑《近代外国在华文化机构综录》，上海人民出版社，1993，第350页。〔英〕伊泽·英格利斯：《东北西医的传播者——杜格尔德·克里斯蒂》，张士尊译，辽海出版社，2005，第45、229、310、329页。

② 邱广军：《基督教与近代中国东北社会（1866—1931）》，博士学位论文，东北师范大学，2009，第51—52页。

③ 黄光域编《近代中国专名翻译词典》，四川人民出版社，2001，第376页。钱公来：《西方宗教对东北文化经济政治之影响》，王大任编《东北研究论集》（二），香港：中华文化出版社事业委员会，1957，第225—226页。John Ross, *Mission Methods in Manchuria: Missionary of the United Free Church of Scotch Moukden, Manchuria*, pp. 153 - 159.

④ 郭卫东、刘一皋编辑《近代外国在华文化机构综录》，第100页。

⑤ 钱公来：《西方宗教对东北文化经济政治之影响》，王大任编《东北研究论集》（二），第226页。沈阳市文史研究馆编著《沈阳历史大事年表》，沈阳出版社，2008，第300页。

⑥ 张志强：《沈阳城市史》，东北财经大学出版社，1992，第130页。杨天宏：《清季东北自开商埠论略》，《长白学刊》1998年第1期，第92—96页。孙鸿金：《近代沈阳城市发展与社会变迁（1898—1945）》，博士学位论文，东北师范大学，2012，第85—87页。

⑦ 沈阳市文史研究馆编著《沈阳历史大事年表》，第311页。

⑧ 辽宁省教育史志编纂委员会编《辽宁教育史志》第1辑，1991，第51页。《辽宁教育史志资料》第2集下册，辽宁大学出版社，1990，第523页。

《盛京时报》；奉天城正式开埠，社会变迁由此加速。[①]

与此同时，东北基督教开始复兴，这得益于新教传教士在义和团运动善后交涉中较好地处理了政教关系并且在日俄战争和1910年冬东北大鼠疫期间通过救济活动赢得了广泛的好感和尊重。[②] 1902年，文会馆迁至奉天城大南关，基督教长老会关东老会升级为近代综合大学文会书院。该校注重宗教和西方文化教育，学生毕业后一般从事牧师、教员等工作，少数人去了英国留学。[③] 1907年，文会书院院长苏格兰人劳但理（Daniel T. Robertson）创办了中国东北地区最早的文会书院青年会，提倡德智体三育，还特别在每周六举办晚会，与会学生争论时事，内容涉及敏感的君主制和共和制问题。[④] 同年，基督教长老会关东老会更名为基督教长老会关东大会。[⑤] 丹麦路德会也恢复起来，在东北地区发展成为仅次于英国两个长老会的教会。[⑥] 奉天省基督教徒在义和团运动后仅剩万余人，而到1914年，已达2.6万人。从1906年到1913年，基督教会学校数量从20所增加到220多

① 沈阳市文史研究馆编著《沈阳历史大事年表》，第317页。杨天宏：《口岸开放与社会变革——近代中国自开商埠研究》，中华书局，2002，第111—113页。

② 徐炳三：《近代中国东北基督教研究》，博士学位论文，华中师范大学，2008，第60—62、82页。

③ 沈阳市文史研究馆编著《沈阳历史大事年表》，第309页。中华续行委办会调查特委会编《中华归主——中国基督教事业统计（一九一〇——一九二〇）》中册，中国社会科学院历史研究所编译室译，中国社会科学出版社，1987，第516—517页。辽宁省教育史志编纂委员会编《辽宁教育史志》第1辑，第49页。

④ 赵尺子认为文会书院青年会由劳但理出任文会书院院长于1905年成立，但是劳但理于1904年5月16日从上海离开去英国，直到1906年4月23日才返回东北地区，参见赵尺子《钱公来》，杜元载编《革命人物志》第8集，台北："中央文物供应社"，1971，第190—191页；*The Chinese Recorder*, June 1904, p. 326; *The Chinese Recorder*, May, 1906, p. 294。而庄振声认为1907年青年会初创于奉天，渐及于吉林安东，均特设中西干事，参见庄振声《关东教会》，中华续行委办会编辑《中华基督教会年鉴》第4期，上海广学会，1917，第48页；截至1907年末，中国东北地区已有学校基督教青年会，参见"The Young MKN'S Christian Associations", in D. MacGillivray (ed.), *A Century of Protestant Missions in China (1807 - 1907)* (Shanghai: the American Presbyterian Mission Press in Shanghai, 1907), p. 601。综合推断，文会书院青年会应该是于1907年成立。F. W. S. O'Neill, *The Call of the East: Sketches from the History of the Irish Mission to Manchuria 1869 - 1919* (London: James Clarke & Co., 1919), pp. 71 - 73.

⑤ 邱广军：《基督教与近代中国东北社会（1866—1931）》，第51—52、55页；郭卫东、刘一皋编辑《近代外国在华文化机构综录》，第229页。

⑥ 郭卫东、刘一皋编辑《近代外国在华文化机构综录》，第100页。

所，学生数量从 2022 人增加到 5239 人。[①]

2. 教会学校里的革命者

奉天城新政需要新式知识分子，同盟会会员也乘机而来。1906 年，宋教仁提出经营东北以便从南北两面夹击清政府的设想。同年，徐镜心受遣来到奉天城，适逢《盛京时报》创立，他因曾留学日本而被雇为主编。1907 年，同盟会辽东支部建立，主要负责人包括徐镜心等，他们首先面向教育界发展革命对象。[②]

朱霁青就是奉天城最早这样的教会学校革命学生。他于 1899 年进入奉天文会书院，于 1901 年留学日本东京东斌学堂学习军事，于 1905 年在日本加入中国同盟会，经常通过文会书院青年会萧树军、钱公来等校友传播《民报》《明夷待访录》等排满书刊。他有次在青年会讨论会中发表排满言论，遭到保守派学生殴打，钱公来为他打抱不平，两人因此结交。1907 年夏，朱霁青归国，变卖家产创办广益学院，教授世界史、科学、人权学说，萧树军等人为教师，培养革命青年。1908 年冬，他们发起艾棱碻举义，而以行动流产告终。[③] 1908 年夏季，奉天文会书院学生段文祥于盛京施医院养病，与西医学堂学生宁梦岩闲谈，由隐语发现对方为同志，宁梦岩也很快得知其校友朱霁青、萧树军、钱公来、李子春等正在从事革命活动。[④] 宁梦岩，原名宁良志，海城县人，曾经亲历列强入侵，对软弱的清政府深恶痛绝，由此产生了反清革命思想。[⑤] 1906 年，辽东庄河联庄会发

---

① 中华续行委办会编辑《中华基督教会年鉴》第 1 期，商务印书馆，1914，第 37 页。"Report from Three Denominational Group, Manchuria", *The China Mission Year Book, 1915* (Shanghai: Christian Literature Society for China, 1915), p. 245.

② 朱诚如主编《辽宁通史》第 4 卷，辽宁民族出版社，2009，第 14—15 页。徐聪：《徐镜心年谱》，山东省政协文史资料委员会编辑《山东文史资料选辑》第 31 辑，山东人民出版社，1991，第 127—130 页。宁武：《东北辛亥革命简述》，政协全国委员会文史资料研究委员会编《辛亥革命回忆录》第 5 集，中华书局，1963，第 536—537 页。

③ 钱公来：《朱霁青》，黄季陆编《革命人物志》第 1 集，台北："中央文物供应社"，1969，第 369—372 页。赵尺子：《钱公来》，杜元载编《革命人物志》第 8 集，第 192—195 页。

④ 罗刚编著《中华民国国父实录》，台北：罗刚先生三民主义奖学金基金会，1988，第 1902 页。

⑤ 宁梦岩（1885—1975），出身农村塾师家庭，1902 年就学于海城教会三育中学，加入基督教，并受其老师反清思想影响。民革中央宣传部编《民革领导人传》第 2 辑，团结出版社，2007，第 562 页；辽宁省卫生志编纂委员会编《辽宁省卫生志》，辽宁古籍出版社，1997，第 818—819 页。

起大规模抗捐、抗清丈运动，他在其中负责联络和宣传工作，所以被清政府通缉。1907 年，他在教会的帮助下化名宁梦岩进入盛京施医院西医学堂学习。同年春，他和赵中鹄、李树华等同志在此召开秘密会议，组织奉天全省五路义军，成立奉天全省共益会，赵中鹄、刘雍、顾人宜为正副会长，李树华为书记，宁梦岩为司库，并且担任中路干事，这是东北地区最早的革命组织。在奉天城，他通过《通问报》[①] 与孙中山取得联系，并且用孙中山告知的方法在奉天两级师范学校结识徐镜心。1908 年 5 月，由徐镜心介绍，宁梦岩、李树华同时在盛京施医院西医学堂加入同盟会，当时宁梦岩又易名为宁武。同年，盛京施医院青年会成立，以配合革命活动。会长王宗承即王少源，副总干事宁武、李树华，还有

图 1　文会书院院长劳但理

资料来源：封面，Daniel T. Robertson *Our Mission in Manchuria: Missions of the United Free Church of Scotland*（Edinburgh: Foreign Mission Committed at the Offices of the United Free Church of Scotland，1913）。

图 2　张作霖军医官王少源

资料来源：〔英〕杜格尔德·克里斯蒂著，伊泽·英格利斯编《奉天三十年》，张士尊、信丹娜译，湖北人民出版社，2007，第 232 页。

---

① 原引文是《通闻报》，应该是《通问报》（*Chinese Christian Intelligencer*），黄光域编《近代中国专名翻译词典》，第 69 页。

许焕一等中国干事都参与了革命。而王少源此时已经是盛京施医院拥有五品顶戴头衔的颇有名望的医生。[①]

两个青年会取得联系后在奉天城一起进行革命宣传、联络和策反工作。1909 年，徐世昌被迫与日本签订《中日东三省交涉五案条款》。[②] 他们领导奉天人民发起反清和抵制日货运动。奉天当局发现了他们的活动，要求文会书院和盛京施医院交出萧树军、宁武等人。文会书院院长劳但理[③]牧师拒绝了，宁武和李树华则被司督阁秘密放出去避风头。1911 年 7 月末，徐镜心等人组织奉天全省革命急进会，宁武为组织干事，准备响应武昌起义。当时，萧树军也加入了同盟会。[④]宁武与他则在发起成立奉会的工作，以便找到一个公开身份进行活动。

---

① 王宗承（1876—1966），字少源。辽宁铁岭人。1892 年考入盛京施医院西医学堂。曾担任日俄战争万国红十字会和 1910 年大鼠疫东三省防疫会的义务医员而授五品顶戴和蓝翎。1913 年担任张作霖军医官。赵中孚认为盛京施医院青年会创立于 1907 年，还认为王宗承是革命同志。司督阁也提到他参与革命，但是宁武回忆的革命者名单中没有他。宁武：《我的回忆录（节选）》，政协辽宁省文史资料委员会编《辽宁文史资料》第 41 辑，辽宁人民出版社，1994，第 111 页。王鸿宾等主编《东北人物大辞典》第 2 卷上册，辽宁古籍出版社，1996，第 162 页。佟佳哈拉：《奉天首家西医院》，辽宁省文史研究馆编《辽海鹤鸣》，中华书局，2005，第 135 页。《宁武同志传略》，政协辽宁省委员会文史资料委员会编《辽宁文史资料》第 23 辑，辽宁人民出版社，1988，第 155 页。潘喜廷：《东北亚研究——东北近代史研究》，第 35—36 页。罗刚编著《中华民国国父实录》，第 1902 页。宁武：《东北辛亥革命简述》，政协全国委员会文史资料研究委员会编《辛亥革命回忆录》第 5 集，第 537、540、543 页。赵中孚：《辛亥革命前后的东三省》，《中央研究院近代史研究所集刊》第 11 期，1983，第 118—120 页。

② 佟静：《略述中日安奉铁路纠纷之始末》，《社会科学辑刊》1994 年第 4 期，第 123 页。

③ 原引文是劳勃生，一般称劳但理。钱公来：《西方宗教对东北文化经济政治之影响》，王大任编《东北研究论集》（二），第 226 页。

④ 此处出自宁武《东北革命运动史述要前编》内容，但是他在《东北辛亥革命简述》却称劳但理向奉天当局密告，导致萧树军、段右军、齐叙堂被捕。但是萧树军此后在文会书院毕业而且于 1912 年参与创办奉会；而且钱公来作为当事人回忆没有劳但理向奉天当局密告导致同志被捕的事情。《东北辛亥革命简述》则系其于 1950 年代所撰，《东北革命运动史述要前编》一文系宁武任党史会采访职时在重庆 1942 年所撰，相对更加可靠。章抉云、朱武奎、姚云鹏：《宁武传略》；宁武：《我的回忆录（节选）》，《辽宁文史资料》第 41 辑，第 110—112、116 页。宁武：《东北辛亥革命简述》，政协全国委员会文史资料研究委员会编《辛亥革命回忆录》第 5 集，第 539、540 页。宁武：《东北革命运动史述要前编》，《革命文献丛刊》第 7 期，1947，转引自《辛亥革命与 20 世纪的中国》第 3 卷，中央文献出版社，2002，第 2291—2292 页。钱公来：《朱霁青》，黄季陆编《革命人物志》第 1 集，第 368—372 页；赵尺子：《钱公来》，杜元载编《革命人物志》第 8 集，第 191—194 页。

三 奉会的成立过程

1. 首次启动

奉会筹备工作基于多方势力。北美协会首先关注中国东北地区是因为日俄战争。日俄战争期间，日本政府为笼络美国而允许基督教青年会为日本军队开展战争救济服务，参与工作的日本干事则通过爱国主义行动改变了自己作为外来宗教信徒在日本社会的困难处境，美国干事也凭借丰富的工作经验取得了主导地位，二者都认为战争救助工作有利于打开青年会在日本和中国东北地区的发展空间。这项工作为日本青年会带来了巨大声誉，但战后日本干事在中国东北地区与殖民主义者进行合作，损害了后者与日本青年会的福音传播活动。[①] 于是，北美协会决定在中国东北地区独立扩张，并于1909年借调丹麦路德会的罗德亮前往东北开展工作。罗德亮起初并非某特定市会或校会的干事，只是设法提供用于阅读、会议与教育工作的房间，为14—17岁的中国青年举办《圣经》阅读会和祈祷会，后来他分别在1911—1914年和1916—1923年担任岫岩青年会总干事和奉会干事。[②] 作为中国东北地区中心城市的奉天城理所当然地成了他的工作重心。

正如北京青年会顺应了清末新政而于1909年成立，新政时期的陪都奉天城中也成立了许多近代学校。中国东北地区的最高官立学府——奉天两级师范学校恰恰与文会书院都在奉天城大南门内附近。1908年，奉天文会书院组织学生在奉天城官立学校学生中传播福音，但被当局禁止，同时也很少有官立学校学生愿意来文会书院讨论基督教，因为当时奉天城的学生和知识阶层认为教会是服务于文盲的。因此，找到一个中立的文化机构来接近他们就显得至关重要。另外，奉天城内有许多教师以及邮局和电话局

---

① Jon Thares Davidann, *A World of Crisis and Progress: The American YMCA in Japan, 1890 - 1930*, pp. 112 - 115, 133 - 141.

② 《美国明尼苏达大学图书馆藏基督教男青年会档案》第1册，广西师范大学出版社，2012，第98页；第4册，第61页。

职员毕业于中国教会学校，其中多数可以说英语，虽然他们名义上是基督教徒，每到周末却无所事事。当时社会上追逐权力和财富之风日盛，青年会被视作一种解毒剂，因此基督教长老会关东大会齐聚奉天城，提议设立城市青年会，并且致函“中韩港基督教青年会总委办”与西方差会请求派干事筹办。截至1910年，中国在长江以北仅有北京和天津建立了城市青年会。“中韩港基督教青年会总委办”负责中国华北地区的干事贺嘉立（C. W. Harvey）比较认真地视察和研究了奉天城等五个城市，发现它们都有成立青年会的迫切意愿。每个差会都意识到这对青年工作与官立学校学生传教工作的重要性，所以都愿意积极参与青年会的筹备工作。“基督教青年会中韩港总委办处”出版的《青年》（*China's Young Men*）在奉天城的发行极大提升了青年会的知名度。当时奉天省提学使卢靖①虽然是一位坚定的孔子信徒，但充分了解天津青年会在社会教育领域的贡献和价值，因此也对其予以支持。1910年8月，贺嘉立与基督教长老会关东大会代表会面于营口，提出至少安排一个干事负责奉天城的学生工作。大会一致投票要求英国母会安排两人参与此项合作，如果不行就从东北教区抽出一个人。②

此时北美协会的扩张计划与美国的扩张主义外交政策不谋而合。时任美国总统塔夫脱（Taft）正在中国东北地区发动对日俄的外交攻势，谋求控制东北的广阔市场。十九世纪末美国称霸着包括奉天城在内的整个中国东北地区主要商品市场，而日俄战争后日本在东北特别是东北南部地区势力猛增，影响了美国的利益。1908年，塔夫脱成为新一任美国总统，分别

---

① 沈阳地方志编写办公室《沈阳市普通教育大事记》，1988，第8、10页。沈阳市文史研究馆编著《沈阳历史大事年表》，第326—327页。

② Rev. C. L. Boyxton, B. A., “Young Men's Christian Association in China”, in D. MacGillivray (ed.), *The China Mission Year Book, 1911* (Shanghai: Christian Literature Society for China, 1911), pp. 217, 413 - 415. Y. USA. 9 - 1 - 1: Report of C. W. Harvey, National Secretary for North China in 1910, pp. 1, 9; Report of C. W. Harvey, National Secretary for North China in 1911, pp. 9, 13, 14; Report of James H. Wallace, Nanking, 1907, pp. 1 - 2. F. W. S. O'Neill, *The Call of the East: Sketches from the History of the Irish Mission to Manchuria 1869 - 1919*, p. 73. 朱文祥：《青年会所落成志盛（奉天）》，《通问报》第1223期，1926年10月，第7页。

于1909年11月和1910年提出将东北铁路中立化的计划和向中国东北当局提供贷款的计划，企图对中国东北及其铁路实行国际共管。①

1910年夏季，为了落实北美协会在世界扩张的计划，穆德求助塔夫脱募捐108万美元。塔夫脱担任菲律宾总督期间和青年会有接触，因此，1910年10月20日，塔夫脱邀请美国和加拿大的200名著名商人在白宫举行青年会世界扩张计划的会议，旨在募款建造海外青年会建筑。他赞扬青年会可以促进基督教文化，帮助美国同胞，并且说道："没有人会认为我们在中国办青年会是要去占有他们的土地，或是去干涉他们的政府。可是，我们可提拔青年会的成员，使他们在中国政府里面，占有重要的地位。"北美协会通过此次会议获得200万美元捐款，中国留美学生青年会总干事王正廷为中国青年会争取到50万美元经费，大部分将用于建设天津、奉天城、汉口、福州、香港和广州的城市青年会会所，其中，加拿大蒙特利尔的亨利·伯克斯（Henry Birks）同意为奉会会所捐款2万美元。1910年秋，英国、挪威和丹麦三国的青年会与北美协会进行合作派遣干事到中国。英国青年会全国协会准备派遣干事在中国东北地区工作，而丹麦青年会全国协会（Danish National Council）已经决定安排华茂山（Johannes Rasmussen）到中国东北地区工作。基督教长老会关东大会最终为北美协会派出了两个传教士到中国东北教区，他们要先学汉语，以便协助未来的美国总干事。1910年，一个差会的代表已经选好，他将与一个有青年会工作经验的干事在一起，开始主要从事奉天城学生事业工作。1911年，苏格兰长老会史果甘（Frank W. Scougal）首先被派到奉天城，刚开始去主要在学习语言。爱尔兰长老会麦焕德（James McWhirter）被派往吉林市。② 与他

① 张志强：《沈阳城市史》，第122—124页。李澍田：《美国与中国东北》，吉林文史出版社，1991，第188—190页。

② 《美国明尼苏达大学图书馆藏基督教男青年会在华档案》第1册，第111页。马泰士：《穆德传》，张仕章译，青年协会书局，1935，第350—352页。江文汉：《基督教青年会在中国》，《文史资料精选》第13册，中国文史出版社，1990，第442—443页。齐守成：《沈阳（奉天）男女青年会概略》，《沈阳文史资料》第9辑，第135页。J. W. Inglis, "Work in Manchuria"; Rev. C. L. Boyxton, B. A., "Young Men's Christian Association in China", in D. MacGillivray (ed.), *The China Mission Year Book, 1911*, pp. 221, 412 - 414. F. W. S. O'Neill, *The Call of the East: Sketches from the History of the Irish Mission to Manchuria 1869 - 1919*, p. 74. Y. USA.

们作为干事一起工作的还有几个奉天文会书院的中国毕业生。[①] 实际上负责奉会筹备工作的训练良好的中国工作人员基本都来自这所大学和盛京施医院，他们在这两所学校的青年会获得了珍贵的基本经验。[②] 王少源当年应该作为其董事会成员参与了筹划。[③]

图3　李格非（左）与华茂山（右）

资料来源：University of Southern California USC Digital Library International Mission Photography Archive International Mission Photography Archive（IMPA）.

9-2-4，Box 75：Report of Investigation Concerning Building in Mukden by R. S. Hall，May 28-29，1914，p. 1；R. S. Hall，Synopsis of the administrative aspects of the Mukden YMCA Building，May 19，1928，p. 1. Y. USA. 9-1-1：Elmer Yelton，General Secretary，Mukden，Manchuria. Annual Report for the year ending Sept. 30，1912，p. 1；Report of C. W. Harvey，National Secretary for North China in 1910，p. 12；Report of C. W. Harvey，National Secretary for North China in 1911，p. 10；Young Men's Christian Associations of China and Korea（eds.），*Five Years of Progress，1907-1912：A Report of the Work of the Young Men's Christian Associations of China and Korea*，1912，*With a Review Covering the Period，1907-1912*（Shanghai：the National Committee of the Young Men's Christian Associations of China，1913），p. 7，9.《青年》第17卷第11号，1914年9月，第10—11页。

① Rev. A. Weir M. A.，"Missionary Occupation of Manchuria：Men's Work"，*The China Mission Year Book，1914*，p. 423.

② Elmer Yelton，General Secretary，Mukden，Manchuria. Annual Report for the Year ending Sept. 30，1913（Y. USA. 9-1-1），p. 3.

③ 据奉会章程第一届董事任期应该是3年，因此王少源应该参与其筹建。上海市档案馆藏档案：U120-0-1-1。《奉天基督教青年会章程》，《辽宁省志·宗教志》，第209、337页。

1911年秋，丹麦路德会牧师李格非（Jens Christian Jensen Lykkegaard）[①]主持首次发起筹备奉会。当时，宁武仍然化名宁梦岩，担任会正（会长），姜永志为书启（总干事），韩振三为导引。但是未逾一月，武昌起义爆发。诸人均以国事为念，无暇及此。[②] 当时奉天当局以时局不稳为由通饬禁止集会结社。[③] 11月上旬，革命党人在奉天北大营集会协商和部署，当时宁武负责革命军中路，但是起义很快失败。次年2月25日，宁武由大连渡海逃亡到烟台。[④] 1912年中华民国成立，发起筹备该会第二次会议，却没有干事人员，因而无所作为。[⑤] 可见，奉会中的中国同工在奉会筹备工作中的重要性。辛亥革命给中国青年会暂时造成了伤害，但是也带来了好处。

图4　青年宁武

资料来源：李日、徐学航主编《革命巨子徐镜心》，山东大学出版社，2011。

图5　奉会第一任总干事耶鲁敦

资料来源：《美国明尼苏达大学图书馆藏基督教男青年会档案》第1册，第113页。

① 黄光域：《基督教传行中国纪年（1807—1949）》，广西师范大学出版社，2017，第177页。李格非于1896年到达旅顺布道，1898年与1914年在岫岩，1899—1914年、1921—1922年在凤凰城（1914年改为凤城），1916—1921年在桓仁县。

② 《奉天青年会干事得人》，《青年》第8册，第188页。《奉天城市基督教青年会预备之种种》，《青年》第15卷第12号，1913年1月，第315页。

③ 《通饬禁止集会结社》，《盛京时报》1911年10月24日。

④ 烟台是当时同盟会北方支部。李新：《中华民国史》第1卷，中华书局，2011，第312页。章抉云、朱武奎、姚云鹏：《宁武传略》，《辽宁文史资料》第41辑，第12、14—20页。

⑤ 《奉天青年会干事得人》，《青年》第8册，第188页。

2. 奉会筹备班底

辛亥革命推翻了清朝君主专制统治，建立了共和政府。民国政府承认宗教信仰、出版、集会和结社自由，内务部批准了“中华基督教青年会总委办”立案。[①] 宗教工作可以更自由地在各个阶层展开。青年会在学生、士兵和社会青年中颇受欢迎，传教士、大学校长、地方长官、铁路官员、军官和其他头面人物纷纷拜访青年会。[②] 东北信徒庄振声曾写道：“自民国肇造，人心思变，一般官民，咸以基督教为新社会之代表，多相亲善，地方慈善举动，或特别演说会场，常相过从，互为观摩。教会亦开诚相接，于社会改良事业，多所服务，若吗啡疗养所、妇女天足会、学校体育会、筹备青年会等。”[③] 特别是1912年9月丁立美访问奉天文会书院，促使其三分之二的学生决定终生投身于基督教会工作，其中一半学生明确决定从事牧师工作。[④]

1912年3月16日，奉会第一位总干事耶鲁敦到达上海。他是耶鲁大学1905届的文学学士。1907—1923年，他一直在青年会工作。耶鲁敦从1912年3月16日到同年10月1日主要在上海和北戴河学习汉语，仅在9月中旬应邀参加基督教长老会关东大会年会，其间在奉天城度过了一个星期。他注意到奉天城的重要地位，城市中心有许多适合作为青年会会所建筑的地点，市民和公立学校更加开放，当地基督教会和政府官员也支持青年会。但是，鉴于两个本地基督教会似乎只接触底层群众，当地缺少胜任青年会董事会董事和干事的商界和教育界人物；而且担心日本可能随时占领中国东北地区，从而使奉会沦落到如同首尔基督教青年会被监督的境地。[⑤] 1912年底，耶鲁

---

① 《内务部批准基督教青年会立案照会》，《青年》第15卷第12号，1913年1月，第289页。

② Young Men's Christian Associations of China and Korea (eds.), *Five Years of Progress. 1907 - 1912*, pp. 1, 3, 19.

③ 庄振声：《关东教会》，中华续行委办会编辑《中华基督教会年鉴》第4期，第48页。

④ Rev. A. Weir, M. A., "Missionary Occupation of Manchuria: Men's Work", *The China Mission Year Book, 1914*, pp. 423, 426.

⑤ William P. Litynski, *Chinese Civil War and The Rise of Modern China*, 2010, p. 9. 《美国明尼苏达大学图书馆藏基督教男青年会档案》第1册，第113页。"Young Men's Christian Association Five Years of Progress in Work for Young Men in China", in D. MacGillivray (ed.), *The China Mission Year Book, 1913* (Shanghai: Christian Literature Society for China, 1913), p. 332. Y. USA. 9 - 1 - 1: Elmer Yelton, General Secretary, Mukden, Manchuria. Annual Report for the year ending Sept. 30, 1912, pp. 1 - 3; Elmer Yelton, General Secretary, Mukden, Manchuria.

敦正式到达奉天城，与史果甘会合，二人继续努力学习汉语，同时投入奉会的筹备工作，联系各界朋友。奉天文会书院的谭文纶牧师作为临时委办主持筹备工作，聘用萧树军担任中国籍干事，广筹经费。北美协会同意赞助1万美元，这应该用于会所设施。① 他们应该在此时按照“中韩港基督教青年会总委办”下发的城市青年会章程制定《奉天基督教青年会章程》，其中除将董事会、董事改为理事会、理事外别无更改。②总干事耶鲁敦称赞道：“苏匡国作为爱丁堡大学的毕业生，具有坚强的品格、洞察力的思维和清晰的判断力。他的神学课程曾经受过娴熟的科学训练，这对于他的母校是无价的。萧宝莲（Hsiao Bao Lien）是奉天基督教青年会的第一位中国干事，在文会书院已经受过基督教会工作训练，是其中最优秀的毕业生，而且是一位天生的演讲家，具有吸引人的举止和献身于青年工作的愿望。这使我开展工作很受鼓舞。”③ Hsiao Pao Lien 是威妥玛拼音，现行汉语拼音即 Xiao Bao Lian，萧宝莲就是萧树军。④ 这里的苏匡国就是前文中的史果甘，耶鲁甘也曾被译为叶禄敦。⑤ 但是耶鲁敦直到1914年6月离开中国，可能从1912年7月到1913年6月还在北京学习汉语，综合以上情况他在奉天城实际工作时间可能不到一年。⑥

萧树军成为奉会第一位中国干事，并且获得总干事认可，无疑得益于

Annual Report for the year ending Sept. 30，1913，p. 1.

① 《奉天城市基督教青年会预备之种种》，《青年》第15卷第12号，1913年1月，第315页。F. W. S. O'Neill，“The Outlook in Manchuria”，*The Chinese Record*，August，1912，p. 454. 高承恩：《文会大学国庆纪志盛（奉天）》，《通问报》第527期，1912，第11—12页。黄光域编《近代中国专名翻译词典》，第578页。

② 《辽宁省志·宗教志》，第336—337页。齐守成：《沈阳（奉天）男女青年会概略》，《沈阳文史资料》第9辑，第134页。

③ Elmer Yelton，General Secretary，Mukden，Manchuria. Annual Report for the year ending Sept. 30，1913（Y. USA. 9－1－1），p. 2.

④ 钱公来：《朱霁青》，黄季陆编《革命人物志》第1集，第369—370、374页。赵尺子：《钱公来》，杜元载编《革命人物志》第8集，第192—193、195页。

⑤ 《青年》1914年9月，第11页。《美国明尼苏达大学图书馆藏基督教男青年会档案》第1册，第111、216页。《智育演说会四次开会》，《盛京时报》1914年4月2日。阎乐山：《奉天青年会之历史》，《青年进步》1921年2月，第82页。

⑥ Bio Files on Elmer Yelton，p. 6：Elmer Yelton from Bureau of Information National Council of YMCA，347 Madison Avenue，New York City，1929. 藏于明尼苏达大学档案馆。

他在文会书院青年会的工作经验和关系。不过，他仍然需要更专业的培训。从1913年春，萧树军在上海基督教青年会干事练习班接受了为期6个月的培训。此干事练习班已设多年，学员来自中国青年会各分会。除实习会务外，此处还教授各项办理方法。萧树军约在9月返回奉天城。[①] 在清末民初时期加入青年会确是许多爱国者的选择。萧树军积极参与奉会筹备工作，固然是由于他“素抱救国主义，确知一国命脉，全系乎青年之德育，而希望斯城市青年会尤切”，[②] 还在于他能够以此掩护革命活动。武昌起义爆发后，奉天城起义失败。逃亡出来的同志由萧树军等人秘密租船于次年走海道全部送到烟台。1913年冬天，朱霁青在奉天城集资组织广业公司，联络同志进行反袁活动。当时，萧树军也受遣到吉林磐石为公司招股。[③] 中国青年会会员在北京政府早期普遍倾向于民主共和而反对袁世凯，福州青年会就因此被袁世凯在福建省的爪牙李厚基防范。[④] 尽管如此，各地青年会还是安然无恙。民国元年南京党会社团纷纷成立，南京青年会也于当年在花牌桥成立，次年袁世凯镇压二次革命，取缔当地一切社团，仅存南京青年会与佛教会。[⑤] 袁世凯的亲信、奉天上将军段芝贵支持青年会，专门下令保护其干事古贤昌。[⑥] 且没有资料表明他敌对、防范奉会。

3. 穆德的东风

正当奉天城各界筹建奉会时，一个人物的到来又加快了这项工作。为落实1910年英国爱丁堡会议精神，推动在中国的160多个差会联合起来在中国传教，国际续行委办会主席和北美协会领袖穆德于1913年春天来到中国，首先在中国广州、上海、济南、北京和汉口举行分区会议和巡回演

---

① Elmer Yelton, General Secretary, Mukden, Manchuria. Annual Report for the year ending Sept. 30, 1913 (Y. USA. 9 - 1 - 1), p. 4. 钱公来：《朱霁青》，黄季陆编《革命人物志》第1集，第374页。《上海青年会之种种》，《青年》第16卷，1913年6月，第157页。

② 《奉天城市基督教青年会预备之种种》，《青年》第15卷第12号，1913年1月，第315页。

③ 钱公来：《朱霁青》，黄季陆编《革命人物志》第1集，第374—375页。赵尺子：《钱公来》，杜元载编《革命人物志》第8集，第195—196页。

④ Ryan Dunch, *Fuzhou Protestants and the Making of a Modern China, 1857 - 1927*, pp. 182 - 183.

⑤ 《评话金陵》，《新中华报》（南京）1936年7月2日，第8版。

⑥ 《段军使注重青年会》，《盛京时报》1916年2月29日。

图 6　盛京施医院院长司督阁

资料来源：〔英〕杜格尔德·克里斯蒂著，伊泽·英格利斯编《奉天三十年》，第 2 页。

图 7　1910 年的穆德

资料来源：马泰士《穆德传》，前插图。

讲。与同在北京参加中国医学传教协会会议的司督阁相遇后，穆德决定在奉天城举办两场针对学生的演讲。为此，司督阁拜访了奉天省长和教育司司长。他们在中央模范小学堂后狐仙庙附近的宽敞广场搭建了一座大庐幕，奉天省教育司司长莫月樵主持了穆德的演讲大会，通令学校教师带领 2000 余名学生听讲。1913 年 3 月 22 日下午，5000 名奉天城市民包括社会青年、学生、历届毕业生、教师和政府官员抵达会场。中学生还组成乐队，扛着旗帜。穆德鼓励青年人努力奋斗，服务国家，同时强调只有基督教才能真正建设好国家。接着，莫月樵鼓励听众聆听穆德演讲，追求“真理”①，认为只有正义和“真理”才能救中国。23 日，穆德演讲近 3 个小时，听众达 1500 多人，当场有 713 人报名参加查经班，其中 412 人签名领洗基督教。查经班为以后奉会联系这些学生奠定了基础。约一个月后，中国政府给所有在中国的基督教会寄了一封信，要求为政府和国会进行祈祷。美国政府于 1913 年 5 月在外交上全面承认以袁世凯为首的中国北京

① 这里和此后的两个“真理”特指“基督教义”。

图8　奉天城官立学校学生列队走向穆德演讲现场（上）和穆德演讲现场（下）

资料来源：University of Minnesota Libraries, Kautz Family YMCA Archives, China - Mukden, folder 2.

政府。[1] 当时的北京政府需要到得外国政府承认才可获得关税与盐税，才能签贷款合同，确保财政收入。[2]在此过程中，美国“传教士政治家”特别是北美协会领袖穆德与艾迪发挥了重要作用。[3]

穆德在奉天城演讲后，“各界始知青年会之旨趣与需要耳，遂敦请刘玉堂长老、王少源大夫、马西文先生数人，组成临时委办，代行董事部职权，经众讨论，租赁大南门里顺城街民房作为会所，而奉天青年会由是诞生矣”。[4] 刘玉堂是1892年盛京施医院西医学堂首批招收的八名学员之一，也是王少源的同班同学。[5] 耶鲁敦也指出：“这是攻入公立学校这座城堡的第一次成就。虽然不要期望这座城堡在一次攻击中坍塌，但毫无疑问我们已经在这座城市的城墙内租住下来。”[6] 1680年，奉天城增修圆形夯土关墙，关墙设八门，统称边门，与内城八门相对应和连通。大南边门与内城德盛门相对应和连通，因此德盛门又称为大南门。[7] 此处交通便利，临近

---

① 《奉天省军政长官更选表》，载于园田一亀：《东三省の政治と外交》，奉天：奉天新闻社，1926，第76页。《万国青年会定期开会》，《盛京时报》1913年3月21日。中华续行委办会编辑《中华基督教会年鉴》第1期，第37页。马泰士：《穆德传》，第165页。当时官职名称没有奉天省长和教育厅厅长，原文翻译错误，而是民政长和教育司司长，分别是张锡銮和莫月樵，参见〔英〕伊泽·英格利斯《东北西医的传播者——杜格尔德·克里斯蒂》，第210—213页。Rev. A. Weir, M. A., “Missionary Occupation of Manchuria: Men’s Work”, *The China Mission Year Book, 1914*, p. 423. Jonathan D. Spence, *The Search for Modern China* (New York, W. W. Norton & Company, 1990), pp. 282 - 283. Elmer Yelton, General Secretary, Mukden, Manchuria. Annual Report for the year ending Sept. 30, 1913 (Y. USA. 9 - 1 - 1), p. 2. F. W. S. O’Neill, *The Call of the East: Sketches from the History of the Irish Mission to Manchuria 1869 - 1919*, pp. 75, 114.

② 〔日〕川岛真：《中国近代外交的形成》，田建国译，北京大学出版社，2012，第42、512页。

③ On Bushford’s life and ministry in China, see Grose, James W. Bashford, esp. pp. 111 - 160. Ryan Dunch, *Fuzhou Protestants and the Making of a Modern China, 1857 - 1927*, p. 184.

④ 朱文祥：《青年会所落成志盛（奉天）》，《通问报》第1223期，1926年10月，第7页。马西文应该是马羲文，参见民国4年与民国5年青年会成绩之报告（董事干事题名录），上海市档案馆藏档案：U120 - 0 - 1 - 1。

⑤ 刘仲明：《盛京施医院创立纪实》，《文史资料选辑》第1辑，辽宁人民出版社，1962，第87页。刘仲明等编辑《奉天医科大学（辽宁医学院）简史》，辽宁医学院，1992，第1、9页。

⑥ Elmer Yelton, General Secretary, Mukden, Manchuria. Annual Report for the year ending Sept. 30, 1913 (Y. USA. 9 - 1 - 1), pp. 2 - 4.

⑦ 王茂生：《从盛京到沈阳：城市发展与空间形态研究》，中国建筑工业出版社，2010，第83、84、213页。

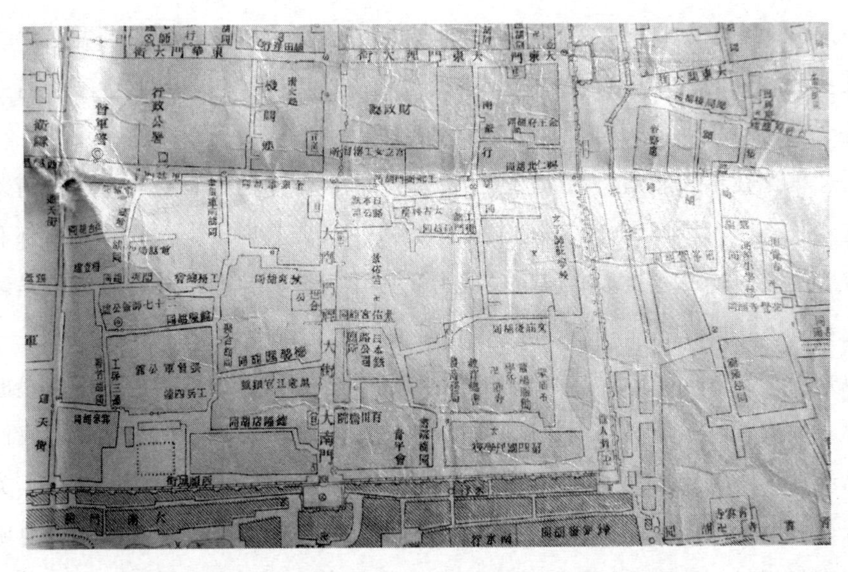

图 9　1917 年奉天省城详图（图中的“青年会”即奉会）

资料来源：辽宁省档案馆馆藏中文资料第 287 号，奉天省城详图，东三省陆军测量局，1917 年。

许多重要教育机构，如奉天女子师范学校和奉天省教育总会，还有一家重要的中国银行和一家邮局。奉天两级师范学校位于奉天城大南关，正与奉会所邻大南门相对。因此，奉天城的传教士和本地及全国的青年会干事们一致认为这里是奉会会所最理想的地址。① 1913 年春，奉会在此开设英文、算术两班，每礼拜日午后三时开演说会，听者甚众。② 因此不少史料认为奉会成立于 1913 年。③

其实奉会此时还没有成立，还有一系列工作要做，不过入驻大南门确

① 张泊：《服务仍须为苦儿》，《阎宝航纪念文集》，第 45 页。Report of investigation concerning building in Mukden，May 28 – 29，1914（Y. USA. 9 – 2 – 4，Box 75），p. 1.

② 《奉天青年会干事得人》，《青年》1913 年 9 月，第 189 页。

③ 《民国十三年中华基督教城市青年会成绩统计表》，《中华基督教青年会年报（1924）》，中华基督教青年会全国协会，1925，折页。F. S. Brockman，“The Young Men's Christian Associations of China in 1913”，in D. MacGillivray（ed.），*The China Mission Year Book*，*1914*（Shanghai：Christian Literature Society for China，1914），p. 472. 张泊、张璞山即张韵冷。张泊：《服务仍须为苦儿》，《阎宝航纪念文集》，第 45、46、49、50、51 页；张璞山：《奉天贫儿学校简记》，辽宁省政协文史资料研究委员会：《辽宁文史资料》第 10 辑，辽宁人民出版社，1984，第 126、128 页。张韵冷：《沈阳基督教青年会记略》，范基民等主编《文史资料存稿选编（25）·社会》，第 784—785 页。

实加快了奉会成立的进度。1913 年 5 月，丹麦路德会差会会议安排华茂山从当年秋天起驻扎在安东，然后在适当的时候参加奉会工作。1913 年 8 月底，“满洲爱尔兰长老会、苏格兰长老会与路德会差会基督教青年会顾问委员会”（The YMCA Advisory Committee of the Irish，Scotish and Lutheran Missions in Manchuria）在奉天文会书院举行会议，作出一系列主要与奉会相关的决议，认为在奉会早期阶段雇用三名外国干事可能是有益的；指示苏匡国、麦瑟斯（Messrs）和华茂山在东北各中心收集有关青年会工作机会的信息，同时提议他们这样为青年会工作的传教士任期为五年，从通过第二年语言考试之日起算，任期结束时重新考虑他们的任命；委员会还希望华茂山尽快到奉会履职，要求奉会利用穆德博士来访的机会尽快在 1913 年 11 月 1 日前在奉天城开始某种形式的青年会工作，以便培养中国干事，发展全东北的青年会工作；在此期间奉会工作应该是临时性的，主要是由一个本地代理人负责一个阅览室；萧树军当时为大学毕业生，并接受了相当训练，作为奉会干事有 40 元月薪（当地货币）。[①]

4. 奉会成立快车道

奉会成立恰逢社会教育在奉天省兴起。1913 年，谢荫昌就任奉天省教育司社会教育科科长，在奉天省力推社会教育，并向镇安上将军兼奉天巡按使张锡銮建议拨景佑宫为奉会新址用地，因为他充分认识到奉会在奉天城社会教育方面的意义。[②] 作为中国东北地区的教育中心，奉天城学生众多，其中颇多人出入妓院。[③] 奉会总干事耶鲁敦因此悲叹道：“这些将塑造新中国命运的学生沦为城市滋生的沿袭而且合法的罪恶的牺牲品。”但是他坚信：“基

---

① Charles W. Harvey，Associate National Secretary，China，Annual Report for the year ending Sept. 30，1913（Y. USA. 9 – 1 – 1），pp. 40 – 43.

② 《请拨地址》，《盛京时报》1915 年 9 月 15 日。J. E. Platt，General Secretary，Young Men's Christian Association，Moukden，Manchuria. Report for the year ending Sept. 30，1915（Y. USA. 9 – 1 – 1），p. 1.《奉天省军政长官更迭表》，载于园田一龟《东三省の政治と外交》，第 76 页。谢荫昌：《演苍年史》，《北京图书馆藏珍本年谱丛刊》第 198 册，第 34—40、62 页。Rev. A. Weir，M. A.，“Missionary Occupation of Manchuria：Men's Work”，*The China Mission Year Book*，*1914*，p. 424. R. S. Hall，Synopsis of the administrative aspects of the Mukden YMCA building，May 19，1928（Y. USA. 9 – 2 – 4，Box 75），p. 1.

③ 《教育司整顿校风》，《盛京时报》1914 年 3 月 26 日。

督教青年会将占据这些充满罪恶的精神生活的奉天城学生的大部分空间。”耶鲁敦介绍道：“政府官员和著名教育界人物显示出一种令人鼓舞的态度。在接下来的活动期间，我私下地有机会遇到许多在政府和学校中具有重要影响的人物，总是发现他们非常渴望奉会尽早成立。青年会被赞颂为包治中国百病的万能灵药。”[①] 福建省闽县谢知县也对青年会三育特别是德育表示赞许，认为它可以发展和促进青年人的道德品格。[②] 当时传教士鼓吹青年会可以救中国，许多中国精英也这么认为。因此奉会加快了成立进程。

1913 年 12 月 22 日下午 4 点，奉会借苏教士（可能是英国干事苏匡国）的住宅开茶话会，并且函请报界在奉天医科大学召开记者发布会。[③] 同年 12 月 25 日，奉会发表第一次通告，指出：“本会组织伊始，暂设临时事务所，其简章细目一切规则，待正式成立时，再行通告。”[④] 但是言为“组始”，即“暂设临时事务所”，应该就是前述耶鲁敦大约在 1913 年 3 月租的临时会所，以便开展成立筹备工作。但是奉会简章细目尚未确定，无法对外营业，不具备成立的条件，因此没有公布其服务的地点、时间和内容。1914 年 2 月 27 日，该会发表第二次通告：（1）以增加青年才智、体魄、社交、道德、性灵为宗旨；（2）会员须年过 17 岁，品行端正，认同本会宗旨，而且暂时免收会费；（3）暂办事务包括英语夜课、交谊会、阅览室、演讲、研究会、体育和查经班[⑤]等；（4）临时委办部由本埠士绅组成，执行经理事

① Elmer Yelton, General Secretary, Mukden, Manchuria. Annual Report for the year ending Sept. 30, 1913 (Y. USA. 9 - 1 - 1), pp. 1 - 4.

② Ryan Dunch, *Fuzhou Protestants and the Making of a Modern China, 1857 - 1927*, p. 75.

③ 《基督教青年会开茶话会》，《盛京时报》1913 年 12 月 23 日，第 7 版。

④ 《奉埠中国基督教青年会组始通告各界书》，《盛京时报》1913 年 12 月 25 日，第 2 版。F. S. Brockman, “The Young Men's Christian Associations of China in 1913”, *The China Mission Year Book, 1914*, p. 472.

⑤ 查经班是基督教会举办的以《圣经》为主要科目的学习班。兴起于 19 世纪末的美国，适应传教运动而出现。这些学习班主要教授学生以加强其基督教正统信仰而献身基督教事业。与一般学校不同，查经班主要以业余为主，为教会培养义工。《基督教词典》，北京语言学院出版社，1994，第 77 页。王益知认为青年会吸引人加入基督教首要方式就是查经班（Bible Class）。当时他在国立沈阳高等师范的同学组织个查经班，每星期日由普莱德亲自领导。同学们的要求不是入教，而是学英语练耳音。查经班的课本是中西文合璧的《新旧约全书》，每讲之前由普先读书中一段有关的古老英语，同学们“洗耳恭听”默记其声调，有的模仿。王益知：《张学良外纪》，《社会科学战线》1985 年第 3 期，第 220 页。

务；（5）工作时间由早晨九点至晚上九点；（6）会所位于大南门里向城墙东胡同路北第三大门；（7）职员包括中国籍干事二人、英美籍干事各一人。[①] 综前所述可知这两位中国籍干事是萧树军、贾连山，英国籍干事是史果甘，美国籍总干事是耶鲁敦，临时委办部应为后述六位董事组成。在此过程中，华茂山在这个月也做出一定的努力。[②] 他原来是哥本哈根青年会总干事，于1911年由丹麦基督教青年会全国协会派遣来华，先后在北京和凤凰城青年会工作，1914年来到奉会。[③] 而根据本通告第4条、第7条规定，奉会董事会至迟此时已经成立，应包括中国籍董事王少源、刘玉堂、马羲文、景乐天、陈荫普、毕甘霖。[④] 此前，福州青年会正式成立时和北京青年会成立不久时的董事会所有成员都是中国人。[⑤] 在此，奉会已经公布其对外服务的时间和内容，已具备成立条件。但是此次通告奉会不是欢迎光临，而是希望“俾众周知”“热心期会者幸留意焉”，仍然属于成立前的宣传活动。《盛京时报》这些报道应该是非常权威准确的，但这些通告没有明确公布奉会成立或者营业的具体时间。

不过从组始通告书到第二次通告书，奉会内部组织工作、官方批准程序和宣传工作已经完成。当时一个城市只要具备一定的条件就有资格设立城市青年会。全国城市分甲、乙二等。甲等为大都会，乙等是较小城市。

① 《奉天中国基督教青年会二次通告书》，《盛京时报》1914年2月27日，第7版。

② Rev. A. Weir, M. A.,“Missionary Occupation of Manchuria: Men's Work”, *The China Mission Year Book, 1914*, p. 424.

③ 九一八事变之后，华茂山负责奉会，1933年担任满洲青年会区域干事，1939年归国。参见《美国明尼苏达大学图书馆藏基督教男青年会档案》第1册，第104页；满洲基督教联合会主编《满洲基督教年鉴》，1938，第298页。Report of C. W. Harvey, National Secretary for North China in 1910 (Y. USA. 9-1-1), p. 9.

④ 奉会董事会董事必须在奉会成立之前选出，参见阎乐山《奉天青年会之历史》，《青年进步》1921年2月，第82页。民国4年和民国5年奉会董事均为：王少源、刘玉堂、马羲文、景乐天、陈荫普、毕甘霖；民国三年奉会董事会董事应为：王少源、刘玉堂、马羲文、景乐天、陈荫普、毕甘霖，参见民国4年和民国5年青年会成绩之报告，上海市档案馆藏档案：U120-0-1-1。奉会董事会董事任期3年，参见《奉天基督教青年会章程》，《辽宁省志·宗教志》，第337页。

⑤ 左芙蓉：《社会福音·社会服务与社会改造——北京基督教青年会历史研究1906—1949》，第66页。Ryan Dunch, *Fuzhou Protestants and the Making of a Modern China, 1857-1927*, p. 70.

在甲等城市设立城市青年会必须具下列各种资格。（1）该会必须至少聘定二位专业干事，最好一中一西。西方干事必须先学习该处通行语言一二年。中国干事必须已在别处青年会工作一二年。（2）该城中国基督教徒数必须足以选出合适人选组建董事会。（3）由董事会核定，并且在本地募集第一年经费，以表该城市具创立青年会的财力。（4）董事会必须由青年会全国协会董事会批准。① 奉会有两位足以胜任的西方干事，但中国干事萧树军只有文会书院青年会经验，没有城市青年会的经验，因此被遣往上海进行专门的干事培训。董事会虽然至迟于1914年成立，但最早到1917年还是临时性机构。② 普莱德在1914年底刚到奉天城时也发现："我们在这里的工作全靠我们自己支撑。本地一大批商人和官员都不知道基督教会和青年会。可悲但真实的是本地基督教会并不吸引他们这种群体，而是下层阶级。因此，我们必须下大功夫调整我们的工作以满足本地一大批商人和官员的需要，以便获得其支持。"③

5. 奉会的成立

1914年10月10日，《盛京时报》发布了《奉天基督教青年会启事》："教育革新，文风大启。本会为栽培青年起见，特筹种种事宜以补教育之所不足。自今春开办以来，业经两次通告各界，想早在洞鉴之中。"④ 同年2月27日，《盛京时报》发布《奉天中国基督教青年会二次通告书》，但这是奉会在1914年春天发布的第一次通告书，因为该通告书明确承认："本会组始通告早已公布，今规模稍其具，条理初张，爰将第二通告复行公布，俾众周知。"⑤

早已公布之"本会组始通告"即1913年12月25日《盛京时报》发布的《奉埠中国基督教青年会组始通告各界书》。虽然无法确定奉会在

① 谢洪赉：《青年会代答》，上海：中华基督教青年会全国组合，1914，第10—11页。

② J. E. Platt, General Secretary, YMCA, Mukden, Manchuria. Annual Report for the year ending Sept. 30, 1917 (Y. USA. 9-1-1), p. 7.

③ J. E. Platt, Acting Secretary, Mukden, Manchuria. Annual Report for the year ending Sept. 30, 1914 (Y. USA. 9-1-1), pp. 1-2.

④ 《奉天基督教青年会启事》，《盛京时报》1914年10月10日，第7版。

⑤ 《奉天中国基督教青年会二次通告书》，《盛京时报》1914年2月27日，第7版。

1914 年春天发布的第二次通告书的具体内容和时间，不过肯定在 2 月 27 日之后不久，其内容必将明确宣布奉会成立或者营业的具体时间，这为奉会举办成立仪式的可能性提供了更合理的时间和解释。1914 年 2 月 27 日，奉会已经可以成立了，但是奉会应当准备一个开幕仪式。吉林、长春两地青年会即是如此。1911 年 12 月 9 日，在大清王朝最危险的时候，吉林青年会却在吉林省谘议局举行隆重开幕式，吉林省巡抚、省政府各部门长官、吉林省谘议局议长和议员、大量士绅和学生出席，并且捐得常年经费一千五百余元。长春青年会则于 1912 年 3 月 25 日在长春府议事会公所举行了隆重的开幕式，五色国旗与青年会旗飘扬，军乐铿锵，全体学生唱爱国诗；长春青年会职员与嘉宾演讲；全体学生唱爱国歌；李干事风琴独奏；全体学生唱赞美上帝诗；最后发起捐款活动，共计七百五十余元。[①]因此位于东北中心的奉会也计划举办开幕式。

图 10　长春青年会开幕式

① *Five Years of Progress*, *1907 - 1912*, p. 7; F. W. S. O'Neill, "The Outlook in Manchuria", *The Chinese Record*, August, 1912, p. 454.《吉林青年会之起点》,《青年》1912 年 2 月，第 25 页。《奉天长春青年会之开幕》,《青年》1912 年 4 月，第 154 页。

牧师韦尔（A. Weir）曾叙述道："奉天城与吉林是（中国东北地区）最大的教育中心。……在1914年2月一套临时租来的房屋（premises）中开始工作的苏匡国、耶鲁敦和华茂山启动了一项最有希望的事业。在（奉会）成立之日（opening day），一个圣经学会（Bible Institute）随着多数是非基督教徒的人们在查经班入学而成立，到3月份就拥有了70名学员。周日德育演讲的听众有80—90人，主要是官立学校学生。这里还提供阅览室、英语学习班、演讲和其他吸引人的服务。许多奉天省政府官员对其表示赞赏，特别是正在帮助奉会获得永久地址的奉天省教育司长官（奉天省社会教育科长谢荫昌）。"①

1914年3月，奉会在奉天城大南门（德盛门）里东顺城街书院胡同北上第三大门一座两进大院的旧中国民居中举行开幕式。当时公举董事会的6名董事应为王少源、刘玉堂、马羲文、景乐天、陈荫普、毕甘霖；中国籍干事萧树军，又称萧湘浦、萧宝莲，时任奉会交谊部主任干事；英国籍干事史果甘，又称苏匡国；美国籍总干事耶鲁敦，又称叶禄敦。综合多种有关奉会的史料，我们可以推断其应创办于1914年。②

结　语

如前所述，奉会与吉林青年会同样自1911年秋天开始筹备。但是奉会于1914年3月非正式成立，于1916年才正式成立。即使面临武昌起义已

① Rev. A. Weir, M. A., "Missionary Occupation of Manchuria: Men's Work", *The China Mission Year Book*, *1914*, pp. 423–424. R. S. Hall, Synopsis of the administrative aspects of the Mukden YMCA building, May 19, 1928 (Y. USA. 9–1–1), p. 1.

② F. W. S. O'Neill, "Manchuria in 1914", *The Chinese Recorder*, January, 1915, p. 15. J. E. Platt, Secretary, International Committee, Young Men's Christian Association, Moukden, Manchuria. Annual Report for the year ending Sept. 30, 1916 (Y. USA. 9–1–1), p. 4. Platt to friends, October, 28, 1922 (Y. USA. 9–2–4, Box 75), p. 1.《本会消息·城市青年会消息》，《青年进步》1917年3月，第1页。阎乐山：《奉天青年会之历史》，《青年进步》1921年2月，第82页。《青年会干事得人》，《盛京时报》1920年1月21日，第4版。《请莅第五次德育宣讲会》，《盛京时报》1914年3月28日，第7版；《青年会之德育讲演》，《盛京时报》1914年5月24日，第7版。奉天基督教青年会说明书（青年会略史），上海市档案馆藏档案：U120–0–104。《沈阳县志》，成文出版社，1974年，第92页。

经爆发的形势，吉林青年会于1911年12月9日在吉林省谘议局、长春青年会于1912年3月25日在长春府议事会公所举行了隆重的开幕式。长春青年会虽然筹备晚于奉会，但更早成立。北美协会首先资助的是奉会，但奉会筹建工作因人员短缺而停滞数月。可见，与吉林、长春两座城市相比，奉天城固然具备诸多有利条件，也面临更多不利条件。可以参考的是北京和天津两地青年会的建立情况。19世纪末，北美协会首次派遣来会理到中国建立青年会时，他首选天津而非北京，因为他认为北京是旧教育的中心，而天津是新教育的中心。北京青年会于1906年开始筹备，正式成立于1909年，正值清末新政时期。作为陪都的奉天城与作为首都的北京同样传统深厚，而作为新兴铁路城市的长春则更类似天津。[①]

尽管自民国成立伊始，新教在奉天城获得空前的发展，但多数民众观念滞后、知识缺乏，而本地基督教会传播福音侧重下层民众而非文化界、商界和政界。当时奉天城仍然广泛存在着抵制侵略、保守、文明冲突等各种反对奉会的因素。因此，基督教会在奉天城文化界、商界和政界缺乏信众和支持，更导致奉会成立期间缺乏足够的专业人才。奉会董事会直到1917年还是临时性质的。[②] 这是早期中国青年会面临的普遍问题，尤其体现在对中国干事的要求上，除了必须是基督教徒外，还应受过良好教育，通晓英语，但这样的人才在近代中国社会广受青睐，通常不愿在待遇较低的青年会工作，而富有宗教热情的基督教徒又要满足基督教会的需求。[③] 普莱德在1914年底同样发现了这个问题。为此，他认为奉会的工作对象除了文化界特别是知识青年外，还应包括商界和政界人士。[④]

奉会的成立与其自身因素休戚相关：首先是倡导德智体教育以传播基督教的宗旨；其次是本土化的制度；最后是选择可塑性强且前途无量的知

---

① 左芙蓉：《社会福音·社会服务与社会改造——北京基督教青年会历史研究》，第62—63页。

② J. E. Platt, General Secretary, Young Men's Christian Association, Moukden, Manchuria. Annual Report for the year ending Sept. 30, 1917 (Y. USA. 9 - 1 - 1), p. 7.

③ 张志伟：《基督化与世俗化的挣扎：上海基督教青年会研究（1900 - 1922）》，第49—51页。

④ J. E. Platt, Acting Secretary, Moukden, Manchuria. Annual Report for the year ending Sept. 30, 1914 (Y. USA. 9 - 1 - 1), pp. 1 - 2.

识青年作为服务对象。这些都使奉会的成立适应了近代中国社会转型的时代需要。特别是1905年清政府废除科举制度和1912年中国君主专制覆灭，基督教获得了空前的发展和认可。因此，奉天省提学使卢靖、教育司长莫月樵、教育司社会教育科科长谢荫昌等开明的社会精英虽然是儒家门徒却认同基督教和青年会的价值，借之提倡社会教育，甚至将其作为救国工具。总之，许多新的价值追求在青年会中非常流行，正如姜·萨里（Jon Saari）指出的："从被推翻的儒家思想束缚解放以后如同一人被丢到令人恐惧的茫茫大海，人们必须需要一个新的意向来安排自己的世界。信仰基督教或者科学包括达尔文主义，全心投入某种新行业或者爱国革命，这些都能帮人建立新的自我形象。没有了精神的鼓舞，一个人简直就不可能存活下去。"①

奉会旨在传播基督教，虽然激起了保守精英和民众的排斥，却从来没有掩盖过自己的动机。始自1900年圣彼得堡的俄国青年会为了消除了俄国东正教会的顾虑，自称灯塔（the Maiak, or Lighthouse），只提供外语、美术、体育、打字等课程。当俄国学生传教运动开始，才另由公开的青年会发起。因为俄国政府有能力维护自己的主权，同时东正教仍然主导着俄国社会，因此青年会作为接受教育而非救国的工具被认可。另外，在源自美国的社会福音影响下，青年会在中俄扩大世俗的社会服务，减少文化传统的阻碍，同时受到本地人民的支持与欢迎。②

奉会成立基于列强特别是日美在中国扩张和竞争的背景，虽然遭到中国民族主义抵制，也只限于江河日下的中国文化保守主义人士了，而当时的北京政府也希望通过支持其发展而获得西方国家的承认。此外，当时中西文明除了在地位上发生逆转以外，还有相互融合的一面。中国青年会具有很强的适应性，早就意识到并且在利用不同文明的相通之处，善于将其宗旨

---

① Jon Saari, *Legacies of Childhood: Growing up Chinese in a Time of Crisis, 1890 - 1920* (Council on East Asian Studies, Harvard U., 1990). John King Fairbank and Merle Goldman, *China: A New History* (The Belknap Press of Harvard University Press, 2006), pp. 264, 502.

② Donald E. Davis and Eugene P. Trani, "The American YMCA and the Russian Revolution", *Slavic Review*, Vol. 33, No. 3 (Sep., 1974), p. 471.

与中国传统文化融会贯通。如前述青年会干事威廉·洛克伍德（William Lockwood）指出青年会关注青年的德智体三育与中国孔子对正心的重视具有相通性。中国青年会宗旨明确宣布："本会讲求德育，以基督教旨为本，将普通之道德伦理容纳其中，对各国圣贤固有之精义微言主保持，不主破坏，而求心灵完备之发达；本会讲求智育，务以新学济旧学之缺点，文质相和，中西统一，而求知才圆满之发达。"[①] 余英时认为："十九世纪晚期与二十世纪早期的中国知识分子，一般来说，会真正热心回应的，只有在他们自己传统里产生回响的那些西方价值与理念。"[②] 因此当时许多中国精英很欢迎青年会。王少源、宁武和萧树军等革命者则利用成立奉会开展革命活动。虽然奉会在文化界的工作成就有限，但是教会学校还是培养了一些本地人物。中国社会已经分化。在国外，奉会获得丹麦、英国、美国等不同国家的政府、基督教会甚至不同教派的共同支持和周密配合。

可见，影响奉会成立的积极力量和消极力量经常相互影响，而积极力量对消极力量都呈压倒之势，无论其对中国是利还是害。其中，国内各方对奉会的立场是分化的，而外部因素则一致支持，于是各种积极力量里应外合，甚至不谋而合，最终压倒了各种阻力。筹备奉会的重要人物中，王少源参与了革命，萧树军和宁武都是同盟会员。福州青年会也有许多同盟会员，如董事会董事陈能光、林叨安和会长黄乃裳，会员郑季明。尽管青年会章程要求其非政治性，倡导社会改良，而非激进主义和无政府主义，或者致力于颠覆清政府。但其进步、纯洁和爱国主义的价值取向吸引了政治活动者。[③] 特别是其不受政府控制的特权，成为革命活动的天堂与庇护所。

总之，奉天基督教青年会是中国东北基督教扩张、列强博弈、本地社会教育兴起和辛亥革命共同作用的产物。

---

① 谢洪赉：《青年会代答》，第5页。

② 余英时：《文艺复兴乎？启蒙运动乎？——一个史学家对五四运动的反思》，余英时等：《五四新论：既非文艺复兴，亦非启蒙运动》，台北：联经出版事业公司，1999，第16页。

③ Ryan Dunch, *Fuzhou Protestants and the Making of a Modern China, 1857–1927*, pp. 62, 65–66, 77, 102–104.

全球史（第2辑）

译 文

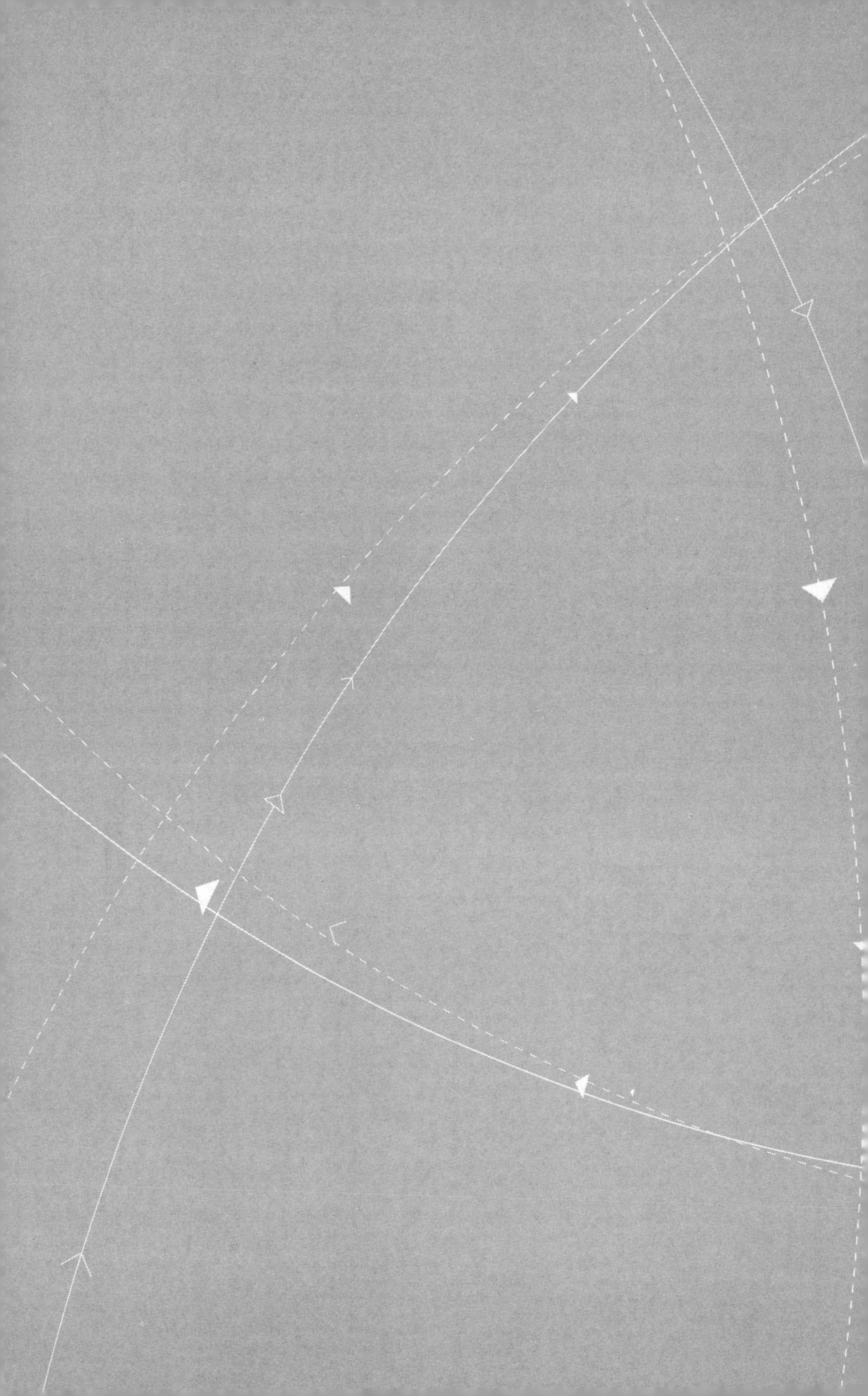

二十世纪五十年代新中国“亚洲史”的兴起

—— 一个全球史的视角

陈怀宇[*] 著 黄肖昱[**] 译

摘要 因受二十世纪四十年代亚洲去殖民化进程的影响，“亚洲史研究”迅速地在一些国家的学术体系中取得一席之地。新中国成立后，虽然在高等教育领域开始学习苏联制度，但“亚洲史研究”却无例可循。自哈佛学成归国的周一良在创建中国“亚洲史”学科体系中扮演着不可或缺的角色，他重新设计的“亚洲史”体系上承晚清史学教育传统，下将革命史书写嵌入当代意识形态之中。周一良在1955年莱顿的汉学会议上首次向西方学者介绍这个新学科设计，该会议是中西方历史学家在冷战期间的第一次会面。新设置的“亚洲史”课程不仅是为建构亚洲的民族国家进程服务，也体现了去“东方化”（de - orientalization）的思想活力，在一定程度上冲击了苏联的东方学体系。随着二十世纪六十年代中苏关系的破裂，加上新中国在亚非世界地位的逐步上升，中国史学界迅即以“亚非史”取代“亚洲史”。

关键词 周一良 苏联 冷战 东方主义

一 导言

新中国成立后，二十世纪五十年代初，高等教育部在综合性大学推行

[*] 陈怀宇，亚利桑那州立大学历史、哲学和宗教学院副教授。

[**] 黄肖昱，华东师范大学历史系博士研究生、华东师大—维也纳大学联合培养博士生。

了新教学大纲，新的教纲虽然是为新中国的现实政治服务，但该教纲的颁布受到当时的政治、文化和思想等多方面因素影响。其中一个最明显的特点是重建历史学科体系，这反映出新中国在高等教育和思想文化领域内对世界的设想开始告别过去，出现了剧烈的转变。新的教纲将历史学科分为三大领域：中国史、亚洲史和世界史。值得留意的是，“亚洲史”在新出台的教纲中占有重要地位。

以课程而言，“亚洲各国史”自十九世纪末以来一直是中国大学史学教纲的一部分。在二十世纪三十年代，燕京大学便开设了“东亚史”课程，在 1941 年更名为“亚洲史”。尽管如此，亚洲史从来不是中国史学的主流学科。从十九世纪末到二十世纪初，中国大学的史学教纲主要关注中国史和中国以外地区的历史，后者称为“西洋史”，大多数中国大学在二十世纪上半叶便开设了“中国通史”和“西洋通史”这两门课程，所谓“亚洲史”直至二十世纪五十年代才真正进入中国大学史学教纲，在制度上成为独立学科。其兴起有着广泛而复杂的国内外因素。一方面，二十世纪五十年代新中国兴起的“亚洲史”与二十世纪五六十年代西方学术界兴起的“社会史”类似，两者都关注下层阶级，关注被剥削和压迫的社会群体。[①]另一方面，“亚洲史”的兴起可以说更加深入和确立了一个亚洲各国和人民史书写的主体意识。以往我们多关注东方主义研究领域对欧洲中心论的反思和批判，其实早在萨义德（Edward Said）论述东方主义之前，中国的“亚洲史”研究成果对欧洲中心论已经有了一定的反思和批判。“亚洲史”的兴起不仅体现为二十世纪五十年代中国高等教育改革中课程设置的变化，而且在史学史中是对以往西方模式下的东方研究的一次挑战。

在意识形态主导下的新中国高等教育改革使“亚洲史”这一学科在二十世纪五十年代中期应运而生。大部分综合性大学都在高等教育部指导下开设了“亚洲史”课程，一些相关的外国著作被翻译成中文供学生学习使

---

① 参见陈怀宇《国际中国社会史大论战——以 1956 年中国历史分期讨论为中心》，《文史哲》2017 年第 1 期，第 41—70 页；有关二战后欧美地区社会史的兴起，亦可参见 Natalie Zemon Davis，“Decentering History：Local Stories and Cultural Crossings in a Global World”，*History and Theory*，50：2（2011），pp. 188 – 202。

用。因此，狭义的学科意义上的“亚洲史”是从二十世纪五十年代初期至六十年代才出现的。虽然中国高等教育在1952年按照苏联模式进行了改革，但苏联的大学史学教育并无亚洲史，只有东方史，因此中国“亚洲史”其实并无苏联经验可学习。中国推陈出新的“亚洲史”实际反而影响了苏联的东方学研究，这一点从苏联科学院的“东方研究所”于1960年改组并更名为“亚洲民族研究所”可见一斑。从政治和意识形态上看，二十世纪六十年代中苏友好关系破裂，学术史上“亚洲史”在中国兴起亦可窥见中苏之间的微妙关系。彼时苏联的外交侧重点还在欧洲，因为苏联在政治和文化上继承了俄罗斯帝国的遗产，将自身定义为欧洲国家。而中国审定的“亚洲史”的新教纲在全国范围内推行，并将联合新独立的亚洲各国建立反帝反殖统一战线作为一项政治任务，从学术和教育领域来支持亚洲的反帝反殖运动，从而也将自己与苏联阵营区别开来，无疑是一大创举。

因此，亚洲史的兴起是二十世纪中国史学史中一个十分值得关注的论题，有必要放在二战结束后、冷战初期以及亚非各国民族独立运动的背景下进行梳理。笔者阅读了大量的报刊、回忆录、日记、档案和学术著作，试图还原二十世纪中国史学史的这一章，从全球史的视角揭示历史学者、国家权力和国际关系之间的复杂关系。本文将从学术制度、思想文化和意识形态领域，特别是从政治和文化领域切入，讨论二十世纪五十年代新中国大学教纲中出现的“亚洲史”学科创立的语境。本文将对亚洲史的定义及其所覆盖的课程教学计划进行一番梳理，从历时性角度探究亚洲史教学的方法论，并勾勒出中外不同学术体制下设计亚洲史学科的史学思想。此外，着重分析对亚洲史课程设计产生影响的政治、思想和文化上的因素；比较研究中国、苏联和美国三国的亚洲史教纲的设计，试图探讨中国亚洲史教纲衍生的国际影响。

二　旧瓶装新酒：“亚洲史”的兴起

1951年7月28日，中国史学会在北京召开正式成立大会，郭沫若在会上做了题为《中国历史学上的新纪元》的致辞，提出史学发展规划的所谓六个转变，即“由唯心史观转向唯物史观、从个人兴趣出发的历史研究转向从事集体研究、从名山事业的研究态度转向为人民服务的态度、从贵古贱今的偏向转向注重近代史的研究、从大汉族主义转向注重研究各少数民族的历史、从欧美中心主义的思想转向注重研究亚洲历史”。[①]由于郭沫若的特殊地位，他的发言显然就此奠定了中国史学界亚洲史兴起的基础。随后这些理念开始逐步在制度上得到初步实施。1952年，中国高等教育部开始学习苏联高等教育模式进行院系调整。许多私立大学和教会大学被撤销或合并，在新整合的大学中，原则上所有院系和课纲均参照苏联模式重新规划。比如北京大学史学系的外国史研究被分为两块：欧美史和亚洲史。其中，周一良被分配去教授亚洲史。周一良原是研究魏晋南北朝史的专家，曾在哈佛燕京学社的资助下去哈佛学习，于1944年取得哈佛大学博士学位。留学期间正逢太平洋战争，他便在哈佛大学为美国陆军特训班的学员培训日语，以便培养第二次世界大战后接收日军投降的美军人员。1946年，周一良离开哈佛返回燕京大学任教，本来要回历史系，但燕京大学历史系的负责人洪业滞留美国未归，周一良只得先进入外文系主要负责日文教学，后调入清华外文系，在1949年到清华历史系任教。1952年院系调整时进入北大史学系。[②]尽管周一良在二十世纪四十年代后期主要负责日文和魏晋南北朝史教学，但在朝鲜战争爆发后投身公共生活。以当时的大背景来说，朝鲜战争爆发后，中国迅速参战，全社会上下都开始动员起来开展抗美援朝运动，例如当时中国科学院主编的《科学通报》上刊登了大量人文学科学者和自然科学家抗议美国霸权主义的言论。[③] 其中一些人预测，如果美军成功占领朝鲜半岛，便会继续跨过鸭绿江侵华，并进而入侵亚洲各国，将他们的霸权扩展到全世界。另一些学者则认为亚洲是“亚洲人民的亚洲”，亚洲事务必须由亚洲人民说了算。在这样的政治局势下，

---

① 关于该会成立的经过，参见张越《新中国史学的初建：郭沫若与中国马克思主义史学主导地位的确立》，《史学理论研究》2020年第2期，第61—73页。

② 周一良：《毕竟是书生》，十月文艺出版社，1998；英文版 *Just a Scholar*：*The Memoirs of Zhou Yiliang*（*1913－2001*），trans. by Joshua Fogel，Leiden：Brill，2013。

③ “抗美援朝，保家卫国：科学界笔谈会”，《科学通报》1950年8月号，第519—531页。

当时国内的政治话语普遍将亚洲描述成美国帝国主义的侵略目标。在如火如荼的抗美援朝运动中，爱国热情高涨的周一良受组织委托很快出版了《中朝人民的友谊关系与文化交流》这本小书。①

据周一良早年学生周清澍回忆，周一良原先在北大史学系计划开设东亚史和东南亚史课程，并请向达和翁独健分别开设印度史和西亚史课程。他自己首先开设了亚洲近现代史课程，但很快课程范围又拓展到了亚洲古代史。1953 年周一良在北大创建亚洲史教研室，将李克珍和夏应元两位青年教师调入教研室承担亚洲近现代史的教学任务。② 1955 年 4 月，为庆祝万隆会议召开，周一良应《人民日报》的约稿发表了《中国与亚洲各国的和平友谊史》一文，大概一个月之后，周一良将此文扩充成一本专著。③

周一良关于亚洲史最经典的阐释应是他在 1955 年举办的莱顿汉学会议上的发言，这也是新中国的历史学家第一次在国际学术会议上对欧美学者公开阐释“亚洲史”的概念。1955 年 8 月 29 日至 9 月 3 日在莱顿举行了第八届世界青年汉学家会议，中方派出翦伯赞和周一良参会，这是新中国历史学家第一次有机会与西方汉学界进行面对面直接交流。会议期间，翦伯赞不仅与少数几位西方马克思主义学者如秦乃瑞（John Derry Chinnery）和谢诺（Jean Chesneaux）等人进行了深入的学术讨论，还与一些西方汉学家建立了学术友谊。④这次会议讨论了关于中国历史分期、中国的学术自由、中国人口以及中国史学书写的真实性等话题。中国学者认为中国历史分期应该建立在马克思主义的历史唯物主义思想基础上。简言之，莱顿汉学会议对中西方学术界建立起联系非常重要，这次会议也为我们理解冷战时期学术与政治关系的复杂多样性提供了一个值得关注的个案。⑤

1955 年 9 月 1 日，周一良做了题为《亚洲人民史》的发言，为“亚洲

---

① 周一良：《中朝人民的友谊关系与文化交流》，开明书店，1951。

② 1953 年朱杰勤在中山大学开始讲授“亚洲各国史”。1958 年讲课内容作为教材出版。

③ 周清澍：《回忆周一良师》，《文史知识》2008 年第 7 期，第 116—125 页。

④ Frederick Mote, *China and the Vocation of History in the Twentieth Century: A Personal Memoir*, Princeton: Princeton University Press, 2010, pp. 185 - 189.

⑤ 陈怀宇：《冷战下中西史家的首次接触：1955 年莱顿汉学会议试探》，《文史哲》2015 年第 1 期，第 69—84 页。

史”这门学科提供了一个概览性的纲要。[①] 这次发言的内容可以简要分为以下三点。[②] 首先，周一良认为亚洲史的通用概念展现的是“亚洲各国史”。在中文语境里，先前的“亚洲史”和现在的“亚洲各国史”在概念上有细微区别，从二十世纪五十年代开始，中文著作中都曾使用过这两个术语；[③] 第二，如周一良所言，新中国的史学研究须遵循马克思列宁主义的指导思想，这些指导思想建立在意识形态的基础之上。在意识形态的指导下，中国史学家将目光转向“中国社会的性质和历史分期，不同生产关系和生产力，亚洲各国的阶级斗争史”这些领域。这一新的研究方法是亚洲各国反对资本主义、殖民主义和帝国主义政治斗争的一部分；[④]第三，“亚洲各国史”研究极为重视各国之间的经济文化交流，以及生产、技术的相互影响与合作，并关注中国与其他国家人民的“长久友谊”。

这里需要解释一下中文语境下有关亚洲历史研究的几个关键术语。首先，当时所谓的“亚洲各国史”并不是一个在二十世纪五十年代新创造的词，也不是由周一良首创。这个词最初出现在清末。早在 1903 年，根据《奏定译学馆章程》，京师大学堂和其他一些译学馆开设了“外国文”“专门学”“普通学”等学科门类，而在“普通学”之下则主要是史地课程，这些史地课程即涵盖了中国史、亚洲各国史和西洋史。罗师扬在两广方言学堂开设了亚洲各国史课程。[⑤] 该学堂成立于 1906 年，主要是培养办理洋务的专业人才。1910 年 10 月，丘逢甲邀请罗师扬到该校任教。1911 年罗

---

① 周一良：《毕竟是书生》。

② *Proceedings of the 8th Conference of the Junior Sinologues* Held at Leiden：28th August – 3rd September 1955，Leiden University.

③ Gotelind Müller – Saini，“Teaching ‘the Others’ History in Chinese Schools：The State，Cultural Asymmtries and Shifting Images of Europe（from 1900 – Today）”，in Gotelind Müller – Saini（ed.），*Designing History in East Asian Textbooks：Identity Politics and Transnational Aspirations*，London：Routledge，2013，p. 34.

④ 应该注意到有关历史研究的基调当时已经转向厚今薄古，正如刘大年在 1954 年为历史研究所第三所做的报告中所说，要重视近现代史研究，集中研究近代中国经济、政治、军事和文化史，系统研究党史，研究国内各民族的近代史，研究亚洲近代史，研究帝国主义侵华史，研究马恩列斯对中国近代的论述，学习苏联关于东方近代现代史的理论，编著近现代史教科书，系统搜集整理近代史料，等等；见刘大年《历史研究所第三所的研究工作》，《科学通报》1954 年 8 月号，第 41 页。

⑤ 朱有瓛主编《中国近代学制史料》第 1 辑，华东师范大学出版社，1983，第 877—880 页。

师扬开设新课，他自编了两卷讲义，其中第一卷涵盖了日本、朝鲜、暹罗的历史，第二卷涵盖了越南、缅甸、印度、波斯和阿富汗等国的历史。其中一个附录还简要涉及了中亚和马来半岛部分国家的历史。亚洲各国史的范围遵循1903年颁布的《奏定中学堂章程》，在讲义的前言中，罗师扬宣称教授亚洲各国史是以二十四史的域外传和同时代学者的二手文献为基础。亚洲史的范围是基于清朝视野中的“亚洲”概念。清廷对其周边藩属国保持较多的关注，如日本、朝鲜、越南、暹罗和缅甸，还有如印度、波斯和一些中亚国家与清廷保持着良好文化交流。小亚细亚地区因在政治经济文化上与当时的清廷联系较少，所以不在清廷颁布的亚洲各国史教纲中。①尽管如此，清朝和亚洲各国关系的协调似乎反映了朝贡体系下传统中华概念中的世界秩序。这样的模式可被称为亚洲史研究的“天下模式”。

周一良从晚清的史学教育传统中借用了“亚洲各国史”的概念，然而他教授的内容和1911年罗师扬所讲授内容却有很大区别。中山大学的朱杰勤也用了《亚洲各国史》作为他编撰的教材的标题，但在前言中用的是“亚洲史”的概念，他自己说为了教学和研究方便，将世界史分为两大块：“西洋史”和“东洋史”。②然而“东洋史”的定义并不明确，故而被舍弃。中国史学家用的“亚洲史”这个概念定义清晰，符合现实。朱杰勤认为西方学者经常使用“东方史”这一概念，但作为东方学的一部分。③他同时也指出自己已经意识到“亚洲史”的提法正在逐渐被西方学界采用。④

新“亚洲史”教纲的颁布是国家意志和大学教学实践相结合的产物。在亚洲史教学大纲敲定之前，不少大学都开设过这门课。高等教育部在

① 梁敏玲：《清季民初一个粤东读书人的历程：以罗师扬为个案》，《历史人类学学刊》2007年第2期，第62—70页。

② Stefan Tanaka, *Japan's Orient*: *Rendering Pasts into History*, Berkeley: University of California Press, 1995.

③ 正如伯纳德·刘易斯（Bernard Lewis）指出的，二十世纪五十年代时西方国家的历史学和东方学是两个不同的学科，参与的师生不同，教学科研目标与方法亦不同；见“Islam”, in Denis Sinor (ed.), *Orientalism and History*, London: W. Heffer and Sons Ltd., 1954; 2nd edition, Bloomington: Indiana University Press, 1970, p. 16。

④ 朱杰勤：《亚洲各国史》，载于《朱杰勤文集：世界史》，广西师范大学出版社，2011，第78页。

1957 年草拟了《亚洲各国史教学大纲》，并于当年和次年印发了正式认定的教材。让我们来简要回顾中国大学亚洲史教学大纲的发展历程，这有助于我们更好地理解“亚洲史”的教学实践。1952 年 10 月 27 日，教育部发布了一项政策，为了让各行各业的人才服务于大规模经济和文化建设，有必要对高等教育进行统一部署，改革旧制度，旨在推动大学统一学习苏联的教学模式，特别集中在中国语言、文学、历史三个领域。[①] 1953 年，高等教育部委托北京大学和南开大学起草大学亚洲史教学大纲，由周一良和吴廷璆分别牵头。1953 年至 1954 年，教学大纲编写组召开多次会议讨论，最终于 1956 年完成了《亚洲各国史教学大纲》的起草工作。周一良在 1952 年担任亚洲史教研室主任时打算先设计亚洲史和日本史，在北京大学率先开展亚洲史的教学研究工作，他发现自己可以参考现有的苏联有关亚洲历史的教纲，所以他决定先开设亚洲近现代史课程。此后他要求李克珍和夏应元教授亚洲近现代史。至 1956 年，北京大学是全国唯一一所能将亚洲史从古至今不同时段的课程开设齐全的高校。此外，北大的亚洲史教研室还能给研究生和本科生开设亚洲国别史的专业课，如日本史、印度史等。[②]周一良甚至开始和其他校内老师开始训练研究生。

1956 年 7 月 5 日至 14 日，高等教育部在北京组织综合性大学文史教学大纲的审定会议，会上讨论了《亚洲各国史教学大纲》的审定工作。[③]会议认为亚洲各国史应包含亚洲所有国家。此次会议的参加者认为亚洲史教学大纲应介绍印度及印度以东的亚洲各国史，但不需要分章讨论各个亚洲

---

① 参见李怀印的《重构近代中国》一书的第二章和第三章，李怀印《重构近代中国：中国历史写作中的想象与真实》，中华书局，2013。有关苏联历史教学理论与方法在华传播的研究，见洪认清《20 世纪 50 年代苏联历史教学理论和方法在中国的传播》，《史学史研究》2015 年第 3 期，第 47—55 页，他认为苏联历史教学理论和方法的传播有其必然性和合理性，也得到各个高校历史系的支持，如南开大学历史系主任郑天挺即专门撰文阐述学习苏联史学的重要意义；他也认为苏联史学的引介促进了中国世界史和考古学的发展，帮助中国历史教学走上规范化道路，不过借鉴苏联史学教学理论和方法过程中存在教条化倾向。

② 林承节：《周一良先生是新中国亚洲史学科的开创者之一》，《北大史学》1993 年第 1 期，第 109—119 页。

③ 朱杰勤：《亚洲各国史教学大纲之上古中古部分教学大纲》，载于《朱杰勤文集：世界史》，第 46 页。

国家的历史发展。既要避免亚洲史和世界史在教学上重复，又要在将亚洲史置于世界历史发展的背景下讨论亚洲与世界上其他国家的关系，同时要讲述其对世界历史发展进程中的一些重大历史事件的影响，而不要过多讲授亚洲各国的历史细节。①比如类似蒙古帝国西征史应该放在世界史的课堂上讲。这次会议审定后便颁布了《亚洲各国史教学大纲》，说明了为什么要在综合性大学开设亚洲史课程，以及苏联的教学大纲对中国撰写这份大纲所起的作用。亚洲各国史课程必须简要讲授，因为新中国成立使得亚洲人民成为反帝的强大力量，中国人民在亚洲的地位也变得举足轻重。

该教学大纲也提到苏联参考文献的用处，这些参考文献包括苏联科学院主编的《世界古代史教学大纲》、1950 年苏联高等教育部颁布的《印度史教学大纲》和 1949 年苏联通过的《东方各国史教学计划》。中国的教学大纲设计参考了《苏联大百科全书》，尽管中国的教学大纲参考了苏联模板，但“以我为主，为我所用”。中苏课程之间的明显区别在于课程名，苏联称之为“东方各国史”②，而中国称之为“亚洲各国史”。中苏两国使用的教材也存在差别。1956 年起，一些供教授亚洲各国史的重要教材陆续出版。1956 年，苏联史学家阿甫基耶夫《古代东方史》的中译本在北京出版，该书初版于 1948 年出版，1953 年出了修订版，在东方古代史领域备

① 祚新：《综合大学文史教学大纲审定会简况》，《历史研究》1956 年第 9 期，第 102—103 页。

② 1953 年 3 月刘大年随中国科学院代表团访问苏联，了解了苏联历史学科发展的主要情况，也提到当时苏联一些大学设有东方学系，工作计划中有东方各国史，也有英美侵略亚洲史；见刘大年《苏联的先进历史科学》，《科学通报》1953 年 11 月号，第 20 页。北大东方学系的陈玉龙读到这篇报告之后，也在《科学通报》1954 年 1 月号上发表了《对加强我国历史研究工作的三点建议》一文（第 80—81 页），其中第三点提到苏联史学工作者要求中国重视研究亚洲史，陈玉龙认为“这对我们来讲是一个严重而光荣的任务，同时也是我们对东方各国人民义不容辞的责任”。这里他将“亚洲史”和“东方各国”混用，很难说他所说的亚洲史就直接来自苏联史学工作者的原话，更多是听中国代表团的复述。季羡林也提到“我又想到去年中国科学院访苏代表团带回来的苏联历史学者对中国历史学者的期望，他们希望我们能在亚洲史的研究方面多用一些力量。这一切都提醒我，现在应该对东方语文范围内的科学研究工作重新加以考虑了”。见季羡林《东方语文范围内的科学研究问题》，《科学通报》1954 年 5 月号，第 10 页，可是他在后文中提到苏联高等教育部批准的国立大学东方语文学的教学计划中列举的课程却没有“亚洲史”，而有“东方史”“专题国家史”课程，而在东方学院东方各国之研究的教学计划课程中也没有亚洲史，有所谓“帝国主义时代国际关系史”“苏联与东方国家之贸易关系”“民族殖民地问题及民族解放运动”等，可见“亚洲史”并未出现在当时苏联高等教育课程中。

受推崇。二十世纪五十年代还有一些苏联专家到中国开设东方史课程。例如柯切托夫（V. P. Kochetov）曾受邀在东北师范大学开课，并将《东南亚及远东各国近代史讲义》印发供学生使用，当中并不包含西亚史。1958 年山东大学开始编写近代亚洲各国史教材，遵循柯切托夫的教学模式，最初也没有将西亚史纳入其中。

中国史学家很快开始出版他们自己编写的教材，如山西大学亚洲史教研室主任王辑五在 1957 年出版了《亚洲各国史纲要》，主要关注近现代亚洲各国与中国的关系。朱杰勤在 1958 年出版了《亚洲各国史》，实际上这是他 1954 年讲义的修订版。该教材首次涵盖了朝鲜古代和近现代史，重点关注亚洲现当代史，尤其是亚洲各国反对殖民主义、争取民族解放的斗争史。[①]这反映了朱杰勤遵循马克思主义史学研究和教学模式，采用厚今薄古的编写体例表明正是中国和亚洲各国的反帝反殖同盟使得中国与亚洲国家之间建立了一种良好关系。笔者称之为亚洲史教学的“革命模式”，这个模式与之前清末亚洲史教学的“天下模式”有所不同。

1958 年也有两本亚洲史的教材出版：何肇发的《亚洲各国现代史讲义》和周一良的《亚洲各国古代史》。周一良负责亚洲各国古代史的教学，何肇发和夏应元负责亚洲近现代史的教学。这两本教材在遵循苏联模式的基础上增加了部分适应中国大学教学的内容。此外，周一良还参与校对了苏联教材《苏联以外的亚洲现代史》的翻译。[②]

值得注意的是，第二次世界大战，尤其是太平洋战争和随之而来的亚洲各国去殖民化运动让亚洲的全球意识觉醒，亚太地区的亚洲史课程相继出现便是一个例证。虽然日本自十九世纪就将历史学科分为本国史、东洋史和西洋史，自十九世纪后半叶便设有亚洲史和东洋史，但日本迟至 1942 年 7 月才组织编写所谓“大东亚史”。这个项目涵盖印度以东的亚洲各国史。这个项目的核心人物宫崎市定从世界史的视角出发追溯东亚文明的起

---

① 朱杰勤：《亚洲各国史》，载于《朱杰勤文集：世界史》，第 61—63 页。

② Igor Reisner et al. , *Novaia istoriia stran zarubezhnogo Vostoka*（*Modern History of the Countries of the Non - Soviet East*）, Vols. Ⅰ and Ⅱ, Moscow：Moscow University Press, 1952.

源，尤其是中华文明和西亚文明。[①]他曾于二十世纪三十年代广泛游历了西亚和欧洲各地，这改变了他对东亚史和亚洲史的总体看法。他曾在欧洲留学两年，1936年至1938年他在巴黎访学，其间受到当时法国浓厚的西方优越论的强烈刺激，所以他很早就厌弃了西方中心论。他在京都大学学习期间，在桑原骘藏教授的指导下于1925年翻译了德国学者格奥尔格·雅各布（Georg Jakob）的论文《西洋世界的东方文化因素》。[②] 1937年夏，宫崎市定花了两个月游历了土耳其、叙利亚、伊拉克、巴勒斯坦和埃及等地，收集了大量的文献资料，返回日本后写了不少关于西亚、中国和欧洲之间文化交流史的论文。[③]

在美国，亚洲史教学也在二十世纪五十年代兴起。这之前也有一些美国的大学教授开设了亚洲历史的课程。1945年二战刚结束，加州大学伯克利分校的宾板桥（Woodbridge Bingham）曾率先开设“亚洲文明史”课程，课程涵盖了完整的亚洲历史。1945年至1951年，这个名为“亚洲文明史（19A－19B）”的课主要面向低年级本科生。该课在1951年至1952年被重新命名为“亚洲史导论”，主要为亚洲几个重要国家从古至今的政治文化史提供概览性介绍。第一学期主要涉及中国、印度、伊朗、阿拉伯国家、土耳其、蒙古、日本和东南亚国家的文明发展，第二学期关注亚洲与西欧、俄国、美国的关系史。需要提及的是，宾板桥对亚洲各国史的课程设计可能是受罗伯特·科尔纳（Robert J. Kerner）这位对远东历史抱有浓厚兴趣的斯拉夫史学家的启发。[④]

---

① 宮崎市定『アジア史研究』京都：東洋研究会、1957。

② 宮崎市定『自跋集：東洋史学七十年』東京：岩波書店、1996、347頁。

③ 王广生：《日本东洋史学家宫崎市定的世界史观》，《国际汉学》2015年第3期，第106—110页；吕超：《宫崎市定东洋史观的形成——青壮年期的经历及其影响》，《国际汉学》2017年第10期，第82—88页。

④ 罗伯特·科尔纳于二十世纪五十年代在加州大学伯克利分校组织东北亚史研讨班，从而逐步积累了对这一研究课题的参考文献。参见 Stepehn Kotkin，“Robert Kerner and the Northeast Asia Seminar”，*Acta Slavica Iaponica*，15（1997），pp. 93－113。在《唐朝的建立》（*The Founding of the T'ang Dynasty*）这本书中，宾板桥从亚洲外交史的背景下探讨隋朝的衰落，反映了其亚洲史研究的宏大视野。他分析了隋朝与东南亚、东亚、西域以及北方匈奴之间的外交关系。参见 Woodbridge Bingham，*The Founding of the T'ang Dynasty：the Fall of Sui and the Rise of T'ang*，Baltimore：Waverly Press，1941。

宾板桥曾在1957年12月举行的第72届美国历史学会年会上提交了一篇题为《亚洲各国史的综合教学法》（“An Integrated Approach in an All－Asia Survey Course”）的论文，他声称所谓的方法论“即是以全亚洲区域为基础的综合法，将亚洲视为理解世界历史的一个重要单元。学生应被提醒的是，他们学习的这块区域与其他地区不是相互隔绝的，它们之间有着千丝万缕的联系。同时，立足亚洲的视角也十分重要”。[①]宾板桥关于这门课的第二点理念是考察人类活动的整体性和相互关联性。宾板桥在哥伦比亚大学挑战了以往的“东方文明”教学模式。他的课程教纲关注亚洲各国的联系与比较。宾板桥意识到当时很多人相信：“理解当代亚洲对普通公民和一般的本科生很重要。一些研究机构已经开始思考这一问题，他们一致认为，如果不具备传统文明的知识，便无法理解当代亚洲。”值得一提的是，宾板桥对“亚洲史导论”的构想是美国史学界在二十世纪五十年代一个十分重要的创见。虽然美国许多大学没有开设类似的课程，但学者之间已经就应该如何教授亚洲史展开了广泛讨论。如1957年的美国历史学会年会和1958年的美国亚洲研究协会会议上各有一个小组对此话题展开讨论，即美国历史学会组织的“大学层面的历史教学”和美国亚洲研究协会组织的“大学层面的亚洲文明教学”专题小组。除宾板桥外，费正清也向美国历史学会提交了论文。而米尔顿·辛格（Milton Singer）、狄培理（Wm. Theodore de Bary）、彼得·戈斯林（L. A. Peter Gosling）等学者则给亚洲研究协会提交了论文参与讨论。

为了捍卫自己在东亚史研究的教学取向，费正清反对宾板桥的亚洲史教学模式，他认为亚洲文明缺乏欧洲文明的整体性和延续性，所以亚洲史还不能够被整合成一门单独的课程。[②]费正清认为，坚持面面俱到的结果是很危险的，这会让分析的主题过于抽象化。芝加哥大学、哥伦比亚大学和

---

① Bingham, “An Integrated Approach in an All－Asia Survey Course”, *Association of American Colleges Bulletin*, 44 (1958), pp. 408－415.

② Fairbank, “East Asia in General Education: Philosophy and Practice”, in Eugene P. Boardman (ed.), *Asian Studies in Liberal Education: The Teaching of Asian History and Civilizations to Undergraduates*, Washington: Association of American Colleges, 1959, p. 23.

密歇根大学的学者也谈了自己对文明史教学的理解。米尔顿·辛格解释了芝加哥大学没有单独开设“亚洲概况”、“亚洲思想概况”和“亚洲文明”等课程的原因，因为综合性课程一般开三年，会分别介绍中国、印度和伊斯兰文明。米尔顿·辛格认为所谓的文明研究法更具有一种整体性，因为每一个文明都可以视为一个鲜活有机的整体，他们发展和转型的速度不可一概而论，各自具有独特的文化与社会组织。①

哥伦比亚大学的授课方法也和以东方文明为中心的教学法有区别，这可以回溯到 1920 年，当时亚洲文明课程和大学的通识教育已经开始合作。如狄培理所言，哥伦比亚大学在二战之前的课程对亚洲缺乏关注，他虽然强烈地捍卫哥伦比亚大学教学的历史传统，但他同时捍卫亚洲人民在当代世界中的重要性，亚洲人民在中西对抗中扮演着重要角色。他同意将“亚洲－美国”之间相互理解的框架作为外交政策的基础，这在当代政治、外交和军事领域是至关重要的，但他也质疑了冷战时期美国在亚洲的利益和通识教育之间的相互联系。他拒绝将向本科生教授亚洲人民的历史与文明和冷战的政治目标结合在一起。②在他看来，学术和教育应该与冷战意识形态斗争分开。他视东方文明和西方文明为人类共同的遗产，这是哥伦比亚大学通识教育一直以来的传统。与该课程互补的一门名为“东方人文”的课程则侧重于了解东方的经典著作，与西方人文教育注重学习西方经典著作的传统有相似之处。

而密歇根大学直至 1958 年才为学生提供关于亚洲文明的概览性课程。1958 年 9 月的课程目录表明，该校最初的授课内容包括介绍主要的亚洲民族、文明和亚洲问题。这是一门两个学期的课，第一学期关注伊斯兰、印度和中国三大文明。第二学期讨论亚洲现代史，教学主要强调亚洲的工业化、社会和政治现代化、民族主义和中立化。其中一个主题是欧洲人在亚

① Singer, “The Asian Civilizations Program at the University of Chicago”, in Boardman (ed.), *Asian Studies in Liberal Education*, p. 25.

② de Bary, “Asian Studies for Undergraduates: The Oriental Studies Program at Columbia College”, in Boardman (ed.), *Asian Studies in Liberal Education*, pp. 35－36.

洲的扩张，强调跨人文学科和社会科学等不同学科的交叉。[①]如同狄培理和戈斯林也指出，研究亚洲文明将有助于学生更好地理解西方文明。

三　重新定位东方研究：在史学与政治之间纠葛的历史书写

中国亚洲史的教学模式和苏联的东方史教学模式之间存在着鸿沟，涉及1950年至1960年的政治、意识形态和知识背景的影响。政治上，亚洲是由许多独立国家组成的地缘政治统一体，亚洲在二十世纪五十年代登上世界历史舞台；意识形态上，虽然中国史学家们以马克思列宁主义为指导思想改革高等教育制度，但他们也继承了中国传统史学的学术理念，试图用新的理论与方法适应中国语境，为中国高等教育添砖加瓦。如《亚洲各国史教学大纲》所言，一些亚洲国家在十七世纪便在经济与文化领域取得了很高的成就，这份大纲同时有力地批判了资产阶级的亚洲历史书写，指出这是占统治地位的资产阶级捍卫殖民主义的工具。这种历史书写混淆历史事实，无视亚洲人民在经济和文化领域上取得的伟大成就。它批判了许多西方史学家将亚洲人民取得的成就归因于西方的影响，批评这些史学家过度夸大一些亚洲国家的落后。这份大纲建议中国历史学家在亚洲史的教学中应以历史唯物主义为指导，引导学生了解亚洲人民取得的伟大成就，这些成就源自亚洲人民反对统治阶级的斗争。[②]

虽然中国学者从二十世纪五十年代开始学习苏联模式，但中苏学者之间还是存在不少分歧。苏联学者坚持从俄罗斯帝国传承下来的东方学遗产，苏联学者常常试图以辩护的立场和姿态来捍卫这份遗产。马若德（Roderick MacFarquhar）在1960年举行的第二十五届国际东方学家大会上见证了苏联学者的表现。他聆听了担任大会主席的时任塔吉克斯坦党中央第一书记加富罗夫（B. G. Gafurov）捍卫俄罗斯东方学研究的闭幕报告，尽管加

---

① Gosling, "The General Course in Asian Civilizations at the University of Michigan", in Boardman (ed.), *Asian Studies in Liberal Education*, pp. 42 - 50.

② 朱杰勤：《亚洲各国史教学大纲之上古中古部分教学大纲》，载于《朱杰勤文集：世界史》，第48页。

富罗夫承认一些亚洲学者认为东方学是反动学术，因为这会让他们想到亚非地区的西方殖民主义，但是有些西方东方学家是人道主义学者，随着政治帝国主义的衰落，这些学者的帝国主义思想沉淀也在减少。马若德意识到，占有大量中亚土地的苏联很难真正成为倡导反帝反殖反霸的亚非俱乐部的一员。①

不仅是苏联国内的学者，还有那些派往中国的苏联专家，他们在中国讲学时也为帝俄时代的东方主义传统辩护。例如于1955年4月至6月来华进行学术交流的阿斯塔菲耶夫（G. Astafyev）在其关于苏联东方学研究的学术报告中强调苏联学者对东方的许多国家都抱有兴趣，这些国家在反对帝国主义的和平、民主和社会主义斗争中扮演了重要的角色。一方面，他批判资产阶级学者重视的东方学的语文学传统，资产阶级理想主义关注这些东方国家的语言文化遗产，但忽略了现代东方的历史、经济和文化；另一方面，阿斯塔菲耶夫又试图说明俄国的东方学研究与欧美的东方学研究有所不同。②

苏联的亚洲研究在制度上的变更也值得关注。苏联科学院在1930年开设东方学研究所，作为一个新的学术分支，汉学也在其中。1950年的《中苏友好同盟互助条约》签订后，作为对亚洲政治局势变化的回应，尤其是随着反对殖民主义的民族解放运动的兴起，苏联将东方学研究所从列宁格勒迁到莫斯科。③新中国成立后，苏联对当代中国历史、经济、文化的兴趣逐渐变得浓厚，由于中苏之间缔结了政治联盟，1956年9月14日，苏共中央政治局在苏联科学院成立中国研究所。这个研究所正式成立于1956年11月，是之前东方学研究所中国组的扩充，重点关注新中国的经济文化建设、历史、语言、文学和外交关系等。④按照苏联科学院主席团的指示，中国学研究所“对中华人民共和国国家经济、文化建设、历史、语言、文学

① Roderick MacFarquhar, “The 25th International Congress of Orientalists”, *The China Quarterly*, 4 (1960), pp. 115 - 116.

② 阿斯塔菲耶夫：《苏联关于东方史学的研究》，罗元铮译，《科学通报》1955年8月号，第62—67页。

③ O. Edmund Clubb, “Soviet Oriental Studies and the Asian Revolution”, *Pacific Affairs*, 31: 4 (1958), pp. 380 - 389.

④ Ivan Spector (trans.), “Organization of the Soviet Institute of Chinese Studies and Its Tasks”, *Journalof Asian Studies*, 16 (1957), pp. 677 - 678.

以及国际关系等各方面进行科学研究和准备编写各种科学著作。同时研究所将负责准备中国历史文献以及现代史、经济、社会政治等译文的出版工作。并且就有关中国学的问题同中国的科学机构和专家们取得广泛的业务上的合作”。[①] 该机构包括6个研究室：历史研究室、经济研究室、国家建设研究室、中国各民族语言研究室、文学和文化研究室、中国古文献研究室。虽然它也重视古代文献的翻译和出版，但显然这个新的研究所较早地从传统汉学转向了当代中国研究，1957年至1960年，该所的许多项目致力于当代中国研究，其中最为人熟知的便是编写《中国近现代史大纲（1919—1957）》。从1958年开始，该研究所发行了半月刊《苏联中国研究》（*Sovetskoe kitaevedenie*）。[②]根据发刊词，这份刊物旨在研究中国社会主义建设的成就和经验，反对资产阶级的汉学研究。1959年这份刊物并入《东方问题》（*Problemy vostokovedeniia*）。[③] 1961年下半年，这份刊物更名为《亚非人民：历史，经济和文化》（*Narody Azii i Afriki*：*istoriia*，*ė konomika*，*kul'tura*）。[④]二十世纪五十年代，他们将重点转向近现代亚洲研究，以匹配近现代中国和印度在亚洲日益增长的影响力。苏联试图拓展和加强他们在现代亚洲问题上的研究。[⑤] 1956年，苏联科学院中国学研究所的成立与中国国内当时厚今薄古的历史研究趋势遥相呼应，可以起到和中国历史学的接轨作用，例如它还组织翻译了中国马克思主义历史学者的著作，包括范文澜的《中国通史简编》、尚钺的《中国历史纲要》以及吕振羽的《中国政治思想史》，这体现了中苏两国马克思主义史学在中国史研究领域相互

---

① 杜曼：《苏联的中国学科学中心》，郭福英译，《科学通报》1958年第2期，第62页。原载于《苏联科学院通报》1957年11月号。尽管这个所主要侧重当代中国研究，也重视出版有关旧中国生活、风俗习惯、宗教、艺术材料，以便让苏联人民了解普通中国人民的形象。研究所还重视中国古代社会政治思想文献的翻译与出版。据1958年的报告，中国学研究所当时的重点题目包括中国工人运动史、国际关系史、社会思想史、太平天国农民战争史。但语言学研究室也计划翻译介绍吕叔湘的中国语言学著作。

② Derk Bodde，“*Sovetskoye Kitayevedenie*（*Soviet Sinology*）”，*Journal of Asian Studies*，18：3（1959），pp. 428 – 431.

③ 它衔接了《苏联东方研究》（*Soviet Oriental Studies*）。

④ 1990年被《东方：今昔亚非社会》取代。

⑤ R. Swearingen，“Asian Studies in the Soviet Union”，*Journal of Asian Studies*，17：3（1958），pp. 522 – 525.

影响，而不是中国单方面接受苏联模式。

1960 年，苏联科学院的东方学研究所更名为“亚洲民族研究所”，中国研究所再次被改组进这个新机构。这次更名标志着亚洲研究的去东方化趋势。[①]然而，苏联并非第一个这样进行去东方化的国家。1956 年，美国将 8 年前成立的“远东协会”（Far Eastern Association）更名为“亚洲研究协会”（Association for Asian Studies），将研究范围从东亚拓展到了南亚和东南亚。而在同时期的英国，印度史专家西里尔·菲利普（Cyril Henry Philips）也在 1956 年和 1958 年的一些学术会议上调查和评估亚洲民族史的历史书写特点。[②]

笔者以为，1960 年苏联东方学研究所的更名可能有更深层次的含义。1960 年中苏分裂这一重大历史事件对亚洲国家来说是一个关键的时间节点。在此之前，苏联自诩是亚非世界反帝反殖的唯一领导者，但此后情况就有所变化。由于在中国境外召开的一系列国际政治性会议以及中国自身的学术发展比如建立起独立的亚洲史学科体系，使得中国成为许多亚非国家认可的新兴领导者。

实际上，“亚洲民族”这一概念对苏联而言并不新鲜，只是 1960 年之前并没有被系统阐释。早在 1930 年，苏联的民族学家已经开始建立新的社会主义民族学，用于研究亚洲各民族，起初关注苏联境内如西伯利亚和远东地区的原住民。1931 年，叶夫根尼（Evgeniĭ G. Kagarov）出版了一本名为《苏联民族》的小册子。苏联科学院远东研究所组织了《苏联民族》多卷本的出版项目。1932 年至 1939 年出版的第四卷便是关注西伯利亚和远东的各民族。[③]然而，这个出版计划大部分关注的是亚洲的与世界其他地区的原住民。

1941 年太平洋战争爆发，二战全面席卷亚洲。美国也卷入同盟国与轴心国的战争之中，加入反法西斯盟军。1943 年 1 月，英美两国政府和当时的国民政府作为盟友签署条约，终止了在中国的治外法权。这一新发展应

---

① Francesco Gabrieli, “Apology for Orientalism”, in A. L. Macfie（ed.）, *Orientalism*: *A Reader*, New York: NYU Press, 2000, p. 85.

② 会议论文集以《亚洲各民族的历史书写》之名出版，*Historical Writing on the Peoples of Asia*, 4 vols., Oxford: Oxford University Press, 1961 - 1962。

③ David G. Anderson & Dmitry V. Arzyutov, “The Construction of Soviet Ethnography and The Peoples of Siberia”, *History and Anthropology*, 27: 2（2016）pp. 183 - 209.

该视作西方列强承认中国在亚洲拥有独立主权的关键一步。二战后，二十世纪四十年代末至五十年代初，亚非政治环境的急剧变化让亚非人民从殖民主义和帝国主义的压迫下独立出来。苏联必然考虑到这些变化，例如1949年苏联科学院意识到亚非民族的解放运动如火如荼地进行，东方学研究所出版的《苏联东方研究杂志》已经跟不上时代了。[①]所以，科学院鼓励苏联的东方史学家关注一些较为应景的课题，如东方的农奴反抗运动、东方的社会经济发展、东方的农民起义等等。简言之，二十世纪五十年代初，苏联史学家被鼓励去研究亚洲现代史，以加深对亚洲革命发展的理解。苏联1950年的《历史问题》中，有作者指出中华人民共和国的成立是中华民族战胜了封建制度和帝国主义，开启了东方历史的新篇章，中华人民共和国是苏联最忠诚和强大的盟友。更进一步指出苏联的东方学研究者应该学习亚洲各民族的斗争史，关注亚洲的现当代史，亚洲反对帝国主义的解放运动和中国、越南、蒙古和朝鲜的现状。1960年，更名后的“亚洲民族研究所”反映了苏联学术界对当代亚非地区有了强烈的研究意识。中苏的分裂只是促发了东方学研究所的研究方向的转变。如杰弗里·朱克斯（Geoffery Jukes）所指出，苏联的意识形态学说将亚非的政治变革视作其为摆脱殖民主义，为争取政治和经济自由而进行的民族解放运动。这个概念在二十世纪五十年代末和六十年代初得到了充分的阐释。[②] 1956年的苏共二十大支持了这一提法，苏联对摆脱斯大林模式的新兴国家采用了不同的研究方法。1954年，苏联第一次派代表团参加在剑桥大学举行的第二十三届国际东方学家大会，这标志着苏联东方学研究进入一个新阶段，将东方放置在一个更广阔的国际背景下探讨。

二十世纪五十年代初期，国际东方研究学术界意识到亚洲国家的独立运动和通过东方学研究者展现亚洲历史文化问题之间的联系。1954年8月25日在剑桥大学举行的第二十三届国际东方学家大会上，西里尔·菲利普

---

① 余元盦译《苏维埃东方史家的迫切任务》，《科学通报》1950年8月号，第232—235页。这是苏联科学院主办的《历史问题》杂志1949年的第4号社论的节译。

② 参见 Jukes，*The Soviet Union in Asia*，Berkeley and Los Angeles：University of California Press，1973；尤其是该书第一章和第二章的内容。

作为“东方主义与历史”①小组讨论的主持人，他评论道：“当亚洲人民实现了他们的独立，我们双方有必要重新审视东方研究和历史的关系，以目前的现有框架研究亚洲史是否恰当。”②

二十世纪五十年代，在冷战的阴云下，亚非国家的独立运动如火如荼地进行。然而，更为重要的是这些国家之间的结盟，五十年代这些亚洲国家在政治上出现了三种变化趋势。第一，一些亚洲国家结盟，但不跟美国或者苏联站在同一战线上。早在1947年3月，时任印度总理尼赫鲁在新德里组织亚洲关系会议，以促进亚洲联合，其中有许多独立的新兴国家。这次大会标志着亚洲作为一个整体登上世界历史舞台。第二，二十世纪五十年代印度和中国通过政治、经济、科学、文化代表团的交流计划和积极互访，发展了双边友好关系。③第三，1955年4月18到24日的万隆会议标志着亚非国家的联合。万隆会议传递了反对美苏干涉他国内政的强烈呼声。1956年7月19日，铁托、尼赫鲁、纳赛尔发表联合声明在冷战阴云下采取中立立场的不结盟政策。

二十世纪五十年代，由于亚洲国家迅速地去殖民化，苏联改变了对外援助的政策，计划通过大量的技术和教育支持来帮助亚洲的发展中国家。斯大林去世后，苏联开始对印度实行援助。④二十世纪五十年代末六十年代初，台湾地区的“资产阶级”史学家和大陆的马克思主义史学家同时批判欧美学术界的东方主义，例如方豪和刘大年。⑤ 1958年方豪指出所谓的东

---

① Denis Sinor (ed.), *Orientalism and History*, Cambridge: W. Heffer and Sons Ltd., 1954; revised edition, Bloomington: Indiana University Press, 1970.

② Denis Sinor (ed.), *Proceedings of the Twenty - Third International Congress of Orientalists, Cambridge, 21st - 28th August* 1954, London: The Royal Asiatic Society, 1956, pp. 41 - 43.

③ 关于中印关系史的最新研究，参见 Arunabh Ghosh, “Before 1962: The Case for 1950s China - India History”, *Journal of Asian Studies*, 76: 3 (2017), pp. 697 - 727。

④ Katsuhiko Yokoi, “The Colombo Plan and Industrialization in India”, in Shigeru Akita, Gerold Krozewski, Shoichi Watanabe (eds.), *The Transformation of the International Order of Asia: Decolonization, the Cold War, and the Colombo Plan*, London: Routledge, 2014, p. 59.

⑤ Hans Hägerdal, “The Orientalism Debate and the Chinese Wall: An Essay on Said and Sinology”, *Itinerario*, 21: 3 (1997), pp. 19 - 40; 德里克 (Arif Dirlik) 指出一些亚洲的知识分子存在自我东方化的现象。参见 Dirlik, “Chinese History and the Question of Orientalism”, *History and Theory*, Theme Issue 35 (1996), pp. 96 - 118。

方研究的对象大部分是西方先前的殖民地和托管地。他承认西方学者研究这些领域具备的优势，但他反感西方学者在东方学研究中表现出的西方优越论。[①]许多学者发表文章表达他们对西方学者的西方中心论的批判。[②]东方主义是批判的中心，其中一篇最著名的文章是刘大年在1965年巴基斯坦举行的第十五届国际历史年会上的发言稿《亚洲历史怎样评价?》。[③]在这篇论文中，刘大年认为亚洲是世界文明最古老的发祥地之一，亚洲民族是一个优秀的民族。他认为长期以来西方资产阶级学者没有客观看待亚洲历史，只是贬低、歪曲亚洲历史。在他看来，虽然西方学术界对亚洲的客观研究少之又少，大量的研究试图将亚洲作为一个野蛮的、落后的、不道德、不文明的地区，同时他也提及西方学者试图将亚洲的现代化视作西方的慷慨恩赐。

二十世纪五十年代的中国学者撰写了大量的研究，挑战西方对中国和亚洲的殖民和帝国主义影响的叙事方式。[④]比如在《亚洲各国史》的前言里，朱杰勤认为欧美资产阶级学者将亚洲视作野蛮落后，无法决定自我命运的民族。他尤其指出，剑桥史丛书充满着偏见，没有充分反映亚洲人民对世界历史的贡献。[⑤]第一，朱杰勤认为欧美资产阶级学者研究亚洲历史是为了维护他们的资产阶级利益，支持他们的殖民政策，以此压榨亚洲人民。第二，他认为许多亚洲研究的专家同时也是殖民者的官员。[⑥]第三，朱杰勤指出许多西方探险家以科考之名去这些国家刺探情报。这些探险家是为帝国主义服务的，他们调查这些国家的资源，偷窃了大量的文化艺术

---

① 方豪：《出席第十一届国际青年汉学家会议报告》，《方豪六十自定稿（补编）》，台北：台湾学生书局，1969，第2624页。

② 吴延民：《民国以来国内史学界对欧洲中心论的批评》，《史学理论研究》2015年第4期，第116—126页。

③ 刘大年：《亚洲历史怎样评价?》，《历史研究》1965年第3期，第1—10页。

④ 关于新中国的马克思主义史学者对西方概念的认知的研究，参见王晴佳的论文，Edward Wang，"Encountering the World：China and Its Other（s）in Historical Narratives，1949 - 1989"，*Journal of World History*，14：3（2003），pp. 327 - 358。

⑤ 朱杰勤：《亚洲各国史》，载于《朱杰勤文集：世界史》，第78—79页。

⑥ 美国的国际区域问题研究从美国政府那获得大量资助。参见 Bruce Cumings，"Boundary Displacement：Area Studies and International Studies during and after the Cold War"，*Bulletin of Concerned Asian Scholars*，29：1（1997），pp. 6 - 26。

品。第四，西方文献学者脱离社会实际，忽略了对亚洲社会经济的基础性研究，同时关注了非常细枝末节的东西。因此，朱杰勤提倡使用一些新方法，通过研究亚洲政治经济问题，包括研究亚洲文化的伟大贡献，研究亚洲国家反对西方殖民主义和帝国主义的解放运动，诠释亚洲民族之间的友好交往和相互支持，解释俄国十月革命、中国革命和亚洲人民的解放运动的重要性，以驳斥西方资产阶级学者的学说。①

最近二十年里，当代中国学者开始批判性地重估马克思列宁主义史学对中国史学的影响。比如王学典指出关于中国马克思主义史学史上经典的“五朵金花”问题，其基础是苏联对中国历史的理解模式，正所谓“披着红色外衣的东方主义”。②王学典认为，所谓的苏联模式也是舶来品，并没有立足中国，从中国视角出发来理解中国历史。

四 结论

作为一个全新推出的学科，亚洲史出现在二十世纪五十年代的中国大学课程中是服务于新中国国家建构，随着亚洲反帝反殖反霸权运动的风起云涌，新中国试图在亚洲的政治与历史语境中寻找定位。在高等教育部的推动下，历史学科通过重新书写和诠释亚洲历史，继而在大学课程体系中不断实践，试图让中国民众从意识形态和文化领域里理解和重建这个新生的中华人民共和国。

此外，新中国还计划在国际学术界推广新中国的亚洲史研究范式。该范式自然是以马克思列宁主义和历史唯物主义为基础，对内服务于新的国家建构，对外服务于建立新的国际秩序。由于国内外政治与社会环境的变化，从晚清到二十世纪五十年代，亚洲史的教学经历了从“天下模式”到“革命模式”的转型。然而，二十世纪五十年代的“亚洲史”更像是一个传统与现代的杂糅品，它将晚清的史学视野、苏联东方史的教学模式以及

① 朱杰勤：《亚洲各国史》，载于朱杰勤《朱杰勤文集：世界史》，第80—82页。

② 王学典：《五朵金花：意识形态语境中的学术论争》，载于王学典《良史的命运》，三联书店，2013，第267—268页。

新中国的马克思列宁主义史学整合起来。

再次，“亚洲史”在1956年作为一个独立的学科，与中国史、世界史一样被纳入大学课程中。亚洲史在二十世纪五十年代发展起来，受到浓重意识形态的制约，在全国大学制度化的教学实践下，培养出亚洲各国史的新一代研究者，这有助于发展中国同亚洲各国的友好关系。这些国家和第三世界其他国家一道，帮助新中国在1971年重返联合国。

最后，二十世纪五十年代兴起的“亚洲史”是杂糅了三种传统的衍生品，即晚清的亚洲各国史教学模式、苏联马克思列宁主义的革命史书写模式（关注反帝反殖的历史唯物主义），以及新中国挑战西方的东方主义和苏联式的“披着红色外衣的东方主义”的史学传统。新中国的历史学家试图夺回他们解释历史的权利和权威。美国的亚洲史教学似乎是西方中心论，强调欧洲的扩张和西方文明的影响，教学目标是使学生更好地理解西方文明。在中国，亚洲史教学的思想与意识形态反映出强烈的反殖反帝情感。

笔者认为，在经历了太平洋战争和朝鲜战争等一系列战争之后，二十世纪四五十年代亚洲各国的去殖民化使得全世界，尤其是太平洋西岸的国家意识到将亚洲史建设成大学教学研究学科的重要性。在亚太地区，当我们将中国、苏联、美国的亚洲史研究模式进行比较，可以很明显地发现，三国的亚洲史课程有一个共同点，均避免提及苏联领土内的中亚国家。此外，当代政治格局的变化对中美两国的亚洲史有导向因素的影响，两国分别从国家政策层面回应了亚洲政治的挑战，但这样的回应是基于双方对不同历史背景和现实政策的理解。在美国，宾板桥在伯克利教授亚洲史的方法是基于他对太平洋战争和亚洲在美国外交关系中扮演的角色的理解，诚然，美国的亚洲史教学也受到朝鲜战争和麦卡锡主义的影响。而中国的亚洲史研究则是对新中国成立后，亚洲世界反帝反殖的解放运动的兴起，特别是亚非各国在二十世纪五十年代初国家之间的紧密合作，以及不结盟运动发展的回应。总而言之，中国亚洲史研究的兴起不仅继承于晚清以来的史学传统，还受到了亚洲和世界新兴政治发展的影响，最终实现了新中国在亚洲及其他地区建立新秩序这一当代政治的需要。

作为德国东欧计划样板的意大利殖民主义*

〔德〕帕特里克·伯恩哈德（Patrick Bernhard）** 著

戚雨微*** 译

摘要 自1951年汉娜·阿伦特发表《极权主义的起源》以来，学术界一直在热烈争论德意志帝国在非洲的殖民活动和纳粹对东欧的占领之间的关系。一些历史学家甚至将温得和克殖民大屠杀和奥斯维辛直接联系在一起。但我的文章对历史连续性的问题给出了一个不同的答案：德意志第三帝国对波兰和苏联的计划并没有参照自己的殖民经历，而是从法西斯意大利在非洲的行为中获得了灵感。意大利的巨型移民项目旨在创造种族优越的法西斯新人类，尤其在一个重要方面为纳粹德国提供了模板：对帝国

---

* 原文："Hitler's Africa in the East: Italian Colonialism as a Model for German Planning in Eastern Europe", *Journal of Contemporary History*, 2016, 51 (1), pp. 61 – 90.

** 帕特里克·伯恩哈德（Patrick Bernhard）是都柏林圣三一大学的欧洲历史助理教授。他的作品涵盖广泛的主题，从欧洲法西斯主义到殖民主义，从战争和种族灭绝到和平运动和冷战文化。他目前正在撰写一本关于塑造了纳粹德国和法西斯意大利的种族主义社会工程的跨国关系的重要著作。他的作品有 *Zivildienst zwischen Reform und Revolte: Eine bundesdeutsche Institution im gesellschaftlichen Wandel, 1961 – 1982* (Munich: Oldenbourg, 2005); Holger Nehring (ed.), *Den Kalten Krieg denken. Beiträge zur sozialen Ideengeschichte seit 1945* (Essen: Klartext Publishing House, 2013); "Behind the Battle Lines: Italian Atrocities and the Persecution of Arabs, Berbers, and Jews in North Africa during World War II", *Holocaust and Genocide Studies*, 26: 3 (2012), pp. 425 – 446; "Konzertierte Gegnerbekämpfung im Achsenbündnis: Die Polizei im Dritten Reich und im faschistischen Italien 1933 bis 1943", *Vierteljahrshefte für Zeitgeschichte*, 59 (2011), pp. 229 – 262; "The Gestapo in Spain: German Police Collaboration with Franco's Regime and the Persecution of Jews, 1936 – 1944", under revision by the *Journal of Modern History*。

*** 戚雨微，北京外国语大学历史学院本科生。

边缘的“民族共同体”的组织和管理。这些发现对于我们理解意大利的法西斯主义和德国的国家社会主义具有长远意义。至今仍然流行的将墨索里尼政权视作更强大的纳粹国家的不重要附庸的观点是不准确的。相反，意大利法西斯主义的现代社会工程“启发”了纳粹德国，推动了希特勒独裁统治的演进。

关键词 殖民主义 法西斯意大利 东方总计划 利比亚 纳粹德国

自汉娜·阿伦特在1951年出版了她著名的研究著作《极权主义的起源》以来，学术界就一直有很多关于德意志帝国在非洲的殖民政策与纳粹占领东欧之间的联系的争论。[①] 本杰明·马德利（Benjamin Madley）和于尔根·齐默勒（Jürgen Zimmerer）等历史学家声称，1904年至1907年德国在西南非洲针对赫雷罗人和纳马人的暴行为希特勒在战争中大规模屠杀波兰和苏联平民提供了蓝图。这些学者认为，温得和克与奥斯维辛或多或少有着直接的联系：非洲的种族灭绝让德国人对暴力如此习以为常以至于在灭绝欧洲犹太人时他们没有更多的考虑。[②] 然而，其他学者对此论点提出了异议，认为纳粹在施行暴力时不需要榜样，因为他们已经在第一次世界大战以及德国革命之后的乱局中变得足够残酷了。[③]

这一讨论试图将国家社会主义置于一个更大的历史背景中，尽管它很重要，但也有其局限性。一方面，辩论的双方都将注意力集中在各个国家

① H. Arendt, *The Origins of Totalitarianism* (New York, 1951). Sebastian Conrad provides an excellent overview of the discussion in his *Deutsche Kolonialgeschichte* (Munich, 2008), pp. 100 – 106.

② See B. Madley, "From Africa to Auschwitz: How German South West Africa Incubated Ideas and Methods Adopted and Developed by the Nazis in Eastern Europe", *European History Quarterly*, 35: 3 (2005), pp. 429 – 464; J. Zimmerer, "The Birth of the *Ostland* Out of the Spirit of Colonialism: A Post Colonial Perspective on the Nazi Policy of Conquest and Extermination", *Patterns of Prejudice*, 39: 2 (2005), pp. 197 – 219.

③ S. Malinowski and R. Gerwarth, "Hannah Arendt's Ghosts: Reflections on the Disputable Path from Windhoek to Auschwitz", *Central European History*, 42: 2 (2009), pp. 279 – 300; P. Grosse, "What Does German Colonialism Have to Do with National Socialism? A Conceptual Framework", in E. Ames, M. Klotz and L. Wildenthal (eds.), *Germany's Colonial Pasts* (Lincoln, NE, 2005), pp. 115 – 134.

特有的历史弧线上。另一方面，辩论仅集中于暴力问题，这固然是现代殖民主义的组成部分，但也只是其一个方面。[①] 在本文中，我希望扩大现有辩论的范围，无论是在地理上还是在主题上。我认为非洲和德国“东方梦”（Ostraum）之间确实存在联系，但这种联系与马德利和齐默勒的假设不同。纳粹领导人在规划东欧的未来时并未借鉴本国的殖民经验。相反，第三帝国明显与德属非洲的过往划清了界限。党卫军首领海因里希·希姆莱（Heinrich Himmler）和他的规划人员认为，德皇治下的殖民化已严重过时。他们的策略部分模仿了德国主要合作伙伴法西斯意大利进行的殖民计划。自1922年墨索里尼进军罗马以来，希特勒一直对意大利深表钦佩。[②] 许多纳粹官员在意大利的“榜样”中看到了“伟大的吉兆”，尤其是在利比亚的殖民化方面，他们将墨索里尼的扩张主义视作法西斯主义现代性的典范。因此，纳粹对波兰和苏联的计划与其说是战争前夕德国领土扩张的延伸，不如被放在两次世界大战期间欧洲殖民统治更广阔的背景下进行更恰当的观察。这样，德国的扩张主义野心就具有了更多的断裂性而非延续性。[③]

在规划东欧的种族改造时，德国人对意大利殖民地的社会工程的“优生”方面特别感兴趣，特别是移居150万到650万殖民者到非洲来改善意大利人民的计划。[④] 这使我们进入了本文的中心论题：对于纳粹德国，意大利在殖民地人口管理方面的做法和经验充当了榜样和“最佳实践”的案例，决定性地影响了德国关于东欧定居和民族改造的计划。

---

① See similar the critique of R. A. Berman, “Colonialism, and No End: The Other Continuity Thesis”, in V. Langbehn and M. Salama (eds.), *German Colonialism: Race, the Holocaust and Postwar Germany* (New York, 2011), pp. 164 - 190; T. Kühne, “Colonialism and the Holocaust: Continuities, Causations, and Complexities”, *Journal of Genocide Research*, 15: 3 (2013), pp. 339 - 362; R. Pergher and M. Roseman, “The Holocaust - an imperial genocide?”, *Dapim: Studies on the Holocaust*, 27: 1 (2013), pp. 42 - 49.

② P. Morgan, *Fascism in Europe, 1919 - 1945* (London and New York, 2007), pp. 161 - 163; S. Reichardt and A. Nolzen (eds.), *Faschismus in Italien und Deutschland: Studien zu Transfer und Vergleich* (Göttingen, 2005).

③ For a different view, see Shelley Baranowski, *Nazi Empire: German Colonialism and Imperialism from Bismarck to Hitler* (Cambridge, 2011).

④ On Fascist social - engineering see especially R. Ben - Ghiat, *Fascist Modernities: Italy 1922 - 1945* (Berkeley, CA, 2001).

这个问题与国家社会主义政权的核心目标相吻合：创建一个新的、种族纯正的社会，这一愿景包括征服“栖息地”（Lebensraum）和灭绝犹太人。[①] 的确，纳粹清除欧洲犹太人的活动只是更广泛的计划的一部分，但仍是核心计划，该计划旨在重塑德国乃至整个大陆的种族构成。清除“外来”种族的努力是促进“雅利安人”的文化、物质和生物特权的宏大计划的一部分。因此，消除“外来”元素和培育“雅利安”元素是纳粹种族和人口政策中的两个方面。[②]

移民政策在培养纯种族民众的努力中发挥了核心作用。与非洲的法西斯意大利类似，第三帝国也拟定了庞大的东欧殖民化项目（通常称为“东方总计划”），预计安置1600万殖民者。[③] 在德国和意大利，移民政策的主要目标是从生物学上加强国家。尤其是德国和意大利科学家之间也进行了跨界的思想交流。在这两个国家，科学家都将在规划和优化新殖民社会的过程中扮演重要角色，包括为定居点选择最佳地点的地质学家和设计标准化殖民地住房的建筑师。简而言之，技术专家们大量参与了德国和意大利独裁政权推行的殖民社会工程。[④] 正是在这里，在重塑一个新的种族移民社会的过程中，德国专家从他们的意大利同僚那儿借鉴了很多。

我的论述分为五个部分。首先，我将展示该主题是如何与意大利－德国历史和历史编纂学的更大趋势相关联的。之后，我将更加详细地描述墨

---

① D. and W. Süß, “Volksgemeinschaft und Vernichtungskrieg. Gesellschaft im nationalsozialistischen Deutschland”, in D. und W. Süß, （eds.）, *Das*（*Dritte Reich*）: *Eine Einführung*（Munich, 2008）, pp. 79－100.

② M. Mazower, *Hitler's Empire*: *How the Nazis Ruled Europe*（New York, 2008）; B. A. Valentino, *Final Solutions*: *Mass Killing and Genocide in the 20th Century*（Ithaca, NY, 2004）, p. 154; I. Heinemann and P. Wagner（eds.）, *Wissenschaft*, *Planung*, *Vertreibung*: *Neuordnungskonzepte und Umsiedlungspolitik im 20. Jahrhundert*（Stuttgart, 2006）.

③ I. Heinemann and P. Wagner（eds.）, *Wissenschaft*, *Planung*, *Vertreibung*: *Neuordnungskonzepte und Umsiedlungspolitik im 20. Jahrhundert*（Stuttgart, 2006）.

④ 参见 Sven Reichardt 和 Kiran Patel 在本期中的引言，以及 L. Raphael, “Die Verwissenschaftlichung des Sozialen als methodische und konzeptionelle Herausforderung für eine Sozialgeschichte des 20. Jahrhunderts”, *Geschichte und Gesellschaft*, 22: 2（1996）, pp. 165－193。尽管未提及 Raphael 的著作，E. R. Dickinson 的论点却与其非常相似。P. Bernhard, “Renarrating Italian Fascism: New Directions in the Historiography of a European Dictatorship”, *Contemporary European History*, 23: 1（2014）, pp. 151－163.

索里尼的殖民计划，该计划旨在关注意大利人民的种族复兴。只有在这种背景下，我们才能理解国家社会主义者对意大利解决方案的浓厚兴趣，这将在第三部分进行讨论。第四部分概述了在1936年希特勒和墨索里尼宣布罗马-柏林轴心之后，两国殖民事务负责人的个人经历。在第五部分，我认为纳粹对东欧的计划在20世纪30年代已经发生了变化。因为德国移民专家仔细研究了意大利奉行的殖民政策，特别是在利比亚。正是在那些他们认为意大利遥遥领先于德意志第三帝国的领域，专家们促成了一些改变：给予移民更多的社会和意识形态支持。在这种联系中，首要的关切就是为创建一个新的种族主义社会提供工具。

我在研究中阐明的德国和意大利独裁统治之间广泛而深入的交流也许会使某些读者感到惊讶，因为这与传统的德国-意大利关系图景背道而驰。在某些方面，我的研究为轴心国之间的关系提供了一种新的历史解释，因为迄今为止的描述倾向于强调国家社会主义和意大利法西斯主义之间在意识形态上的巨大差异。[①] 传统观点认为：意大利人和德国人结盟完全是共同利益推动的结果，而这些利益只是掩盖了根深蒂固的民族主义和种族怨恨；因此，这个联盟的瓦解不只是战争压力的结果，也源于其内部矛盾。总之，历史学家们过去一直认为轴心国联盟缺乏坚实的核心。[②] 在这种情况下，轴心国的历史常常被视为灾难、困难和挫折的历史，因为该联盟从一开始就注定要失败。

然而，这种旧观念有许多缺陷，其中三点尤为明显。第一，关于轴心国合作伙伴关系缺乏物质基础或坚实基础的说法几乎没有研究支持。轴心国的全面历史尚未被书写出来。尽管关于轴心国的文章已经发表了许多，但几乎没有进行过基础性的研究。[③] 另外一个问题是，大多数相关研究都

---

① P. Bernhard, "Renarrating Italian Fascism: New Directions in the Historiography of a European Dictatorship", *Contemporary European History*, 23: 1 (2014), pp. 151 - 163.

② See M. Funke, "Hitler, Mussolini und die 'Substanz' der Achse", in K. D. Bracher (ed.), *Nationalsozialistische Diktatur, 1933 - 1945: Eine Bilanz* (Bonn, 1983), pp. 345 - 369. Very critical of this idea is Morgan, *Fascism in Europe, 1919 - 1945*, p. 176.

③ On the state of the art see T. Schlemmer, L. Klinkhammer and A. Osti Guerrazzi (eds.), *Die "Achse" im Krieg: Politik, Ideologie und Kriegführung 1939 bis 1945* (Paderborn, 2010).

采用了选择性的研究方法。汉斯·沃尔勒（Hans Woller）是德国学识最渊博的意大利法西斯研究者之一。他在关于20世纪意大利史的著作中写道，大多数现有研究的关注点都集中在合作未能取得良好开端或者遭遇到很多问题的领域，比如军事合作。[①] 两个政权之间交流顺利的领域则被轻易地忽略了。我们今天对法西斯同盟内部的跨国学习和借鉴了解甚少并非偶然，因为将两个政权视为相互联系的观点与长期以来的历史叙述相矛盾。

第二，许多旧有研究高估了德意联盟冲突的程度。学者们根据当代国际合作的最佳状态的理念来隐晦评价德意联盟。[②] 然而，评估德意关系的关键问题不是冲突是否存在，而是这种冲突是否严重到足以重创该联盟，或者是否寻求解决方案化解紧张局势并维护伙伴关系。菲利普·摩根（Philip Morgan）和露丝·本－吉亚特（Ruth Ben－Ghiat）断言，希特勒的德国和墨索里尼的意大利“实际上有能力在冲突的国家利益的战场上相互合作，并且出于意识形态上的亲和力而这样做”。[③] 确实，除了不和谐的例子，1936 年到 1943 年见证了“意大利与德国的合作潮”。[④]

第三，许多较早的研究受到战后迫切的政治需求的影响。史学研究告诉我们，对意大利法西斯主义与国家社会主义之间根本差异的认识并非仅基于经验现实。[⑤] 尽管两个政权之间存在差异，其中大屠杀是最根本的，但由于政治原因，1945 年后两者之间的分歧被夸张了，甚至在两者较相似的领域也假定存在很大差异。因此，根本性差异的概念在某种程度上是一

---

① H. Woller, *Geschichte Italiens im zwanzigsten Jahrhundert* (Munich, 2009), p. 163.

② SeeP. Bernhard, “Konzertierte Gegnerbekämpfung im Achsenbündnis: Die Polizei im Dritten Reich und im italienischen Faschismus, 1933 – 1943”, *Vierteljahrshefte für Zeitgeschichte*, 59: 2 (2011), pp. 229 – 262.

③ Morgan, *Fascism in Europe*, *1919 – 1945*, p. 160.

④ R. Ben – Ghiat, “A Lesser Evil? Italian Fascism in/and the Totalitarian Equation”, in H. Dubiel and G. Motzkin (eds.), *The Lesser Evil*: *Moral Approaches to Genocide Practices* (New York, 2004), pp. 137 – 153, here: p. 139.

⑤ 在这方面具有开创性的是本·吉亚特的文章，“A Lesser Evil?”。还可参照 K. Bartikowski, *Deritalienische Antisemitismus im Urteil des Nationalsozialismus 1933 – 1943* (Berlin, 2013), pp. 9 – 12。

种文化建构，并且受到1943年事件的严重影响，当时意大利在战争中改变了立场。[1] 为了免除意大利人与纳粹德国合作的责任，战后的反法西斯叙事将墨索里尼政权描绘成某种无害的独裁统治，其中种族主义和反犹太主义都变成了陌生的概念。经过不断重复，这种战后叙事不仅在广大公众中而且在学术界都成了一个“自我实现的神话”，导致两个政权之间的根本分歧成为“历史现实”。

然而近年来，一个新的、更具自我反思性的研究方向已经认识到德国和意大利政权之间存在相互联系的领域，并开始修改对轴心国联盟的传统解释，为差异和共性提供了新的视角。这些成果对我们理解意大利法西斯主义具有革命性的意义，英美历史学家引领了这一新的研究方向。戴维·罗伯茨（David Roberts）认为，这“抵消了长期以来对德意两国差异的强调”。[2] 确实，对许多研究者来说，种族主义已被视为意大利法西斯主义的重要组成部分。这样，种族主义就远不仅仅是两个政权之间的一处差异，现在也被理解成一个共同元素，正如美国的意大利研究专家亚历山大·德格兰德（A. De Grand）认定的那样。[3] 罗伯特·S. 戈登（Robert S. Gordon）和克里斯托弗·达根（Christopher Duggan）等研究人员发展了这个观点，强调种族主义与意大利独裁统治的残暴和扩张主义特征之间的密切关系。[4]

近年来，在重新评估国家社会主义和意大利法西斯主义之间的关系方

---

① For this and the following F. Focardi and L. Klinkhammer, “The Question of Fascist Italy's War Crimes: The Construction of a Self – Acquitting Myth （1943 – 1948）”, *Journal of Modern Italian Studies*, 9: 3 （2004）, pp. 330 – 348. D. Roberts, “Italian Fascism: New Light on the Dark Side”, *Journal of Contemporary History*, 44: 3 （2009）, pp. 523 – 533, here: p. 524.

② D. Roberts, “Italian Fascism: New Light on the Dark Side”, *Journal of Contemporary History*, 44, 3 （2009）, 523 –33, here: 524.

③ A. De Grand, *Fascist Italy and Nazi Germany* （2nd edn. New York, 2004）, pp. 2 – 3; and very similar also K. Ishida, “Racisms Compared: Fascist Italy and Ultra – Nationalist Japan”, *Journal of Modern Italian Studies*, 7: 3 （2002）, pp. 380 – 391.

④ R. S. C. Gordon, “Race”, in R. J. B. Bosworth （ed.）, *The Oxford Handbook of Fascism* （Oxford, 2009）, pp. 296 – 316; C. Duggan, *Fascist Voices: An Intimate History of Mussolini's Italy* （London, 2012）.

面，青年学者们尤其做出了广泛的努力，同时采用了比较和跨国的视角。[①]这一努力预示着国际法西斯主义研究实质上的复兴。新一代学者不仅将轴心国理解为军事同盟，还理解为文化伙伴关系和大规模的社会实验，其特征是对战争和扩张的共识，并且它最终将笼罩着意大利和德国国家和社会的各个层面。这种伙伴关系的基础已经超越了两国政权的宣传话语，这一事实在很多方面都可以得到证明：两国缔结的大量条约；众多学界和政界代表的访问；广泛的文化交流；地方性项目，如姐妹城市，这些项目通常是由意大利和德国的基层社会而非单纯的政治精英发起的。[②]然而，尽管强调共性和成功合作是新研究的关键特征，但不能说这些研究只是模仿法西斯主义的言论或否定轴心国伙伴之间的差异。

我的研究继续探索了这条新的路径。许多新研究的关注范围很窄，往往只处理外围问题，[③] 而我则深入研究了这两个政权的一个核心而邪恶的方面，即扩张政策和与之相关的移民安置计划。从根本上看，德国和意大利都对确保欧洲霸权感兴趣，并将对方视为竞争对手。然而，尽管两国官方外交关系中有明显的不和谐和摩擦，他们仍然进行了密集的交流，并且这种多渠道的交流被证明在很多年里都是相当稳定的。在这里我提前公开一个自己的研究发现。传统观点认为，1938 年第三帝国已从其意大利伙伴的影响中“解放”出来，并开始主导两国关系的基调。但是德国专家恰恰就是从这一年才开始大规模地收集有关意大利殖民政策的信息。无论德国对意大利人存在什么不信任或种族偏见，它都没有削弱德国人对意大利定居计划的兴趣。而且这种兴趣远远超出了对城市定居规划知识的借鉴。它

① R. Hofmann, “The Fascist Reflection Japan and Italy, 1919 – 1950”, Ph. D. thesis, Columbia University (2010); D. Hedinger, *Der Traum von einer neuen Weltordnung: Die Achse Tokio – Rom – Berlin, 1931 – 1942* (forthcoming); P. Bernhard, *“Rasse” und “Raum” transnational: Bevölkerungsmanagement im faschistischen Bündnis 1936 – 1943* (Munich, 2014); as well as the edited volumes T. Schlemmer and H. Woller (eds.), *Die faschistische Herausforderung: Netzwerke, Zukunftsverheißungen und Kulturen der Gewalt in Europa 1922 bis 1945* (Munich, 2015).

② C. Regin, “Die Achse Hannover – Cremona. Eine vergessene Staüdtefreundschaft und ihre Kunstausstellungen”, *Quellen und Forschungen aus italienischen Archiven und Bibliotheken*, 90 (2010), pp. 373 – 414.

③ See in particular the eclectic essay collection from W. Schieder (ed.), *Faschistische Diktaturen: Studien zu Italien und Deutschland* (Göttingen, 2008).

涉及一场热切的智力对话，这对国家社会主义政权的重要性不容小觑。不断与意大利法西斯主义者做比较在塑造纳粹国家的自我认同和世界观方面起着至关重要的作用。我将在本文的末尾更详细地讨论这一问题。

我的目的不仅仅在于重建知识或者文化实践被传播的具体实例。相反，我关心的是绘制（同样真实的）促成了这种借用的意识形态框架。我认为，借用的对象只有被注入了特定的意义才能成功地融入另一种文化环境。这甚至适用于表面上看属于技术性的社会工程工具。因此，有两个关键问题是至关重要的：参与者认为的制度之间的共同点和区别是什么？他们如何在自己的价值观、希望和经验的背景下解释和利用这些看法？借用的过程揭示出纳粹如何看待他们的意大利亲戚，这让我们更加了解纳粹如何在更广阔的世界中定位自己以及这如何为他们的思想和行动提供意义。因此，我的研究在形式上可被归入文化史的范畴，它强调跨国视角下对当代角色的主观感受。

法西斯意大利一开始站在其自由主义前任政权投下的阴影之下。[1] 同时，在墨索里尼的统治下，殖民主义发生了转变。近来尤尔根·奥斯特哈默（J. Osterhammel）的一项研究表明，在欧洲和亚洲的战争期间，新形式的帝国统治在两次世界大战时期在欧洲和亚洲发展起来，最初由法西斯意大利和日本帝国开始。这项新研究认为与19世纪的传统殖民主义对比起来，两种独裁政权都寻求实施一种完全自上而下的定居者殖民主义形式，并预见了数百万殖民者的迁移。更甚者，两者的殖民项目都建立在更大程度种族意识的基础上，并且对土著居民发动了前所未有的暴力。[2] 最早体

① A. Del Boca，*Gli italiani in Libia*：*Dal fascismo a Gheddafi*（Rome，1988），vol. 2.

② J. Osterhammel，*Die Verwandlung der Welt*：*Eine Geschichte des 19. Jahrhunderts*（5th edn.，Munich，2010），p. 606. Similar is C. Elkins and S. Pedersen，“Settler Colonialism：A Concept and its Uses”，in C. Elkins and S. Pedersen（eds.），*Settler Colonialism and Twentieth Century*：*Projects*，*Practices*，*Legacies*（New York，2005），pp. 1－20，here：p. 7. On Fascist violence in the colonies see A. Mattioli，“Entgrenzte Kriegsgewalt. Der italienische Giftgaseinsatz in Abessinien 1935－1936”，*Vierteljahrshefte für Zeitgeschichte*，51：3（2003），pp. 311－337 and P. Bernhard，“Behind the Battle Lines：Italian Atrocities and the Persecution of Arabs，Berbers，and Jews in North Africa during World War Ⅱ”，*Holocaust and Genocide Studies*，26：3（2012），pp. 425－446.

验这种新形式的定居者殖民主义的就有利比亚的土著居民。利比亚是意大利最早的殖民地之一，建立于1911年，在第一次世界大战中几乎丢失，1922年10月墨索里尼掌权后，新的法西斯政权必须重新征服意大利北非领地。直到1931年，意大利还在北非对阿拉伯人发动了一场极其残酷的殖民战争。正如安杰洛·德尔博卡（Angelo Del Boca）和尼古拉·拉班卡（Nicola Labanca）所表明的，[①] 鲁道夫·格拉齐亚尼将军领导下的意大利武装部队——在意大利的宣传中被称为典型的法西斯士兵——用军事恐怖镇压抵抗活动。[②] 意大利部队无差别地轰炸村落，对平民使用毒气，并且在沙漠中建立数个集中营。在这些年中，共有10万人死于饥饿或被谋杀，占利比亚约80万居民的10%以上。[③] 那些在营地中幸存下来的人被驱逐到贫瘠的土地上为意大利定居者让路。

1938年，墨索里尼在他的非洲领土上展开了一项宏大的殖民计划：法西斯政权希望在20世纪中叶以前安置总共150万到650万人。[④] 在1938年10月28日，即法西斯掌权的第16周年纪念日——伴随着一场大规模的国际宣传运动，意大利独裁者将首批20000个移民送到了利比亚。在1940年6月意大利参与第二次世界大战之前，这项移民计划进展顺利：超过40000名意大利殖民者定居利比亚，另有数千名居住在阿比西尼亚，后者在一场极其残酷的战争后于1936年并入意大利帝国。[⑤]

---

① See Del Boca，"Dal fascismo a Gheddafi"，in *Gli italiani in Libia*，vol. 2.；and N. Labanca，*Oltremare：Storia dell' espansione coloniale italiano*（Bologna，2007）.

② A. Osti Guerrazzi，"Rodolfo Graziani，Karriere und Weltanschauung eines faschistischen Generals"，in C. Hartmann（ed.），*Von Feldherren und Gefreiten. Zur biographischen Dimension des Zweiten Weltkriegs*（Munich，2008），pp. 21－32.

③ A. Osti Guerrazzi，"Rodolfo Graziani，Karriere und Weltanschauung eines faschistischen Generals"，in C. Hartmann（ed.），*Von Feldherren und Gefreiten. Zur biographischen Dimension des Zweiten Weltkriegs*（Munich，2008），pp. 21－32. 其他学者引用的1912年至1943年间的死亡人数高达25万。参见 D. J. Vandewalle，*A History of Modern Libya*（Cambridge，2006），p. 31。

④ See to M. Fuller，*Moderns Abroad：Architecture，Cities，and Italian Imperialism*（London，2006）；and R. Pergher，"A Tale of Two Borders：Settlement and National Transformation in Libya and South Tyrol under Fascism"，Ph. D. thesis，University of Michigan（2007）.

⑤ F. Cresti，"Comunita proletarie italiane nell' Africa Mediterranea tra XIX Secolo e periodo fascista"，*Mediterranea. Ricerche storiche*，5：12（2008），pp. 189－214.

从1938年开始，一些村庄和农田在短短几个月的期限内被开垦出来。每个农村住区都以网格模式布置，并以一组围绕在中央广场周围的标准化的公共建筑为特色。其中包括一个教堂、一所学校、行政建筑、一家电影院、一家医疗机构、一家旅店和党政机关，如“法西斯之家”（Casa del Fascio）。[①] 党总部配备了一座显眼的钟楼，充当这些孤立定居点的政治、社会和教育中心，并通过社会和娱乐节目强化了法西斯主义的集体主义理想。这些新移民城镇的生活和工作比在意大利本土更具有极权主义的特点。[②]

这一移民计划在所谓的殖民科学家的帮助下构建起来，他们为利比亚构想了一项全面的“人口殖民”计划。在第一批殖民者移居这里以前，地理学家和水文学家测试了土地和水的条件，在国际知名的西迪·梅斯里实验站工作的农学家确定了该地区最适合种植的农作物。不久军队和新成立的殖民公司开始为移民建设一系列陆路和水路系统以便于灌溉：意大利人广泛使用了各种先进技术，如机动泵可自行提取深达地下400米的地下水。然后清理并平整了未来的农田，为耕作做准备。[③] 在这种情况下，意大利专家还开发了抗土壤侵蚀的新技术。直到那时，农舍和新村庄才被建立起来。在最初的几周里，每位殖民者都会得到一间现代化的、完全标准化的房屋，里面装有自来水、家具、马具和食物。

有了自己的殖民地，法西斯意大利就开始追求自己的帝国和人口学目标。[④] 这个政权主要的野心就是抵抗现代化带来的一系列负面影响，比如农村的消亡。人们普遍相信欧洲出生率的下降是由于城市化，而稳定的农

---

① See to F. Mangione, *Le case del fascio in Italia e nelle terre d' oltremare* (Rome, 2003).

② 佩尔格（Pergher）的论文“A Tale of Two Borders”（pp. 319 – 321）尤其证实了这一点。

③ “A Tale of Two Borders”, pp. 465 – 470.

④ 有关此内容及后续内容，请参见 G. B. Strang, “Places in the African Sun: Social Darwinism, Demographics and the Italian Invasion of Ethiopia”, in G. B. Strang (ed.), *Collision of Empires: Italy's Invasion of Ethiopia and its International Impact* (Farnham and Burlington, 2013), pp. 11 – 31; P. Bernhard, “Borrowing From Mussolini: Nazi Germany's Colonial Aspirations in the Shadow of Italian Expansionism”, *Journal of Imperial and Commonwealth History*, 41: 4 (2013), pp. 617 – 643。

村定居政策将提高生育水平。[1] 然而，意大利的定居政策不仅是抚养生育。法西斯政权也想有质量地增加意大利人口。[2] 墨索里尼的主要想法是，改善土壤将会提高在其上工作的人的质量。[3] 他坚信通过选拔倾向于生育大家庭的健康定居者，将会出现一种新的意大利殖民者，一支由“农民士兵”组成的军队将保卫帝国的边界并改善意大利人口。为了发展出健康的家庭，国家承担了所有最初的费用：定居者以非常优惠的条件获得了贷款，几年后他们将拥有自己正在耕种的土地。[4] 对于墨索里尼政权而言，意大利人民数量和质量的改善是征服新的“生存空间”（spazio vitale）的先决条件。[5] 独裁者的梦想是创建一个巨大的帝国，从利比亚和阿比西尼亚延伸到埃及、苏丹和其他非洲之角的领土。这就是1940年秋天，墨索里尼袭击埃及和索马里兰的英国人的原因。[6]

意大利法西斯的定居计划引起了全世界的兴致。[7] 例如，在英国，它不仅被称赞是按照“最严格的科学路线”进行的。英国农业学家、罗汉姆斯特德实验站主任爱德华·约翰·罗素（Edward John Russell）在1939年说[8]，由于其目的是社会和政治方面的而非“纯粹的经济”，因此它也与以前的“大规模行动”有根本的不同。美国的露丝·斯特林·弗罗斯特（Ruth Sterling Frost）更是在美国最知名的一本地理杂志中直言不讳地写

---

① C. Ipsen, *Dictating Demography: The Problem of Population in Fascist Italy* (Cambridge, 1996); M. S. Quine, *Italy's Social Revolution: Charity and Welfare from Liberalism to Fascism* (Houndmills, 2002).

② R. S. C. Gordon, "Race", in R. J. B. Bosworth (ed.), *The Oxford Handbook of Fascism.*

③ P. Dogliani, *Il fascismo degli italiani: Una storia sociale* (Milan, 2008), p. 103.

④ See especially Pergher, "A Tale of Two Borders", p. 293.

⑤ D. Rodogno, *Fascism's European Empire: Italian Occupation During the Second World War* (Cambridge, 2006).

⑥ See to R. Mallett, *Mussolini and the Origins of the Second World War, 1933 – 1940* (New York, 2003).

⑦ A. Bauerkämper, "Interwar Fascism in Europe and Beyond: Toward a Transnational Radical Right", in M. Durham and M. Power (eds.), *New Perspectives on the Transnational Right* (Houndsmills, 2010), pp. 39 – 66.

⑧ E. J. Russell, "Agricultural Colonization in the Pontine Marshes and Libya", *The Geographical Journal*, 94: 4 (1939), pp. 273 – 289.

道：使法西斯意大利的殖民计划如此特别的是它重塑国家的“乌托邦品质”。[①] 对法西斯意大利大规模国营殖民项目的迷恋如此之深，以至于想改善经济状况的英国农民都要求准许他们以殖民者身份在利比亚定居。[②]

在德国，人们对意大利殖民主义的兴趣更为浓厚。从一开始，纳粹运动就沉迷于意大利在非洲北部的殖民活动。在魏玛共和国，德国国家社会主义工人党（NSDAP）就在他们关于“意属非洲”的出版物中发表了许多带插图的文章，并在政党集会上通过幻灯片展示了意大利在非洲取得的成就。[③] 纳粹党人对意大利新殖民城市的现代化、有序化建设赞美有加，称赞其几何形状的街道布局、公共建筑和优质的社会设施。[④] 意大利定居工作的意识形态引起了纳粹党员的共鸣，他们将意大利视为指导自己实现种族主义和扩张主义野心的榜样。[⑤] 显然，“意属非洲”是一个棱镜，德国人以此来表达自己对帝国的看法。

自19世纪以来，德国人就梦想着一个在东方的新德意志帝国和生存空间，但这种愿景始终是遥不可及的幻想。《凡尔赛条约》迫使东方割让了大片领土，这一损失造成了极大的创伤。[⑥] 通过殖民政策，意大利人至少部分成功地实现了德国右翼长期以来寻求的目标，从而为德国的激进主义和扩张主义野心注入了新的动力。正如新的研究表明，波兰长期以来一直是德国人殖民愿望的对象，这又增加了意大利殖民主义与“德国东部”之间的相似之处。[⑦]

---

① R. Sterling Frost, “The Reclamation of the Pontine Marshes”, *Geographical Review*, 24: 4 (1934), pp. 584 – 595, here: p. 595.

② See the memo “Colonization of Libya” by the military attaché of the British Embassy in Rome, 15 June 1939, Public Record Office/National Archives London (PRO/NA), series Foreign Office (FO), p. 371, 23391.

③ See, for example, the script for the slideshow “Italy”, 15 September 1931, Bundesarchiv Berlin (BArch), series *Deutsche Arbeitsfront* (NS 5), VI, 28179.

④ See to R. Matschuk, “Tripolis”, *Der SA – Mann* (20 June 1933), p. 8.

⑤ J. Petersen, *Hitler – Mussolini. Die Entstehung der Achse Berlin – Rom 1933 – 1936* (Tübingen, 1973), p. 484.

⑥ S. Baranowski, “Nazi Colonialism and the Holocaust: Inseparable Connections”, *Dapim: Studies on the Holocaust*, 27: 1 (2013), pp. 58 – 61.

⑦ K. Kopp, *Germany's Wild East: Constructing Poland as Colonial Space* (Ann Arbor, 2012).

纳粹很快抓住了意大利殖民活动的宣传价值。吹捧墨索里尼的“辉煌”成功不只可以激起大众对已然“默认”德国在《凡尔赛条约》下失去所有殖民地的“无能”的魏玛共和国的愤怒。纳粹还相信，意大利在非洲大陆上的暴力扩张有助于促进国内人口的“永久动员”，这是极权统治的关键特点之一。①《人民观察家报》（*Völkischer Beobachter*）在 1927 年强调，意大利从 1922 年 3 月“进军罗马”以来一直处于战争状态。② 这份党报总结说，通过建立对北非的统治，意大利向其人民灌输了“战士精神”。③

1938 年意大利发起的大规模殖民计划在德国受到了密切的关注。德国对这一计划投入关注的程度尤为引人注目，因为按照传统解释，它发生在国家社会主义不再将意大利视为模范的时候。④ 在这个关系中，更早的研究总是引用在 1938 年奥地利被德国吞并的各种事件。这些研究认为墨索里尼被迫面对一个既成事实，从而引发了两个政权间的争端。⑤ 但这种叙述存在两个问题：近来外交史的研究工作说明墨索里尼早在 1936 年就接受了奥地利作为德国附属国的事实，并且提到两个政权间的“共同命运”，他认为这应该胜过争执点。⑥ 而且除此之外，从专业的层面来讲，一手资料证实了各政权之间继续保持良好关系的观点。不仅许多报纸⑦和书籍都热情地报道了意大利在利比亚和阿比西尼亚的成功经验；在 1938 年至 1941 年，出版了 20 多本大型专著，其中包括著名作家如路易斯·迪尔（Louise Diel）

---

① S. G. Payne, “Fascism: A Working Definition”, in C. Iordachi (ed.), *Comparative Fascist Studies: New Perspectives* (London, 2010), pp. 95 – 112, here: p. 110.

② M. Knox, *Common Destiny: Dictatorship, Foreign policy, and War in Fascist Italy and Nazi Germany* (Cambridge, 2009).

③ “Italiens Wehrmacht”, *Völkischer Beobachter* (17 September 1927).

④ See W. Schieder, “Das italienische Experiment: Der Faschismus als Vorbild in der Krise der WeimarerRepublik”, *Historische Zeitschrift*, 262: 1 (1996), pp. 73 – 125, who, however, does not provide any empirical evidence for his claim.

⑤ G. L. Weinberg, “German Foreign Policy and Austria”, in G. L. Weinberg (ed.), *Germany, Hitler, and World War II: Essays in Modern German and World History* (Cambridge, 1995), pp. 95 – 108.

⑥ Woller, *Geschichte Italiensim zwanzigsten Jahrhundert*, p. 146.

⑦ The collection of newspaper cuttings at the DAF Institute of Labour includes, for example, five folders each containing some 50 newspaper articles making specific reference to the Italian colonies after 1938. See BArch, NS 5, VI, 27928, 28359, 28375, 28378 – 28379.

的研究，迪尔出版了大量关于妇女以及意大利法西斯主义的文章。[①] 更重要的是，负责东方计划政策的德国办事处和行政人员开始收集和评估有关意大利在非洲殖民活动的信息，其中包括赫尔曼·戈林（Hermann Goring）的四年计划组织、罗伯特·莱（Robert Ley）的德国劳工阵线（DAF：German Labour Front）、德国建筑研究学会（帝国劳动部的研究单位）、农业部长瓦尔特·达雷（Walther Darré），最重要的是希姆莱的巩固德意志民族委员会的计划部。该部门是负责制定东部领土移民安置计划的纳粹中央组织，多年来由年轻的农业学家康拉德·迈尔（Konrad Meyer）领导。他后来成为臭名昭著的东方总计划（Generalplan Ost）的总设计师。迈尔还负责《新农民》（*Neues Bauerntum*）期刊的出版，其中载有多篇详尽介绍意大利殖民计划的文章，当时德国的东部领土计划还处于起步阶段。[②]

关于“意属非洲”的信息是通过多种渠道收集的：对意大利文献的系统分析；由基金管理机构（如由迈尔担任副主席的德意志科学基金会）资助的关于意大利殖民方法的研究项目；外交旅行；实地科学考察等。为了解有关意大利殖民定居计划的更多信息，1938 年秋天，德国驻罗马大使馆劳工参赞沃尔夫冈·斯帕克勒（Wolfgang Spakler）随同第一批 2 万名来自热那亚的意大利定居者抵达了他们在利比亚的新家。在那里，这位年轻的外交官不仅拜访了一些新村落，还有机会与利比亚总督伊塔诺·巴尔博（Italo Balbo）谈论了意大利的殖民计划。巴尔博是一位与戈林交好的王牌飞行员。回到罗马后，斯帕克勒立即向纳粹劳工部长弗朗茨·泽尔特（Franz Seldte）发送了关于这次旅行的报告。正如塞尔德解释的那样，他对意大利殖民帝国的建立怀有“特殊的兴趣”。[③] 康拉德·迈尔也派人进行

---

① See K. Bartikowski, “Italy’s Abyssinian Campaign”, in G. Besier (ed.), *Fascism, Communism and the Consolidation of Democracy* (Berlin, 2006), pp. 32 – 40.

② For example, see H. Dittmer, “20, 000 Italiener in einem Jahr angesiedelt”, *Neues Bauerntum: Fachwissenschaftliche Zeitschrift für das ländliche Siedlungswesen*, 31 (1939), pp. 140 – 142; and G. Wolff, “Faschistische Siedlung in Libyen”, *Neues Bauerntum*, 31 (1939), pp. 105 – 107.

③ Letter of the German Ambassador in Rome to the Foreign Office in Berlin, 23 November 1938, Political Archive of the German Foreign Office in Berlin (PA – AA), series German Embassy in Rome (DBR), 713e.

了实地考察，特别是在利比亚。[①] 他最亲密的同事之一金特·沃尔夫（Günter Wolff）于1939年3月随20多位德国学者、新闻工作者和党代表前往的黎波里，考察了“去年完成的安置工作”。[②] 在利比亚期间，沃尔夫坚信意大利的实验将作为大规模殖民化的典范被载入史册。[③] 最后，巩固德意志民族委员会对殖民活动极为重视，以至于为其职员组织了专门的培训计划。关于非洲的知识也因此在希姆莱的计划机构中广泛传播。[④]

现有资料清晰地表明搜集到的“意属非洲”信息最初被用来规划在东欧的行动。1940年，另一个纳粹智库——德国外交关系研究所[⑤]的移民安置专家汉斯·蒂尔巴赫写道：

> 我们在东部领土（也许有一天也在非洲殖民地）上面临的无数殖民任务，迫使我们去近距离观察其他的殖民方式，研究它们的成功和失败，这样我们就能对它们的潜力做出一个批判性的分析。意大利的经历对我们来说具有特殊意义，因为法西斯国家与国家社会主义有许多相同之处。[⑥]

意大利的案例主要从三个方面激发了德国的兴趣。首先，纳粹计划者们不想追随德国传统的殖民政策。在德属西南非洲和其他地区的殖民活动被视为一场“彻底的灾难”，因为移民者被自由放任的德国政府丢弃了。因此，未来“必须采用完全不同的移民方式”。[⑦] 德国需要强大的国家干预

① Letter from Günter Wolff the German Foreign Ministry, 6 May 1939 BArch Berlin, series Reichskolonialamt（R 1001）, 8687a, p. 4.

② Circular from the Reich Food Ministry regarding International Congress for Tropical and Subtropical Agriculture, 14 January 1939, BArch Berlin, R 1001, 8680, p. 49.

③ G. Wolff, “Faschistische Siedlung in Libyen”, *Neues Bauerntum*, 31（1939）, p. 105.

④ See “training material colonies”, in BArch, R 49（Reichskommissar für die Festigung des Deutschen Volkstums）, 3121, fol. 9 – 50.

⑤ G. Botsch, “*Politische Wissenschaft*” *im Zweiten Weltkrieg*: *Die* “*Deutschen Auslandswissenschaften*” *im Einsatz 1940 – 1945*（Paderborn, 2006）, p. 302.

⑥ H. Thierbach, “Die Siedlungspolitik der autoritären Staaten I”, *Geist der Zeit*, 18: 3（1940）, p. 162.

⑦ Letter of Bernardo Attolico to Foreign Minister Ciano, 19 November 1938, in *I Documenti Diplomatici Italiani*, *ottava serie*: *1935 – 1939*（Rome 2003）, vol. X, p. 460.

和一个为德国“栖息地”制订的长期计划，海因里希·沃尔特（Heinrich Walter）如此说道。他是一名植物学专家，曾在利比亚和纳米比亚从事田野调查，后来在东方研究中心（Zentrale für Ostforschung）工作，该组织是阿尔弗雷德·罗森伯格（Alfred Rosenberg）领导下的东方领土部的附属机构，除其他事项外，还组织有关俄罗斯农业的研究，与前文提到的迈尔[1]合作密切。

第二，纳粹计划者们不想应用其他西方势力的殖民政策。他们收集并评估英法在非洲表现的信息，但是最后反对这些模式。对于他们来说，一个国家的政府形式应该决定它的殖民政策。民主政治因此被视为“反例”。[2] 康拉德·迈尔不止一次与加拿大和美国的“纯资本主义”农业计划保持距离。[3] 马克斯·泽林（Max Sering）等与其他西方国家关系密切并仍然持有“传统观念”的高级德国移民专家在纳粹体制中失去影响力可能并非偶然。取而代之的是以迈尔为首的青年农学家们，他们很快便与意大利的法西斯同僚建立了联系，并认为该国面对现代化的挑战给出了最佳的答案。[4] 在1945年以后（意大利人改变了战争立场并在德国人眼中犯下了“叛国罪”）写的回忆录中，迈尔仍然记得自己去罗马的第一次学术旅行，

---

① See his Report on the 8th International Congress of Tropical and Sub - Tropical Agriculture in Tripoli, [probably March 1939], BArch Berlin, R 1001, 8680, 84. On Walter and the Zentrale für Ostforschung see S. Heim, *Kalorien*, *Kautschuk*, *Karrieren*: *Pflanzenzüchtung und landwirtschaftliche Forschung in Kaiser - Wilhelm - Instituten*, *1933 - 1945* (Göttingen, 2003), p. 230.

② See Bernhard, “Die Kolonialachse: Der NS - Staat und Italienisch - Afrika 1935 bis 1943”, in C. Cornelißen and C. Mish (eds.), *Wissenschaft and der Grenze*: *Die Universität Kiel im Nationalsozialismus* (Essen, 2010), p. 165.

③ W. Oberkrome, *Ordnung und Autarkie*: *Die Geschichte der deutschen Landbauforschung*, *Agrarökonomie und ländlichen Sozialwissenschaften im Spiegel von Forschungsdienst und DFG* (*1920 - 1970*) (Stuttgart, 2009), p. 211.

④ For the cross - Atlantic exchange of ideas between North American and German settlement experts before 1933 see the interesting study by R. L. Nelson, “From Manitoba to the Memel: Max Sering, Inner Colonization and the German East”, *Social History*, 35: 4 (2010), pp. 439 - 457. Yet Nelson's assumption that Sering continued, even after his fall in 1933, to exert influence on Nazi concepts of “space” is less convincing and lacks empirical backing. Very critical also is Jens - Uwe Guettel, *German Expansionism*, *Imperial Liberalism*, *and the United States*, *1776 - 1945* (Cambridge, 2012).

这是他生涯中最重要的国际经历之一。[①]

第三，纳粹计划者们甚至想结束德国自中世纪以来的国内定居倾向。[②] 正像迈尔和他的工作人员所说，中世纪在东方的殖民几乎没有提供任何指导。[③] 他们的目的是克服传统社会和经济结构。纳粹想在一个更大的国家集体中创造新的殖民点，这些殖民点结合了现代贸易渠道和希特勒经济新秩序中的大型经济。在这里，法西斯意大利似乎提供了未来的正确模范。考虑到德国人自 1933 年以来在帝国旧省实施定居政策方面并未收集到太多的一手经验，这一点尤为真实。在希特勒掌权后的几年中，关于内部殖民化的讨论很多，但重整军备是第一要务。[④] 结果是，战争爆发前只建立了几个模范殖民点。因此，在 20 世纪 30 年代末，德国人的移民政策没有超越一个实验性的阶段。考虑到即将进行大规模移民的东欧地区的民族形势，这种思想的缺失尤为明显。德国人至少最初要和其他民族一起生活。德国境内没有重要的少数民族，这意味着计划者们没有可以学习的先例。由于意大利定居者与原住民居住在一起，即使在空间上是隔离的，这也使意大利殖民者的情况更受德国计划者的关注。

非洲法西斯经验的几个方面都鼓舞了德国的观察者们。第一个方面是殖民计划的内容及其推行的速度。1938 年，德国驻亚的斯亚贝巴的总领事印象深刻，他报道说，每年有 20000 名意大利殖民者向利比亚迁移，“这是现代历史上独一无二的壮举”。[⑤] 另一个纳粹智囊团德国劳工阵线劳动科

---

① K. Meyer，“Über Höhen und Tiefen – Ein Lebensbericht”［ca. 1970 – 2］，p. 88.

② M. A. Hartenstein，*Neue Dorflandschaften*：*Nationalsozialistische Siedlungsplanung in den “eingegliederten Ostgebieten”* 1939 *bis* 1944（Berlin，1998），p. 166；and E. Harvey，“Management and Manipulation：Nazi Settlement Planners and Ethnic Germans in Occupied Poland”，in Elkins and Pedersen（eds.），*Settler Colonialismand Twentieth Century*，pp. 95 – 112，here：p. 95.

③ K. Neupert，“Die Gestaltung der deutschen Besiedlung”，*Raumforschung und Raumordnung*，5（1941），pp. 62 – 68. Very similar is K. Kummer，“Rassische Zielsetzung bei der Neubildung deutschen Bauerntums”，*Archiv fürBevölkerungswissenschaft und Bevölkerungspolitik*，5（1934），pp. 348 – 351，here：p. 349.

④ C. Buchheim，“Das NS – Regime und die überwindung der Weltwirtschaftskrise in Deutschland”，*Vierteljahrshefte für Zeitgeschichte*，56：3（2008），pp. 381 – 414.

⑤ Memo of the German Consul General in Addis Ababa，November 1938，BArch Berlin，R 1001，9714.

学研究所的一份报告得出结论，地球上没有任何一个国家进行过这样的项目。[①]据说，意大利定居点的规模完全超过了包括希腊人、土耳其人和苏维埃在内的许多国家过去的努力。[②] 在这方面，报告所指的是第一次世界大战后对人民的强制重新安置；例如，希腊人和土耳其人交换了他们的宗教少数群体，以创造所谓的同质空间。[③] 这意味着欧洲其他国家实施的社会工程项目被认为与纳粹计划者无关。

给德国计划者留下深刻印象的不仅是意大利殖民地的规模。在利比亚和阿比西尼亚，意大利奉行旨在从根本上改变人口种族构成的政策。德国观察家预测，意属非洲将很快成为“白人”国家。[④] 在罗马的德国劳工专员甚至向劳工部长弗朗兹·塞尔德报告说，意大利殖民地将产生一种新的种族类型，该种族类型有力地融合了意大利所有地区人口的特质。[⑤] 意大利专家有意不从单一地区派遣殖民者，而是选择来自全国各地的人。意大利人认为，这使殖民者之间的往来更加活跃和富有成效。[⑥] 法西斯主义政权想在其帝国的边界培育“帝国意大利人，他们是通过不断与沙漠而不是头脑狭窄的西西里人和威尼斯人奋斗而锻造的”。[⑦] 在德国人看来，利比亚和阿比西尼亚曾是“意大利儿子的学校”。[⑧] “凭着广阔的眼光，作为当地人的主人来行动”，法西斯新人类将蓬勃发展。[⑨]

---

① Report “Das italienische Siedlungswerk in Nordafrika”, January 1939, BArch Berlin, NS 5, VI/28041.

② P. Ahonen, *People on the Move: Forced Population Movements in Europe in the Europe in the Second World War and its Aftermath* (Oxford and New York, 2008).

③ See for a broad perspective E. D. Weitz (ed.), *A Century of Genocide: Utopias of Race and Nation* (2nd edn., Princeton, 2005).

④ See “Italiens Libyensiedlung”, *Deutsche Siedlung*, 7 (1939).

⑤ See the labour attaché's report to the German Embassy in Rome regarding the settlement of Italian colonists in Libya, 13 November 1938, PA - AA [Politican Archive of the Foreign Office, Berlin], DBR, 713e.

⑥ A. Sievers, “Auswahl der Libyensiedler für 1940”, *Raumforschung und Raumordnung*, 4 (1940), p. 135.

⑦ F. Vöchting, “Italienische Siedelung in Libyen”, *Jahrbücher für Nationalökonomie und Statistik*, 151 (1940), p. 65.

⑧ R. Pfalz, “Libyen in der Politik Italiens”, *Deutsche Kolonial - Zeitung* (1 October 1937).

⑨ Thierbach, “Die Siedlungspolitik der autoritären Staaten I”, p. 165.

意大利殖民引起德国欣赏的第三个方面是非洲的法西斯政策建立在现代科学技术的基础上。殖民计划的“学术基础”在于农学家、民族学家和地质学家的广泛而协调的研究，正如第三帝国的两位主要地理学家奥斯卡·施米德尔（Oskar Schmieder）和赫伯特·威廉米（Herbert Wilhelmy）在1938年撰写的利比亚调研报告中所解释的那样。[①] 希特勒与意大利武装部队的联络官恩诺·冯·林特伦（Enno von Rintelen）在战后的回忆录中描述了自己在利比亚的旅行，当时意大利已经使用高度复杂的灌溉系统使沙漠变成了绿色。[②] 随着殖民地科学家制定了全面计划，意大利的定居政策已成为“系统性的”和“目标导向的”。[③] 正如德国观察家明确指出的那样，非洲意大利是一个巨大的实验室：与大都市相比，可以更轻松地在殖民地测试社会工程计划，德国将从那里积累的经验中受益。[④] 从这种意义上，德国人眼里法西斯殖民主义是高度现代化的。这也是1940年保尔·里特布施强烈建议仔细考察意大利案例、呼吁在北非进行更多田野考察的原因。[⑤] 作为国家地域研究委员会的负责人，里特布施享有相当大的影响力，因为他协调了德国学者在科学和人文科学领域的战时贡献。里特布施努力的结果之一是，德国法学家在1941年至1943年发表的题为“欧洲人民居住空间的问题”的大型研究项目中收集了有关现代法西斯殖民主义的信息。[⑥] 该出版物旨在给纳粹政权在东欧的种族屠杀政策提供一个坚实的科学基础。

意大利殖民主义组织精良，德国专家对此最为着迷。意大利人对定居

---

① O. Schmieder and H. Wilhelmy, *Die faschistische Kolonisation in Nordafrika* (Leipzig, 1939), p. 83.

② E. von Rintelen, *Mussolini als Bundesgenosse: Erinnerungen des deutschen Militaürattaches in Rom 1936 – 1943* (Tübingen, 1951), p. 36.

③ See "Planmäßige Siedlungsarbeit in Italien", *Deutsche Siedlung*, 7 (1939). See also H. N. Wagner, "Agrarland Libyen", *Odal* (December 1938), pp. 916 – 922.

④ R. Pfalz, "Libyen in der Politik Italiens", *Deutsche Kolonial – Zeitung* (1 October 1937).

⑤ Memo No. 1972/40 of the *Reichsforschungsstelle für Raumplanung*, March 1940, BArch Berlin, series Reichsstelle für Raumordnung (R 113), 1586, p. 13.

⑥ K. H. Dietzel, O. Schmieder and H. Schmitthenner (eds.), *Lebensraumfragen europäischer Völker*, vol. 1: *Europa*, vol. 2: *Europas koloniale Ergänzungsräume*, vol. 3: *Gegenwartsprobleme der Neuen Welt*, *Nordamerika* (Leipzig, 1941 – 1943).

工作的各个方面给予了关注。每个定居者家庭都获得了在利比亚开始新生活的必要手段。纳粹农业部长达雷甚至引用了意大利模式对德意志帝国的定居政策提出了尖锐的批评。对于达雷来说，1939 年的意大利人比第三帝国“至少领先了十年”：在利比亚，他们已经实施了他长期以来一直主张的目标，[①] 尽管没有成功：一项定居计划的主要关注点在于改善人种，而不是殖民者的收入。[②]

然而，达雷和他的工作人员指出了意大利模式的其他优势：它采用了广泛的支持系统，旨在使每个在利比亚的定居者都感到“在稀疏草原的无尽距离中，他并不孤单”。[③] 该支持系统包括法西斯党的群众组织或 PNF 可能提供的医疗和娱乐活动。[④] 德国观察者们或多或少正确地认为，该系统甚至能够达到最孤立的定居点。[⑤] 随后，1939 年德国法律学院收集了有关 PNF 在殖民地中的法律地位的详细信息，该学院当时由墨索里尼政权的热心仰慕者汉斯·弗兰克（Hans Frank）掌管，他很快就成为波兰总督。[⑥] 后来，弗兰克试图在意大利政府之间建立联络处，以讨论统治占领国的问题。

德国访问者注意到，意大利的殖民建筑是为实现法西斯社会融合目标而设计的。每个定居点，无论多么小，都拥有一个中央广场，其官方建筑包含“现代村庄所需的”所有设施。[⑦] 即使在偏远地区，定居者也能与祖国建立“文化和政治联系”。正如德国游客与定居者的谈话中了解的一样，

---

① H. Walter, "Die biologischen Grundlagen der Kolonisation in Libyen", *Der Biologe*, 8 (1939), pp. 288 - 301.

② Reichsnahrstand (ed.), *Führer durch die* 5. *Reichsnährstands - Ausstellung in Leipzig vom* 4. - 11. *Juni* 1939 (Berlin, 1939), p. 52.

③ H. Dittmer, "Italiens libysches Siedlungswerk", *Odal* (September 1939), pp. 789 - 790.

④ See the report by Wolfgang Spakler, the labour attaché at the German Embassy in Rome, 13 November 1938, pp. 23 - 24, PA - AA, DBR, 713e.

⑤ Thierbach, "Die Siedlungspolitik der autoritären Staaten I", p. 165.

⑥ See W. Schubert, "Das imaginäre Kolonialreich: Die Vorbereitung der Kolonialgesetzgebung durch den Kolonialrechtsausschuss der Akademie für Deutsches Recht, das Reichskolonialamt und die Reichsministerien (1937 - 1942)", *Zeitschrift der Savigny - Stiftung für Rechtsgeschichte*, 115 (1998), p. 100.

⑦ Vöchting, "Italienische Siedlung", pp. 277 - 278; and Dittmer, "20, 000 Italiener in einem Jahr angesiedelt", p. 140.

广场是“保留和巩固”意大利文明的重要“支撑”。[①] 这些是党卫军中校赫尔穆特·米勒－韦斯林（SS－Obersturmfuhrer Helmut Müller－Westing）撰写的博士学位论文的主要发现，该作者不仅是为党卫军的种族和安置办公室工作的农业专家威廉·绍雷（Wilhelm Saure）的学生，还是奥斯瓦尔德·波尔（Oswald Pohl）的门生。奥斯瓦尔德·波尔是希姆莱最密切的合作者之一，负责党卫军的内部事务。[②] 康拉德·迈尔对米勒－韦斯林的结论非常感兴趣，以至于迈尔立即将这篇论文发表在自己的期刊《新农场》上，指出作者为定居专家提供了很多需要考虑的问题。[③]

德国人深知，意大利在非洲获得的知识将很难应用于东方的重组。德国建筑研究学院院长鲁道夫·斯特格曼（Rudolf Stegemann）举了一个例子：意大利定居者的房屋已经改为当地阿拉伯建筑的风格。尽管如此，斯特格曼仍然坚信意大利在非洲的经验可以帮助德国进行规划。他强调，必须对信息进行适当的抽象，以适应德国在不同气候和文化环境中的需求。1940 年，在他的机构受命对东欧的新定居者房屋进行标准化之后不久，斯特格曼写道：“现在［利比亚］提供了有价值的说明性材料”。[④] 这意味着与历史学术主流形成鲜明的对比，[⑤] 德国专家并没有在“殖民地空间”和东方进行区分。相反，纳粹认为在北非获得的专门知识也可以运用到其他地区。

随着德国官员将更多时间花在意大利的定居专家身上，纳粹对意大利殖民活动的兴趣与日俱增。康拉德·迈尔是第三帝国最重要的科学管理者

---

① H. Müller－Westing, “Der Siedlungshof in Libyen Teil 1”, *Neues Bauerntum*, 34 (1942). The author had toured Libya in March 1940.

② For Saure see I. Heinemann, “*Rasse, Siedlung, deutsches Blut*”: *Das Rasse－und Siedlungshauptamt der SS und die rassenpolitische Neuordnung Europas* (Göttingen, 2003), p. 633.

③ H. Müller－Westing, “Der Siedlungshof in Libyen”, pp. 218－224, here: p. 218.

④ R. Stegemann, “Das italienische Kolonisationswerk in Libyen”, *Siedlung und Wirtschaft: Zeitschrift für das gesamte Siedlungs－und Wohnungswesen*, 22 (1940), pp. 185－191. See a very similar report by the German consul in Palermo for the German Foreign Office regarding land reform in Sicily and Africa, 25 October 1939, BArch Berlin, NS 5, VI, 28042.

⑤ The exception are Mazower, *Hitler's Empire*, p. 587; and D. Furber and W. Lower, “Colonialism and Genocide in Nazi－occupied Poland and Ukraine”, in A. D. Moses (ed.), *Empire, Colony, Genocide: Conquest, Occupation, and Subaltern Resistance in World History* (New York, 2008), pp. 372－401, here: p. 373.

之一，也是希姆莱的重要盟友。他很快与意大利主要的农业专家建立了联系，特别是意大利农业部副部长朱塞佩·塔西纳里，其职责范围包括殖民化。[①] 1938 年至 1943 年，迈尔和塔西纳里见面数次。[②] 1938 年 5 月，塔西纳里出现在柏林的哈纳克大厦，这是第三帝国最重要的科学对话论坛之一。面对从纳粹官员和移民专家中选出的观众，他演讲的主题是阿比西尼亚的农业潜力。[③] 在演讲中他强调殖民地的专门知识可以为政治问题提供切实可行的解决方案。

仅仅聆听关于非洲的演讲对于希姆莱而言是不够的，他想亲自去看看。1937 年 12 月，他与罗伯特·莱伊（Robert Ley）、鲁道夫·赫斯（Rudolf Hess）和赫尔曼·戈林（Hermann Goring）同时访问了北非。[④] 在那里，他与总督伊塔洛·巴尔博（Italo Balbo）达成协议，同意在罗马附近蒂沃利的意大利殖民学校培训 150 多名党卫军官员；他的想法是，新精英应该在国外获得尽可能多的经验。[⑤] 但是，这次访问产生的影响要比这份关于培训的实际协议大得多：站在利比亚沙漠中，希姆莱梦想着与意大利人一起开发广阔的领土。[⑥] 正如约瑟夫·戈培尔（Joseph Goebbels）在日记中记录的那样，希姆莱“被深深触动”，回国后立即向希特勒报告了

① See the letter from the Reich Federation of German Agronomists to the German Embassy in Rome, 23 October 1937 (copy), PA - AA, series Reich (R), 112247.

② See also F. Angelini, "Das Meliorationswerk der Pontinischen Sümpfe", *Raumforschung und Raumordnung*, 1 (1937), pp. 608 - 611.

③ G. Tassinari, "Die landwirtschaftlichen Entwicklungsmöglichkeiten Abessiniens", *Berichte überLandwirtschaft*, 23 (1938), pp. 599 - 620. See also the letter written by the German delegate to the International Agricultural Institute in Rome, 3 March 1938, PA - AA, DBR, 693a.

④ See the report of the Governo Generale della Libia for the Italian Minister of Italian Africa, 30 April 1939, Archivio Storico del Ministero degli Affari Esteri (ASMAE), series Archivio Storico del Ministero dell' Africa Italiana (ASMAI), Fondo Affari politici del Ministero dell' Africa Italiana, 60; "Il viaggio del S. E. Hess in Libia", *L' Azione Coloniale* (18 November 1937).

⑤ See the letter written by Himmler to the Italian chief of police Arturo Bocchini, 20 June 1938 (Italiantranslation), Archivio Centrale dello Stato (ACS), Ministero dell' Interno (MI), Direzione generale della Pubblica Sicurezza (DGPS), Divisione Polizia Politica, fascicoli per materia, b. 44, fasc. 7.

⑥ See the memoirs of his interpreter and liaison officer in Rome, Eugen Dollmann, who accompanied him during his trip to Libya. See *Dolmetscher der Diktatoren* (Bayreuth, 1963), pp. 79 - 80 and p. 85.

他的经历。[1]

仅仅过了几个月，在1938年5月对罗马的著名访问之后，希特勒本人就赞扬了他的主要轴心国伙伴的殖民工作。希特勒对墨索里尼帝国的首都感到震撼，并承认意大利法西斯主义仍处于自己的同盟中。[2] 他向墨索里尼赞扬了“建立意大利帝国的不朽的事业”。[3] 希特勒的评论绝不仅仅是戏剧性地讨好盟友。这位德国独裁者在与亲密合作者的坦率对话中也经常赞美墨索里尼的政策。例如，1942年，德国独裁者在与核心圈子进行“座谈会”时称赞意大利工程师的技术，并将非洲与东方进行了类比。希特勒说，通过必要的基础设施建设来渗透德占俄国和意占埃及的领土是十分必要的，并补充道，意大利人自古以来就是“伟大的道路建设者”。他坚信，已经在阿比西尼亚和利比亚表现出“极度勤奋”的意大利人也将把新征服的领土变成“殖民地天堂”。“元首”总结道，意大利人是举世无双的殖民者。[4]

在讨论中，德国和意大利的移民安置专家发现了“太多的共识”，进而建立起官方渠道来取代以往单纯依靠个人纽带的沟通方式。[5] 然而，这种在移民安置政策领域强化德－意联系的努力，只是更大的机构合作的开始。[6] 比如，意大利人建立了自己的建筑研究学院以便更有效率地与其同行德国建筑研究院（Deutsche Akademie für Bauforschung）合作。在20世纪30年代末，阿尔卑斯山两侧的移民专家也开始组织定期的联席会议，称为“意大利－德国农业研究会议”。其成员名单读起来像是名副其实的农业研

---

① M. Wildt, “Himmlers Terminkalender aus dem Jahr 1937”, *Vierteljahrshefte für Zeitgeschichte*, 52（2004）, p. 688.

② Entry of 21/22 July 1941, in W. Jochmann（ed.）, *Adolf Hitler*, *Monologe im Führer – Hauptquartier 1941 – 1944. Die Aufzeichnungen Heinrich Heims*（Hamburg 1980）, p. 44. Cf. the almost identical entry of 21 – 2 October 1941, ibid., 99 – 101.

③ M. Domarus, *Hitler*: *Reden und Proklamationen*, *1932 – 1945*: *Kommentiert von einem deutschen Zeitgenossen*, vol. 1: *Triumph*（*1932 – 1938*）（Würzburg, 1963）, p. 862.

④ Entry of 5 August 1942, in Jochmann（ed.）, *Adolf Hitler*, p. 328.

⑤ “Deutsch – italienische Gemeinschaftstagung der Deutschen Akademie für Bauforschung in Rom”, *Deutsche Siedlung*, 7: 39（1939）, n. p.

⑥ Letter of the German Academy for Building Research to the Foreign Office, 3 January 1940, PA – AA, DBR, 1311b, Vol. 1.

究“名人录”：朱塞佩·塔西纳里、朱塞佩·美第奇、吉安格斯通·波拉、佛朗哥·安吉利尼、阿里格·塞尔皮耶里、洛伦佐·摩萨、安东尼奥·阿萨拉、赫伯特·巴克、赫尔曼·赖斯勒、康拉德·迈尔和汉斯·路德维希·芬施。[①] 会议背后的意图不仅仅是促进关于农业问题的学术对话。正如意大利人解释的那样，他们也期待“一种共同进步”的农业政策——两国农业系统的趋同。[②] 会议进行得非常顺利，以至于德国人和意大利人决定进行更深层次的合作。[③]一群德国专家将会为意大利制定一个土壤改良方案，而他们的意大利同僚受命为第三帝国做同样的事。[④] 只是第二次世界大战的爆发阻止了这些计划的实施。

迈尔与塔西纳里相互之间的高度尊重是这种合作的标志。[⑤] 迈尔将这位意大利农业研究前辈（比他大 10 岁）描述为自己“尊敬的同事和朋友”。[⑥] 在德国人看来，塔西纳里值得钦佩之处不仅在于他有关殖民化的论述，他对科学在法西斯政权中的作用的观点也给德国人留下了特别深刻的印象。不久之后，柏林大学为塔西纳里颁发荣誉博士学位时在赞词提到了“他的理想与我们的奋斗目标之间的亲和关系”。[⑦] 塔西纳里展示了“在国家社会主义和法西斯主义中被我们视为政治科学”的那个东西的“真正意义”。实际上，在 1943 年 7 月墨索里尼被罢免之后，德国人曾短暂考虑过

---

① See Fensch's manuscript “Basi fondamentali della statistica delle aziende rurali” of 1928, Archivio Storico dell' Accademia dei Georgofili Archivio moderno, Carte Tassinari, b. 6, Fascicolo 6. 7.

② See the note of the Italian Embassy in Berlin, 6 August 1938 (in German translation), PA - AA, DBR, 958b.

③ See the letter of the German representative at the International Institute of Agriculture in Rome to the German Embassy in Rome, 6 July 1939, PA - AA, DBR, 958b.

④ See report no. 791 of the German representative at the International Institute of Agriculture in Rome, 26 October 1939, PA - AA, DBR, 955b.

⑤ See the letter of the German Minister of Agriculture to the Reichsstatthalter General von Epp, 7 March 1939, Bayerisches Hauptstaatsarchiv (BayHStA), series Reichsstatthalter Epp, 9, Fiche 3.

⑥ Letter from Konrad Meyer to Giuseppe Tassinari, 27 March 1943, Archivio Storico dell' Accademia dei Georgofili in Florence (ASAG), series Carte Tassinari, busta 10, fasc. 10. 16 - 10. 20.

⑦ Speech of the Dean of the Faculty of Agriculture at the University of Berlin on the occasion of theaward of honorary doctorate to Giuseppe Tassinari on March 1943, ibid.

让塔西纳里成为继任者。[①]

当德国技术官僚更近距离地观察意大利的殖民活动时，他们开始意识到自己东方计划的弱点。德国人发现自己忽视了一个重要方面，即村庄社区的强化——意大利殖民点的模范特征。[②] 这涉及纳粹霸权中的一项重要元素，即向地方层面的广大民众灌输国家社会主义意识形态这一关键目标。显然，在社区层面指导和控制民众生存和生活方式的努力是一项专门的统治技术，其目的是将一个政权边缘地带的臣民凝聚在它的中心。

迈尔的计划部将这一纽带看作“我们迄今为止的移民活动最严重的错误”之一。[③] 其他移民安置专家的态度甚至更具批判性，尖锐地指出同意大利人的成就相比德国移民点的不足。如果人们已经认识到需要“在新的土壤上给人家乡的感觉”，并提供适当的城市基础设施，那么“很多挫折本是可以避免的”。这些专家还证明意大利人在殖民利比亚时“意识到这一事实，他们在移民区建立了公共设施，完全以国内现行或比国内更好的方式为新来者提供了其道德和物质维持所需要的一切”。[④]

据此，迈尔得出结论，必须向德国定居者提供“全面支持”，以“巩固新东部地区的德国传统”。殖民者不仅会站在帝国的前沿，与波兰人和俄国人进行“种族生存之战”；他们必须生活在迈尔形容为“荒芜”的土地上（这暗示着东欧是一片沙漠）。[⑤] 为了在这种敌对的领地上发展出“活跃的共同体精神”，未来在东方的德国定居点需要适当的基础设施。

---

① See M. Zaganella, “La figura di Giuseppe Tassinari”, in Angelo Moioli (ed.), *Con la vanga e col moschetto. Ruralità, ruralismo e vita quotidiana nella RSI* (Venice, 2005), pp. 131 - 158.

② Karl - Heinz Roth has shown that German officials were remarkably candid about the shortcomings of their planning activities. See K. H. Roth, “‘Generalplan Ost’ - ‘Gesamtplan Ost’: Forschungsstand, Quellenprobleme, neue Ergebnisse”, in M. Rössler and S. Schleiermacher (eds.), *Der “Generalplan Ost”: Hauptprobleme der nationalsozialistischen Planungs - und Vernichtungspolitik* (Berlin, 1993), p. 91.

③ H. Priebe, “Der neue Hof im neuen Dorf”, *Neues Bauerntum*, 32 (1940), p. 220.

④ E. Zimmerle, “Libysche Kolonisation”, *Monatshefte für Baukunst und Städtebau*, 23 (1939), p. 314.

⑤ Quoted in I. Stoehr, “Von Max Sering zu Konrad Meyer - ein ‘machtergreifender’ Generationswechsel in der Agrar - und Siedlungswissenschaft”, in S. Heim (ed.), *Autarkie und Ostexpansion: Pflanzenzucht und Agrarforschung im Nationalsozialismus* (Göttingen, 2002), p. 81.

基于迈尔的担忧，德国帝国委员会的官员立即采取了行动。1940 年，希姆莱下达了一项常规命令，作为后续计划的基础。[①] 它列出了东部任何村庄都必须存在的一整套机构。该清单与法西斯殖民定居点的描述非常相似：从这里显示的德国模范城镇的蓝图可以看出（图 1），东部未来的每个定居点都将拥有行政大楼、电影院、医疗设施、旅馆，尤其是带有钟楼的党政大楼，就像在法西斯意大利一样。[②] 正如达雷的一名工作人员所解释的那样，以前加强社区精神的计划是不够的。据说，仅依靠当地学校或酒吧之类的传统设施是远远不够的。[③] 正如达雷本人在 1940 年提出的那样，就在他公开称赞法西斯意大利的殖民政策具有现代性的几个月后，现在需要对农村基础设施的一次重大"重整"。[④]

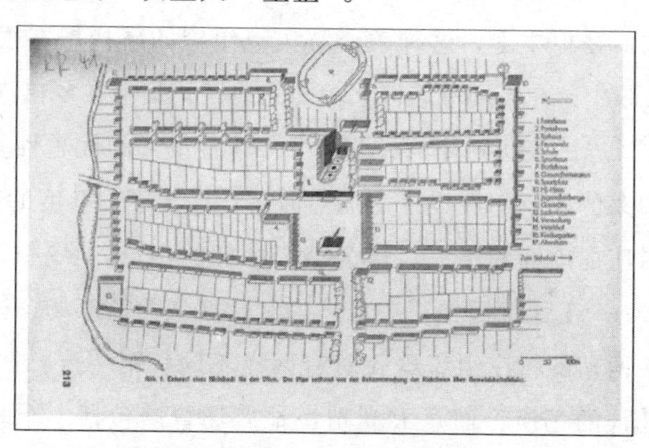

图 1　东欧一个小镇的草图

资料来源：*Raumforschung und Raumordnung. Monatsschrift der Reichsarbeitsgemeinschaft für Raumforschung* 5，1941，p. 213。

① See "Allgemeine Anordnung No. 7/II des Reichsführers SS Reichskommissar zur Festigungdeutschen Volkstums", 26 November 1940, reprinted in Hartenstein, *Neue Dorflandschaften*, pp. 93 – 96. On the significance of the standing order, see B. Wasser, *Himmlers Raumplanung im Osten: Der Generalplan in Polen 1940 – 1944* (Basel, 1993), p. 39 and p. 41.

② See "Allgemeine Anordnung No. 7/II des Reichsführers SS Reichskommissar zur Festigungdeutschen Volkstums", 26 November 1940, reprinted in Hartenstein, *Neue Dorflandschaften*, pp. 93 – 96. On the significance of the standing order, see B. Wasser, *Himmlers Raumplanung im Osten: Der Generalplan in Polen 1940 – 1944* (Basel, 1993), p. 39 and p. 41.

③ E. Kulke, "Das Dorfhaus. Eine Zukunftsaufgabe des dörflichen Gemeinschaftslebens", *Odal* (March 1938), pp. 186 – 192, here: p. 186.

④ R. W. Darré, "Zur Aufrüstung des Dorfes 1940", in K. Meyer (ed.), *Landvolk im Werden: Material zum ländlichen Aufbau in den neuen Ostgebieten und zur Gestaltung des dörflichen Lebens* (Berlin, 1942), p. 271.

德国和意大利移居方案之间最明显的相似之处是，所有社区建筑包括纳粹党的基层党部都被布置在中央广场上，就像意属非洲一样。① 这之所以引人注意是因为乡村广场以前在德国计划中仅发挥着次要的作用。② 曾经德国的乡村计划者们没有把公共建筑组合在一个中央广场周围，反而把他们分散到村庄各处。这种分散有一个功能性的原因：比如，希特勒青年团团部被布置在村庄边缘的运动场附近。这让年轻人在参加完体育活动之后可以便捷地访问团部。而到了1940年，这被看作一项“错误的”决定，正如迈尔的一位合作者承认的那样。③ “正确的解决方案”是将公共建筑集中在村庄中央的中央广场周围。简而言之，意大利的定居点向德国人表明，他们在努力制定最合理、最实际的移居方案时忽略了一个核心因素：使移民社区团结在一起的社会黏合剂。在根本上，这种关于移民点组织的新构想有很强的种族成分：在德国人眼中，在不同种族彼此相邻的地区，集中在乡村广场上的公共建筑充当了德意志民族共同体的“堡垒”，具有很大的优越性。④ 因此，我们发现，希姆莱的手下们在设计定居点时突然做出了180度的改变：现在，广场出现在村庄的前面和中央。作为整个社区的焦点，乡村广场将为定居者提供支持⑤——正像德国报道中描述的利比亚法西斯广场一样。

纳粹和法西斯的村庄组织概念只有两点不同。第一点，德国移居计划不包括宗教礼拜的场所，而意大利殖民地广场普遍包括一个教堂。⑥ 这再次表明了两个政权之间的根本区别：墨索里尼的统治从一开始就依赖于天主教会的支持。纳粹政权上台后不必像墨索里尼那样过分依赖传统精英，因此它有能力将教堂排除在新村庄之外。第二个区别是德国人计划从相同

---

① See Himmler's letter, 13 December 1940, Akten der Partei - Kanzlei der NSDAP, Teil 1, No. 132 02476 - 88, Regesten - No. 25083.

② W. Gebert, "Dorfumbau in den eingegliederten Ostgebieten", *Neues Bauerntum*, 34 (1942), pp. 95 - 99, here: p. 98. See also Hartenstein, *Neue Dorflandschaften*, pp. 42 - 47.

③ Schroth, "Das HJ - Heim in der Raumplanung", *Raumforschung und Raumordnung*, 4 (1940), pp. 418 - 419.

④ Schroth, "Das HJ - Heim in der Raumplanung", *Raumforschung und Raumordnung*, 4 (1940), pp. 418 - 419.

⑤ J. Müller, "Das Gemeinschaftsleben in den Ostdörfern", *Neues Bauerntum*, 32 (1940), pp. 344 - 345.

⑥ Wasser, *Himmlers Raumplanung im Osten*, p. 41.

地区移居殖民者。但是，这一决定并非有意与意大利模式相区别的。将来自不同地区的殖民者安置到一个地方的想法因一些更基本的原因而搁浅：许多定居者不想与来自各个地方的人随机地混住在一起，而是表达了与本国同乡共同生活的强烈愿望。[①] 在这个问题上，德国的独裁政权敏锐地意识到其影响力的极限，并被迫改变了路线。在这方面，纳粹国家或许没有法西斯意大利激进，后者认为定居者的融合是改善意大利“种族”的方式之一。

这意味着乡村地区的重新组织触及了国家社会主义的核心：在种族主义环境下获得的、含有种族目的的统治方式下的殖民经验，被应用到一个种族主义更加明显并且最重要的是极度暴力的新环境。事实上“东方总计划”只实施了一部分。在入侵波兰和苏联后，德国人开始了一项种族清洗计划来准备新的定居点：他们屠杀东欧犹太人并放逐了数百万人，其中包括 80 万波兰人。[②] 图 2 是一张扫描的明信片，展示了这些新建筑中的

图 2　纳粹在波兰被占领土蒂根霍夫（Tiegenhof）建设的社区中心的图纸

说明：这里现在叫格但斯克新庄园（Nowy Dwór Gdański）。这个建筑群建成于 1942 年，如今又被波兰人用作社区文化中心。

---

① U. Mai, “*Rasse und Raum*”: *Agrarpolitik*, *Sozial – und Raumplanung im NS – Staat* (Paderborn, 2002), pp. 70 – 71.

② Heinemann and Wagner, “Introduction”, in Heinemann and Wagner (ed.), *Wissenschaft – Planung – Vertreibung*, p. 17.

一种，即纳粹党在波兰被占领土上的社区建筑。甚至从建筑外表来看，德国定居点的建筑风格也非常类似意大利在利比亚的殖民地；这里也扫描了利比亚中部乡村的一幅画可以比较（图 3）。但是，由于军事局势持续恶化，希姆莱和迈尔对拥有数百万定居者居住在新城镇和新村庄的德意志东部的狂妄想象并没有实现。尽管如此，他还是建立了数十个新的定居点，并重建了许多既有的波兰城镇，后者都配建了新的中央广场。

图 3　邓南遮村（Villaggio D'Annunzio）

说明：这里是一个建于 1938 年的所谓的“乡村中心”，位于利比亚班加西省，现在是 Al - Bayyadah 的一部分。这个村庄仍然存在，但已经被遗弃了。

资料来源：V. Capresi，*L'utopia costruita*：*I centri rurali di fondazione in Libia*，*1934 - 1940*（Bologna，2009），p. 265。

但是，德国人未能实现殖民东方的野心这一事实并不意味着他们的计划不值一提，也不意味着他们从意大利在非洲的殖民经验中吸取的经验很少。事实恰恰相反。柏林的领导层不知道 1940 年他们的东方计划不会实现。在这种情况下，决定性的事实是，在规划德国移民定居点时，他们选择了成功前景最大的方案。在他们制定的定居策略中，社区意识的形成——从意大利在非洲的经验中借鉴的一个重点——发挥了重要作用。意大利模式塑造了德国规划的基本轮廓：一套特定的基础设施后来成为东方计划中所有城镇的标配。这里，我们发现了德国借鉴行为的历史意义的关键一面。城市规划模型绝非移民政策中的一个边缘议题，而是被传播法西斯主义意识形态并将定居点与政权联系在一起的愿望塑造的。显然，国家社会主义国家做出了非常具体而深入的努力去营造一个环境，旨在创造出能强烈认同并延续该政权的种族主义世界观的移居者。

该主题涉及最近被广泛讨论的国家社会主义统治中的一个关键问题：我们应如何解释该政权为建立民族共同体（Volksgemeinschaft）而做出的努力?① 政权是否建立起了真正的国家社会主义常识，换句话说，该政权是否让个体公民对种族主义和帝国主义目标全心全意地效忠？还是说，“民族共同体”最终成为一个空洞的宣传词汇，甚至连柏林的领导层都不相信?② 我认为我的研究可以为回答最后一个问题做出贡献。它表明领导层对于在新领土上培育共同体精神非常认真。他们不仅在口头上支持这一目标，而且的确非常关心如何帮助表面上优越的德国人在对抗其他种族的“生存斗争”中获胜。在此背景下，德国计划者们做了很多工作，以不断提升移民的共同体观念，从而逐渐适应东部地区的新条件。确实，与德国本土情况形成鲜明对比的是，移民要生活在已有其他民族居住的地区，这些原住民将像波兰人一样遭受奴役。

为此，纳粹大量汲取在德国尚未发展起来的科学知识。由于德国计划者和希特勒既不能也不愿意借鉴德国的经验，外国尤其是意大利产出的知识发挥了至关重要的作用。对意大利的关注是可以理解的，因为意大利人已经在法西斯主义背景下发展了非常特殊的有关移居政策的专门知识。尽管非洲和东欧在人类文化和自然环境方面大不相同，但我们不应忽视这样一个事实：德国领导层认为意大利人收集的经验从根本上适用于他们在东

① On this discussion see I. Kershaw, “ ‘Volksgemeinschaft’: Potenzial und Grenzen eines neuen Forschungskonzepts”, *Vierteljahrshefte für Zeitgeschichte*, 59: 1 (2011), pp. 1 – 18; M. Wildt, “ ‘Volksgemeinschaft’. Eine Antwort auf Ian Kershaw”, *Zeithistorische Forschungen/Studies in Contemporary History*, Online – Ausgabe, 8: 1 (2011), available at: http: //www. zeithistorische – forschungen. de/16126041 – Wildt – 1 – 2011 (accessed 1 December 2014).

② G. Clemens, review of D. Schmiechen – Ackermann, “*Volksgemeinschaft*”: *Mythos, wirkungsmächtige soziale Verheißung oder soziale Realität im “Dritten Reich”?* (Paderborn, 2012), *Frankfurter Allgemeine Zeitung* (19 November 2012).

欧面临的问题。德国人积累的有关意属非洲的海量信息可以证明他们对意大利经验的高度重视。“殖民地档案”（colonial archive）一词通常指一个社会收集到的有关殖民统治的知识，有各种存在形式，包括互动、仪式甚至思想。柏林的“殖民地档案”在很大程度上得到了扩展。[①] 收集这些信息需要投入极大的财力和人力。例如，柏林的规划人员前往北非等地的调研费用是十分昂贵的，在那里他们寻求解决方案来优化独裁统治的技术。但最终，鉴于墨索里尼政权享有很高的国际声誉，德国人的兴趣似乎并不令人惊讶：当时意大利被认为是世界上最现代的国家之一，尤其是因为其社会规划据称是有科学原理基础的。

因此，尽管眼下在讨论轴心国之间的关系时，学者们总是近乎条件反射式地引用针对意大利的种族偏见，但在德国殖民专家的著作中我们几乎找不到这种情感的痕迹。许多德国人显然在众多来自意大利的德国“外籍工人”（Fremdarbeiter）和“真正的法西斯主义者”之间有清楚的区分。尽管许多德国人对前者不屑一顾，但后者却被视为意识形态上的表亲，并被视为旨在建立种族优越社会的更广泛运动的积极先锋。在研究历史行为者的看法时，有必要更加注意这种区别，因为现有研究在这方面过度关注文化偏见（毫无疑问确实存在），是非常片面的。

这引出了我的下一个观点：我的研究并非仅仅旨在阐明被转移的社会工程的特定技术。正如本文讨论的那样，这种技术的借用与两种制度的种族主义思想和实践密不可分。显然，美学上的考虑并没有激发德国人对意大利殖民地城市规划的兴趣。相反，德国人对意大利人在城市规划的帮助下追求的种族主义目标感兴趣，这些目标至少在一定程度上符合他们在东欧的计划，即在被占领土上建立一个种族纯正的新社会。在德国的案例中，关键的区别在于，这种占领涉及系统性地消灭在生物学上明确界定的群体：犹太人。尽管北非的原住民也因占领而遭受了沉重打击，但意大利人的大规模暴行并非旨在彻底消灭“种族敌人”。换句话，大屠杀标志着德国和意大利政权之间的根本区别，但德国人在大屠杀阴影下计划并部分

---

① S. Conrad, *Deutsche Kolonialgeschichte*, p. 103.

实现的移民计划却不是这样。[①] 实际上，就移民政策而言，两个政权之间的共性和交汇点令人震惊。不过德国人对意大利的兴趣当然超出了移民政策：在塑造“新德国人”的努力中，纳粹政权仔细观察了意大利创造“新意大利人”的尝试。

这些纠葛最终在意识形态层面上表现出来。正如本文讨论的那样，意大利和德国专家之间的合作让他们就法西斯主义的扩张政策进行了深入的交流。意大利人的移民政策受到德国人的高度评价，这不仅是宣传的需要。在许多情况下，这种表扬无疑是真诚的。这些对于意大利人的积极看法在各个层面都得到了表达：从实际运作东欧移民计划的官员到希姆莱等负责将移民计划概念化的个人。甚至希特勒也经常称赞意大利人。在他与最亲密的顾问圈子最亲密的时刻，这位德国独裁者在谈到过去、现在和未来时经常提到意大利。当希特勒直接将德国在俄国的占领政策与意大利在埃及的政策相提并论，并且称赞意大利人是出色的殖民者，这些夸赞并非特例，而是他对意大利法西斯主义多年观察和思考的产物，他对后者怀有真诚的钦佩和忌妒。希特勒关于意大利扩张主义的言论是德国与意大利法西斯主义更广泛的对话的一部分。的确，每当希特勒谈到自己运动的兴起时，他总是将其与意大利相提并论。希特勒甚至将意大利提供的榜样视为自己夺取政权的前提。希特勒明确承认这一点：如果没有意大利的“黑衫军”，他的“褐衫军”就不可能存在。希特勒说，意大利法西斯主义的成功对国家社会主义的成功具有决定性作用。希特勒在回忆自己早期政治生涯（当时国家社会主义只是个“脆弱的萌芽”）时说，如果墨索里尼被马克思主义“压倒”，纳粹主义运动可能就无法生存下去。[②] 这些评论是在1941年意大利军队遭受一系列失败之后。这些失败让希特勒非常愤怒，但显然并没有改变他从根本上对意大利法西斯主义的积极看法。实际上，甚至在1943年墨索里尼被俘之后，希特勒仍然相信意大利法西斯主义的未来，这部分是因为他认为意大利法西斯主义和国家社会主义的命运是紧密

① See also T. Kuühne, “Colonialism and the Holocaust: Continuities, Causations, and Complexities”, *Journal of Genocide Research*, 15: 3 (2013), pp. 339 – 362.

② Entry of 21 – 22 July 1941, in Jochmann (ed.), *Adolf Hitler*, pp. 43 – 44.

联系在一起的。早在二十世纪二十年代，希特勒就将这两种运动视为更大的、必要的历史发展的一部分，即法西斯主义意识形态势不可当的崛起，这首先在战争和扩张主义中表现出来。

但是殖民主义并不是两个政权相交的唯一领域。对文化关系、妇女国际网络和警察合作的最新研究表明，两个政权在其他领域也有类似的密切接触。[①] 这些领域的行动者实际上独立于各自的外交事务机关制定了自己的外交政策。[②] 这表明两种机制倾向于发展出平行的组织结构。党和准政府组织通常与对应的政府组织相伴而生。这就产生了一个问题，德国和意大利专家之间的接触是否可能为轴心国的伙伴关系建立了更加坚实的基础，总体上有助于稳定双边关系。在官方外交渠道方面，两国关系无疑是起伏不定的。[③] 各种形式的机构交流，例如众多的德国－意大利文化协会，都可能为轴心关系提供了一定程度的粘合力。但迄今为止，这些协会扮演的角色一直被研究者所忽略。尤为重要的一点是，这些跨文化交流在形式上不再依赖于个人的自发性，而是由制度框架促成的，从而具有稳定性。在这方面，学者及其机构网络发挥了重要作用。与意大利学者的联系有助于加强德国的科学共同体，因为它使德国学者有特权获得意大利人在殖民社会工程领域积累的知识，德国人利用这些知识进一步发展了自己的霸权野心。德国观察家使用科学领域的隐喻将意属非洲描绘成一个巨大的社会实验室并非巧合。在这方面，我们只能肯定汉娜·阿伦特的观点：第三帝国的种族人口管理是现代殖民主义最具灾难性的影响之一。[④]

---

① B. Martin, "'European Literature' in the Nazi New Order: The Cultural Politics of the European Writers' Union, 1941 - 3", *Journal of Contemporary History*, 48: 3 (2013), pp. 486 - 508; E. Harvey, "International Networks and Cross - Border Cooperation: National Socialist Women and the Vision of a 'New Order' in Europe", *Politics, Religion & Ideology*, 13: 2 (2012), pp. 141 - 158; Bernhard, "Konzertierte Gegnerbekämpfung".

② M. Herren, "'Outwardly... an Innocuous Conference Authority': National Socialism and the Logistics of International Information Management", *German History*, 20: 1 (2002), pp. 67 - 92.

③ B. Martin, "European Literature", p. 488.

④ See also R. H. King and D. Stone (eds.), *Hannah Arendt and the Uses of History: Imperialism, Nation, Race, and Genocide* (Oxford and New York, 2007).

中华帝国及其天主教情势纪略*

——依据在华耶稣会士 1649 年以前提供的信息编撰而成

张宝宝** 译注

摘要 《中华帝国及其天主教情势纪略》讲述了 1638 年至 1649 年中国境内传教士的布道情况，也涉及了明清鼎革这一重大历史事件，主要包括以下内容：传教士在明皇宫里的布道、鞑靼人入关及崇祯帝的死亡、隆武帝写给耶稣会士毕方济的信函、瞿纱微为永历后宫的授洗以及永历帝向澳门派遣使者赠送礼物和寻求支援等。这些事件的参与者有毕方济、瞿纱微以及曾德昭等人，他们这几位传教士与明朝廷保持着密切联系，他们以现场目击者的身份记录了明末社会的动乱以及王室的颠沛流离。因此《中华帝国及其天主教情势纪略》对研究中国天主教史与明清史具有重要参考价值。

关键词 明清鼎革 耶稣会士 天主教史

译 序

《中华帝国及其天主教情势纪略》(*Summa del Estado del Imperio de la China, y Christiandad del, por las noticias que dan los padres de la compañia de*

---

* 本文系复旦大学文史研究院董少新研究员主持的 2020 年度上海市教育委员会科研创新计划冷门绝学项目“17—18 世纪有关中国的葡萄牙文手稿文献的系统翻译与研究”(2019 - 01 - 07 - 00 - 07 - E0013) 阶段性成果。

** 张宝宝，复旦大学文史研究院博士研究生。

Jesus，*que residen en aquel Reyno hasta el año de* 1649）是1650年在墨西哥出版的一本西语小册子（现藏于罗马耶稣会档案馆），记述了将近10年间教会在中国的发展状况以及中国的社会动态。它除了1650年在墨西哥出版外，1651年也在西班牙面世，但排版上有很大改动，变成两开本，字行极密，囊括1650年墨西哥刊本全文内容。另外，1650年，在葡萄牙里斯本也出版了此文献的葡语别本，里面有瞿纱微1648年所写信件的内容。[①] 除此之外，此文献还存在一个荷兰语文本，但是荷兰语文本相较于西班牙语文本，内容有所增添，比如荷兰语文本有两封瞿纱微自广州分别写给Florentius de Montmorency以及Joannes Schega两位神父的信函，日期分别为1648年11月和12月，这些内容是《中华帝国及其天主教情势纪略》西班牙语文本中缺少的。[②]

关于早期学界对《中华帝国及其天主教情势纪略》的使用情况，较早的为法国汉学家沙不烈（Robert Chabrié）在其所撰《明末奉使罗马教廷耶稣会士卜弥格传》中引用了该文献内容，他使用的是1650年墨西哥刊本，也是本文中笔者翻译依据的版本。[③] 而随后伯希和又使用这份文献的1651年西班牙刊本对沙不烈的著述内容进行补正。后来陈纶绪（Albert Chan）神父在西班牙国家图书馆也发现了1651年的刊本，并将其由西班牙文译为英文。黄一农先生在撰述《两头蛇：明末清初的第一代天主教徒》一书时，感慨于这份文献的珍贵，并以陈纶绪神父的译文为基础，将其部分内容译为中文，附于书中，为其命名为《中华帝国局势之总结》。[④] 以上是此份文献在学术界的主要使用情况，但可以发现存在一个共同的问题：这份文献并没有完整的中译本。许多学者都是根据自己的研究需要从中截取引用部分内容。笔者将依据1650年墨西哥刊本期待呈现文本内容全貌。

就文献价值而言，瞿纱微作为随军神父，以第一视角记录了他跟随永

---

① *Relação da conversão a nossa Sancta Fé da Rainha*，*& Principe da China*，*& de outras pessoas da Casa Real*，*que se baptizarão o anno de* 1648，Lisboa：Craesbeeckiana，1650.

② 〔法〕伯希和：《卜弥格传补正》，冯承钧译，上海古籍出版社，2014，第139—141页。

③ 沙不烈《明末奉使罗马教廷耶稣会士卜弥格传》的中文译本中，冯承钧将此文献译为《中华帝国纪要》，而本文将其译为《中华帝国及其天主教情势纪略》。

④ 黄一农：《两头蛇：明末清初的第一代天主教徒》，上海古籍出版社，2006，第333页。

历帝南逃的经历，以及他与宦官庞天寿（洗名亚基楼）一起为永历后宫授洗的经过，还有永历帝派人去澳门礼拜天主并寻求援助的过程。这些内容都成为中文文献的重要补充，并为学界多次引用。除此之外，《中华帝国及其天主教情势纪略》还有传教士在崇祯朝的布道，隆武帝与毕方济的通信等，这些内容都有助于中国天主教史以及明末以天主教为代表的政教关系的研究；与此同时，文献中还涉及明清鼎革时期周边国家如朝鲜、日本的应对，为我们研究明末清初东亚政治外交关系提供重要参考。最后，跳出文本内容，就其信息传播影响而言，17 世纪耶稣会士上级汇集各地传教士的信函，以菲律宾为信息集散中心，将中国的消息传递到西属美洲、欧洲，我们看到《中华帝国及其天主教情势纪略》在同时期相继出版西语、葡语、荷语本，可见当时有关中国境内明清鼎革的消息在世界范围内的传播，这也是以传教士为媒介的早期信息传播全球化的体现。

译 文

尽管那几个省份发生了骚乱和起义，无法获得那里传教情况的完整信息。但菲律宾方面已收到两个副省耶稣会上级写的信件，涵盖时间从 1638 年到 1649 年。下面是信件的内容。

到 1637 年，那个王国共有 28 名耶稣会士，其中 24 位神父，4 位修士。这个国家面积辽阔，共有 15 个省份，耶稣会士分布在其中 13 个省份。这 15 个省份每个都可以单独成为一个王国，面积和人口密度都适中，虽然幅员辽阔但也不会地广人稀。这 13 个省份的受洗人数有 6 万人之多，在他们中间有中国最重要和尊贵的人物。耶稣会在中国拥有大量房屋和教堂。仅在福建一省就有 17 座。我们的天主用原始教会的神迹支持着他的传道人和新教徒，用神圣的精神使新受洗的人准备好抵制看得见和看不见的敌人，如迫害中展现出的那样，他们欣然接受财产的损失、被放逐家园以及死亡本身。就像早前那两位基督徒一样，他们为了见证自身的信仰而遭遇死亡。[①] 那些最尊贵和富有的人都尽力通过树立良好榜样以及提供施舍的方式来扶助弱者和穷人；从这些苦难中，他们在祈祷以及圣洁教徒修行方面获得了新的精神与热情。

最值得钦佩和赞美的是圣灵将火种带到了皇宫以及贵妇人中间。由于严格的限制，她们无法与耶稣会神父进行交流。但通过其中一个宦官的帮助，她们达到了目的。这个宦官是皇宫中一个伟大的基督徒，他叫若瑟（Joseph）；她们深深地迷恋上了我们的教义，1640年的时候，在神父们的指导下，若瑟已经帮50多人授洗，其中一个贵妇是已去世皇帝的妻子[②]。尽管她们尝试通过多种方式与神父直接沟通，但都未获得成功。不过后来他们通过信函和书籍的方式来弥补这一缺憾。她们对灵魂的认识是清晰和准确的，所以神父能够很好地对她们进行精神指导。1640年，会长神父傅汎际（Francisco Hurtado）[③] 来到了京城，他从贵妇人中指定一人作为她们的上级，其他人都严格服从于她。

皇帝和皇后都不知道此事，皇后得知后训斥了她们，不是因为她们信了基督，而是这么重要的事竟然不禀告她。当她们向她讲述了整个过程后，皇后开始倾向于我们的圣律了。

皇帝对基督教也没有表现出任何不满，除了他对后宫嫔妃不感兴趣外，他只是认为基督教是适合他的国家的。他非常支持宫中神父们的事业：赐予他们土地和特权，就像之前赐予本国臣子那样，并豁免他们的赋税。有一次要给一架古钢琴进行装饰，这架钢琴是神父送给他的，钢琴架的边缘位置写着：新歌颂主（Cantate domino canticum novum）。他表示希望那句经文用中国的语言表达出来。神父们给钢琴调音，并制作了那句话的中文版。另外，借此期盼已久的机会，除了古钢琴外，神父们还送给他

---

① 这里涉及1618年的“南京教案”，参考 Albert Chan，“A European Document on the Fall of the Ming Dynasty（1644 - 1649）”，*Monumenta Serica*，Vol. 35，1981 - 1983，p. 79。

② 这里“已去世的皇帝”指的是明熹宗天启皇帝。

③ 傅汎际（Francisco Hurtado，1589 - 1653），葡萄牙人，1619年到达澳门，随后又到江南嘉定，1625年到达杭州，1630年到达陕西，1631年左右在西安府住院，1635—1641年任中国副省会长。1653年逝世于澳门。参考〔法〕荣振华等《16—20世纪入华天主教传教士列传》，耿昇译，广西师范大学出版社，2010，第160页。

一本书。这本书是巴伐利亚公爵（Duque de Bauiera）几年前寄来的，专门用于达到宣教效果。书被框于两个带有奇特装饰的银板中间，上面有福音圣徒的半浮雕像。[①] 打开封面，首先映入眼帘的是一幅精致华美的敬拜三博士[②]的画面，其精美程度超出了所有人的想象。接下来（除了其他圣迹图案外）是 47 张羊皮纸，上面绘有基督耶稣的生平事迹，色彩美丽、金光闪闪。在每张纸的背面是一段宣教经文，用金色的中文字体写就，刚好与图片中所绘内容相对应。为了揭掉书本的罩布（由佛兰德斯加工制作的金色丝绸制成）以及翻看书籍，皇帝还特意先洗了下手。他打开书页一看到三博士的图片，就深深地震撼了。然后他跪在地上敬拜耶稣圣婴。圣婴从远方召唤来了三博士，现在他又以画像的形式千里迢迢地来召唤中国人的国王。在场有许多人出席，其中就有皇后，他们也跟随皇帝行了大礼。行过敬拜之礼后，皇帝对众人说，你们在这里看到的这个孩子比我们的佛（Fei）（这是异教徒崇拜的最著名的偶像）还要伟大得多，这个（他指着画中的三博士之一）比我们的尧还要神圣。尧是一个帝王，中国人将他看作圣人，因为他一生都品行廉洁，未犯下任何过错。皇帝仔细认真地看过这幅画后，又一幅幅观看了书中的其他插图，而且对每幅图片都怀有特殊的敬意，连下人禀告需要处理的事务都无暇顾及。

皇帝并不满足这种崇敬和礼拜，第二天，他想把这些圣人图像放到一个宽敞的大厅里，用他的语言文字叫“弘德殿”（Palacio de gran virtud）。在那里，宫人们、皇帝、皇后又以非常恭敬的方式公开祭拜圣像。典礼持续了三天，之后皇帝认为在这个大殿供奉圣像是不恭敬的，因为有些人私下里的信仰是不虔诚的。他命人隆重地将圣像移到另一个更为私密的宫殿里，在这里满足了他所有的好奇。他经常来敬拜圣像，阅读基督的生平事迹，以及汤若望神父（Juan Adam）写的简短的讲道。因为神父的宣道内容每次都很简略，可怜的皇帝感到很茫然，他感觉无法理解其中的内容，

① 神父向崇祯皇帝进献图书，有可能与汤若望《进呈书像》有关。

② 据汤若望《进呈书像》所撰，“盖古经载，天主降生时，有异星出现，及期果然，此三王性好天文，见星，验知。天主已诞。随命驾望星来朝，一献黄金，一献蜜蜡（西土药名），一献乳香。”这里的东方三王又称三博士。

（某一次）他突然说：感觉天主（Tien chu）之律是真实的，可我却无法理解。我们的会长神父以及汤若望神父听说此事后非常开心。汤若望神父准备通过“教义问答”的形式对天主圣律做出更详细的解释，并已完工，就差一个好的时机来交给他，他期待在短时间内能取得大的成功。但对整个世界来说，1640 年的到来是不幸的开端（如果我可以这样说的话），同一时期，欧洲与东印度都爆发了混乱，各地起义造反，魔鬼也在中国策划活动，导致皇帝、皇后以及一些宫人、亲信死亡。

鞑靼[①]人进入中原以及皇帝的身死国灭

大明的竞争对手是鞑靼人。鞑靼与大明毗邻，由于他们精兵强将，所以经常处于上风。如果没有长城将中原与鞑靼隔开，在中间形成阻隔，那么鞑靼人会占领整个土地。目前他们已经占据了大明的一小部分土地。但是根据大明与鞑靼人之间签订的合约，他们双方暂时处于和平状态。尽管这项合约维护双方各自的稳定，互不侵犯，但最后，和平却化为残酷的战争。之所以出现这样的结果，不是因为鞑靼人未履行对中原人的承诺，而是那些糟糕的大臣，他们贪婪粗暴、对民众巧取豪夺，可皇帝对此却不知情。皇室贵族的荒淫无度引发了平民暴动，这就给两个暴徒提供了机会，他们二人分别叫张（张献忠）和李（李自成），之前是大明与鞑靼边境上的将领。1640 年，在同一时期他们二人于北部省份叛变，这些区域刚好与鞑靼人毗邻。他们私底下秘密与王室大臣、朝廷官吏（他们都是中国的行政长官）互相勾结，发动叛变。他们就是两个暴徒，因为无法继续维持分而治之的局面，李姓暴徒便试图除掉对方，想让自己迅速成为中国唯一的皇帝。其中 5 个省份已经叛变，并向李投诚。然后他计划攻入北京城，登

---

① 到 17 世纪，“鞑靼”一词在欧洲文献中通常指代“满洲”，这和当时传教士所撰写的著作与书信有关。比如卫匡国的《鞑靼战纪》、杜赫德的《关于中华－鞑靼帝国地理、历史、年代学、政治学与自然的描绘》等。具体可参考 Dong Shaoxin，“The Tartars in European Missionary Writings of the Seventeenth Century”，*Foreign Devils and Philosophers：Cultural Encounters between the Chinese，the Dutch，and Other Europeans，1590－1800*，Brill，2020。

基成为中国的皇帝。他很好地掩盖了自己的图谋，等皇帝意识到事态的走向时，李已经是北京城的主人了，他下一步只想攻占皇宫和王府。当时中国合法的帝王崇祯听到这一消息后惊慌失措，他像个野蛮人一样选择了一条最糟糕的出路。当他在这片土地上失去肉体和家园时，他也失去了灵魂：他在皇后和一些亲信的陪伴下藏身于树林或者花园的一处。他亲自挥剑杀死年龄很小的唯一的女儿，她自愿赴死，因为不愿看到自己遭到凌辱。然后，皇后也在皇帝亲眼见证下吊死在一棵树上，皇帝刺伤自己的手臂，并写下血书：大臣官员都是叛臣贼子，所以他们死不足惜；百姓是无辜的，我不想羞愧地活着。[①] 写完遗书后，他便也吊死于树上，宫中许多贵妇、宦官臣子也都仿效崇祯帝自我了断，随他而去。

这样李姓暴徒在没有遇到抵抗的情况下夺取并占领了皇宫，抢掠国库的金银财宝，估计有 7000 万两那么多。

鞑靼边境守卫长城的将领知道了此事，于是就打开城门，引鞑靼人入关。鞑靼人趁此机会大举进攻中原。中原人因为恐惧而投降，而非屈服于战败。鞑靼人长驱直入攻入北京寻找李姓暴徒，但他并未出来防守，而是尽可能多地带走皇宫大量的财物，并在平民中间犯下暴行，然后就逃到了其他省份。在那里，据说他被随从杀害，或是出于对他背叛的惩罚，或是为了占有他的财产，或者二者兼有。鞑靼人没有遇到任何抵抗便成为北京朝廷的主人，并自任为大中国的皇帝。1647 年初，他们已经几乎掌控了 15 个省份。一些人对鞑靼人自愿投降，另一些人则屈服于血与火，他们经历了鞑靼人的残暴和战争的残酷。他们必须为自己的懦弱付出代价。因为中国大部分的城市、村庄都是由城墙环绕，可以设置防御工事，所以他们不仅可以轻松自卫，还可以抵御敌人，借此可以一雪前耻，振奋士气。那些杀戮、抢掠以及暴力等鞑靼人施加给中原人身上的，都是那些傲慢无礼的士兵所为；而鞑靼王及其大臣在治理国家方面则多了份温和，与汉人相比，少了那份严厉。12 岁的鞑靼小皇帝在三位稳重、有治国经验的皇叔的

① “朕凉德藐躬，上干天咎，然皆诸臣误朕。朕死无面目见祖宗，自去冠冕，以发覆面。任贼分裂，无伤百姓一人。”出自《明史》卷二四《庄烈帝二》，中华书局，1974，第 335 页。

辅佐下理政。[①] 中原人战败或投降的标志是剃去头发，（传统上）他们都要蓄发，头发很长而且打理得很整洁，他们对自己的头发十分看重，宁可脖子挨刀，也不愿剃去头发。

耶稣会神父们依然公开宣讲教义，管理众多基督徒。尽管在许多地区他们见证了战争的严酷和军队的散漫、无纪律，但不像之前知道的那样害怕。相反一旦他们教导的圣律被理解，不仅仅他们自己受到尊敬，而且神父和教堂都得到友好的对待，甚至获得好处。因此住在北京的汤若望神父（一个德国人）得到了鞑靼王极大的尊敬，使他成为管理历法的最高长官，[②] 以及皇室印章的监管者，并且负责土地的捐赠事宜。除此之外，还给予了他之前享有的所有特权和豁免权。鞑靼王和随从们经常来我们的教堂聆听我们的圣律，他们对其很是赞赏。鞑靼王鼓励自己的人跟随我们的教义；最后，一个年轻的王爷（鞑靼王的叔叔）接受了洗礼。朝鲜国王[③]来向鞑靼王朝贺，恭祝他取得胜利，以获得鞑靼王的好感。他目睹了鞑靼王对耶稣会士的尊崇，并聆听了神父所讲的几段圣律，然后展现出了极大的好感，并表示要带几名神父回到自己的国家，但我们没有同意，因为我们本来人手就不够。但是他带走了很多书，里面包含我们圣律中讲的大量奥秘。朝鲜国王身边的一名大宦官（国王的亲信）接受了洗礼。

还有多明我会的两位神父，他们独自待在中国的穆阳（Moyang）。这个地方及周边见证了战争的严酷，其中一个叫山济各（Fray Francisco de Capillas）[④] 的神父，他被一个鞑靼官员严刑拷打，并判处死刑。官员认为神父是地方叛乱以及其他为非作歹之事的头目——据 1648 年写给菲律宾省

① 顺治皇帝出生于 1638 年，1644 年正式登基，时年 6 岁。

② 即钦天监监正。

③ 这里以及下文所提及的“朝鲜国王”并不准确，应该为昭显世子。

④ 山济各（Fray Francisco de Capillas，1607 – 1648），1607 年 8 月 11 日出生于帕伦西亚，1641 年他请求多明我会上级能够同意将他派往中国传教，1641 年 7 月 22 日他到达台湾地区，1642 年 3 月进入中国大陆。1648 年被鞑靼官员逮捕，1 月 15 日被判处死刑。多明我会士施若翰以及一名虔诚的基督徒官员为其收尸。参考 José María González，*Historia de las misiones dominicanas de China*（Madrid：Imprenta Juan Bravo，1964），Vol. 1，pp. 218 – 219。

的信函所言。施若翰（Fray Joan Garia）[1] 神父单独留在了中国，他要求派遣 4 个同会修士来辅助传教，存续多明我会在中国的教会力量。

日本国王看到大明人轻易放弃了对鞑靼人的抵抗，他的态度发生了巨大变化。他认为大明人实在太懦弱，不配和他们生活在一起，（因为）日本人自诩英勇好战。于是他要求在日本的所有大明人带着自己的家人离开这里，这项命令被严格执行，不容反驳。确实有大量大明人在日本定居，并与当地人结婚，其中很多人都很富有。他们全都被驱逐，只允许他们在商船上做买卖，不准上岸。这一时期，还有一些大明商船到来，作为屈服于鞑靼人的标志，他们都剪掉了头发。日本人拒绝这些人，不允许他们来此销售货物，命令他们驶离日本的港口，并要求他们不准再回来。因为他们太容易屈服于鞑靼人了，实在太懦弱了。鞑靼的官员们对此展现了强烈的情绪和不满，并发誓要惩罚日本。

荷兰人与日本人维持着贸易，获利不多，受到的屈辱却不少：由于不被允许上岸贸易，他们不得不在船上进行交易。他们一到达港口就需要把船帆、船舵和一些武器移交给日本，所以他们无法离开除非得到日本人的许可。1647 年 7 月，到达长崎港的几艘大帆船就遭受到了这样的对待。随行船队的有葡萄牙大使，他是 1644 年 1 月从里斯本出发的。为了不激怒日本人，他们移除了帆船旗帜上的十字架标志，也遮盖了宗教图案。但他们不想交出武器、船帆以及船舵，这就无法使日本人对他们放心。于是日本人在帆船停泊的河口建起防御工事，河水水流量大，河面比较宽，他们就在水面上建造了一架桥，桥上有四座木制的堡垒，非常坚固，并架有许多火炮。另外还有大量的船只和人员守卫着这座桥。大帆船并没有离开，为了使自己能够留下来，致函日本国王告知他们的到来，包括来自里斯本的布拉干萨公爵（Bergança）[2] 派来的使者。8 月 29 日，日本国王的答复到

---

① 施若翰（Fray Joan Garia，1605－1665），1605 年出生于西班牙雷亚尔城，1631 年到达菲律宾，1633 年来到台湾地区，随后进入中国大陆沿海地区。1665 年被中国地方官员逮捕，后被营救出来，但因为年老体衰，最后于 1665 年 12 月 8 日去世。参考 José María González，*Historia de las misiones dominicanas de China*，Vol. 2，pp. 437－438。

② 即后来的葡萄牙国王若望四世，布拉干萨王朝的创立者。

达了长崎港，他提醒荷兰人，在过去几年里日本已经处决了好几位从澳门派来的使者，和他们一同牺牲的还有那些陪同的船员。国王宣称他们还会以同样的方式对待以任何借口来他们国家的欧洲人。尽管目前他们这群人是罪有应得，但念其千里迢迢赶来，并不知道这边的情况与规矩，所以决定饶其性命。但是他们需要马上离开，并保证不能再回来，否则就杀掉所有人。需要注意的是，使团并没有允诺不带神父随行，也并未答应不参加宣扬神圣律法的仪式，因此他们必须要在特定的日子离开。于是日本人拆掉防御工事，敞开河面，尽可能给了荷兰人需要的食物和水，如同他们在河上期间等待荷兰人回来那样，荷兰人不得不支付这一切，尽管花费并不多。

我们可以说到1647年，鞑靼人已经成为大中国的主人，但他一直无法完全征服福建，也称漳州（Chincheo）①。这一地区在崇祯帝死后，在一个有影响力的海盗（名为一官［Jchoan］）② 的支持下，他们强行把明王室的一支推上了帝位，其年号为隆武。这位隆武帝与那不勒斯耶稣会士毕方济③关系甚好。隆武帝登上皇位后写了许多信召唤他，下面就是最近的一封。

隆武帝写给耶稣会士毕方济的信函

现在我成了一国之君。自从五月初我们在都城南京（Isanquin）分别后，五月至六月，我到达了苏州（Sucheu）④，六月初七他们推举我为监国，二十七日我登上了帝位。我打算退守泉州（Ciuen cheu）的山野里。我的好朋友，你我相识已有二十多年了。现在他们要我担起国家重任。我

① 传教士经常用漳州来指代福建。

② 指郑芝龙，字一官。

③ 毕方济（Francisco Sambias，1582－1649），意大利人。1610年到达澳门，1613—1616年在北京，1628年又到河南开封，后又陆续到达山西、山东。1631—1643年在南京，1645年出使澳门，南明永历帝于1646年敕封他为“民师”，1649年逝世于广州。参考〔法〕荣振华等《16—20世纪入华天主教传教士列传》，第311页。

④ 陈纶绪神父认为此处的Sucheu属于讹误，应该是Fucheu（福州）。

发誓要收复失地，继承祖辈遗志，报答国家。我内心是痛苦的，如同黄连一般。但是我会拼尽全力救亡图存。我现在已不能顾及其他事了。江河湖海皆为贼人所占，我急切希望能够收复它们，让江山社稷和过去一样完好无缺。朋友，过几天我就要亲自上战场了。我只筹集了一些军饷。我的老朋友，给我想些办法，指条明路吧。我已经是第三次邀请你了。这次我决定任命你为军中大员，你意下如何？另外，我封你为外疆之王，你觉得怎样？自从咱们分别后，一官（Legùen）对我也是三心二意：我知道你能够缓解我的心绪。朋友你好好考虑一下我所说的。

隆武元年第一个月的第四天①

（毕方济）神父来到了隆武帝的朝堂，隆武帝全身心地信赖他，依仗他，同样毕方济神父也亲力亲为。隆武帝想封他为王，但神父拒绝接受。关于这一问题有很多讨论，在中国有关于他们的专门记录。神父并没有接受任何荣誉头衔。他得到了皇室的高度支持与敬意，比如皇室颁发谕令（Chapas）来支持传教事业，劝诫众人跟随基督耶稣的真律。神父返回了广东（Canton）省，在这里他遇到了鞑靼人，因为鞑靼士兵不认识他，神父遭受了虐待，受到了致命的伤害。但是当时他并没有死，直到很久以后才去世。鞑靼总督②认出了他，并（设宴）款待他，对其十分尊崇。善良的隆武帝看到鞑靼人步步紧逼，自己却缺兵少马，他自愿放弃这个当时勉强接手的国家，据说后来遗憾地死去了。

隆武帝不在了，中国人开始寻找确立新的领导者。他们要找到最接近皇室血统的那支。但是这些王室后代并没有称王的意愿，纷纷逃避这项重任。他们宁可做寻常百姓也不想戴那顶皇冠。最后，他们在广州扶持隆武

① 关于此封信函的落款日期问题，陈纶绪神父依照马德里国家图书馆所藏版本，将其译为“隆武帝统治的第一年第一个月第四日”，和本文所依据的墨西哥版本落款时间基本一致。但是近日董少新老师依据较早的马尼拉抄本（藏于明尼苏达州立国家图书馆）发现其落款日期存在问题，正确的日期应该为“隆武皇帝统治的第一年第十个月第四日”，公历应该为1645年11月21日。而本文所依据的墨西哥版本以及后来陈神父所依据的马德里版本在日期上都存在抄写错误的情况。

② 鞑靼总督指的是佟养甲。

帝的一个弟弟登基[①]，但他的统治持续时间很短，因为鞑靼人攻入了广州，隆武帝的弟弟也丧命了。在同一时间，在广西（Kiansi）的桂王被拥立为皇帝，据说他与早前自杀的那个中国皇帝血统最为接近。结合目前的局势走向，希望他能够挽救中国，为基督教在那片广阔的国度传播打下基础。我们获得的信息来自瞿纱微（Andres Xauier）[②] 神父，他是一个德国人，是永历帝的随军神父。在他 1648 年写的一封信函中，他讲述了他在中国的传教情况及相关活动。他的信件内容如下：崇祯帝（Chumchin）死后，广西那边推举一个王子为皇帝，他是那位有名的万历皇帝的直系血亲，在万历朝，耶稣会士利玛窦进入了北京城。这位王子被称作桂王（Queyvan），大约 26 岁，这个年龄已经足够担起治理国家的大任了。他为人一直很低调，隐没于众人之间。但是他被广州的督堂（Tutao）（像总督一样的官职）和其他官员发掘，他们请求桂王加冕称帝，但他推辞不受，只答应接受监国一职。但很快，他们看到鞑靼大军压境，可这边却群龙无首，于是他们要求桂王登基称帝。桂王的母亲大约 47 岁，她慎重缜密，有学识，通晓中国礼仪，但喜欢崇拜神灵。她十分反对桂王接受帝位。[③] 尽管桂王并不想接管国家，他的母亲也不同意此事，但最终都未能阻挠大臣们于 1644 年底拥立他为皇帝。他们在登基典礼上称他为永历帝（Don tulie）。[④] 随后好几个地区都归顺于他，除了广西（Kiamsi），还有其他三个地区，四川（Suchuen）、贵州（Qicheo）和湖广（Hicquam）。他身边的大臣缺乏作战经验，而作为二把手辅佐新王的阁老只想着中饱私囊，由于无法给士兵发放饷银，军队发生了骚乱。而阁老带着国库的 300 万两银子逃跑了。[⑤] 新

① 指绍武皇帝。

② 瞿纱微（Andres Xauier，1612－1652），又名瞿安德。1645 年从澳门出发到广州，成为救助明王朝的葡萄牙人的随军神父。1646 年独自一人在广西桂林。1648 年 3 月或 4 月间在南宁为明王朝的公主们和永历的儿子“当定”举行洗礼。参考自〔法〕荣振华等《16—20 世纪入华天主教传教士列传》，第 198 页。

③ 王太妃，永历帝嫡母。史书记载：“母妃王氏曰：‘吾儿不胜此，愿更择可者。’魁楚等意益坚，合谋迎于梧。”《明史》卷一二〇《诸王五》，第 3653—3654 页。

④ 梵蒂冈现存永历帝写给罗马教皇以及耶稣会总长的求援书信中，“永历”二字的注音分别有“JumLie”以及“Yumlie”等写法，而此文本中写作 Don tulie。

⑤ 大学士丁魁楚携三百万两库银出走岑溪，后被清兵所杀。参考黄一农《两头蛇：明末清初的第一代天主教徒》，第 334 页。

王发现自己无依无靠，身边更是缺乏能够出主意的人：这时一位名叫路加(Lucas)[①] 的官员带着人马以及澳门的火枪手前来救驾。路加是位伟大的基督徒。我是和我们的护卫路加一起过来的。另一个叫亚基楼[②]的基督徒掌管着永历帝的军队，他意识到自己人马不足。于是他让费雷拉（Nicolas Ferreyra）队长带领澳门来的火枪手在此留守，他自己带着 3000 人马到湖广（Huquam）[③] 去征兵。他是带着我一起出发的，这刚好违背了路加的意愿。我们到达广西（Quamsi）[④] 桂林府（Quiemfu）时听说由于鞑靼人的紧逼，臣子们众叛亲离，皇帝正朝这边赶来。善良的亚基楼感到很吃惊，他也想试图逃跑，并询问我的意见。直到第二天做弥撒时我告诉他，基督徒从事的是相当重要的事业，我们不能贪生怕死，我们要为主的荣耀而服务，践行主的美德。其中一项就是忠诚，臣子对君主以及天主的忠心。他对君主要做的主要就是应当尽量保护他，或者至少不让他处于困境之中。这就是伟大的善的事业。如果你死在他身边，向他展示了你的忠诚，你将会是伟大的典范。那么世人将会看到，亚基楼因为是基督徒所以对他的君王忠心耿耿。听完这些，亚基楼情绪激动，眼里满含泪水。他答应听从我的建议，我也鼓励他为我主至高无上的事业增加光彩，要他允诺出于对天主之爱而忠于他的君主，信任并遵守天主唯一的圣律。他都一一答应了。我告诉他尽可能找到合适的机会把我所说的以及天主的教义告诉皇帝，这也许将会引领一个美好的结局。亚基楼寻找适当的场合，当着朝中大臣的面向皇帝和太后讲述他和我在一起时经历的事情。他向他们称颂我们圣律的正确和可信，这使得每个人都很喜欢基督的教义，他们的行为可以体现这一点：皇帝和大臣们捐赠了大量物资来购买房子用作教堂和住所，在梧州（Euquim）[⑤]，朝堂上重要的人物来我的住处拜访，这是 1647 年 3 月的情形。

---

① 学界多推测此人为焦琏，但非定案。

② 宦官庞天寿，入洗教名为亚基楼（Aquileyo）。

③ 此处原文如此。

④ 此处原文如此。

⑤ 此地名存疑，需进一步考证。

但好景不长。当鞑靼人带着强劲的军队靠近时，当地人非常害怕，由于地形复杂，50 个欧洲士兵凭借险要的地势就可以将鞑靼军队拒在门外，但当地人不仅放鞑靼士兵通行，还设宴款待他们。永历帝听说了此事，将皇冠从头上取下来扔向地面，并大声喊道，谁将我置入此种境地，都是因为你们戏弄我！大臣们聚在一起商量对策，他们建议皇帝带领宫人一起逃往湖广。只有亚基楼说要誓死跟随皇帝。路加依然恪尽职守，愿意留守此地，尽管有人认为他很狂妄，也有人说他私底下已经与敌人达成协议，最终将会把这个省拱手让给鞑靼人。我和路加待在一起，这让想带我走的亚基楼感到很伤心。但可以确定的是，后来天主站在了路加一方，他成功地抵御了鞑靼人入城。因为后来又有 2000 援兵到来，路加不仅捍卫了城池，而且使鞑靼人落荒而逃，损失惨重，以至于退回了广州。只是拥有军事自由的当地人在周边犯下许多暴行，比鞑靼人还要残忍，他们造成的后果无法补救。

皇帝带领宫人撤退，他的朝堂迁到了湖广，在这里一名官员带着 8000 士兵前来救驾，因此皇帝授予他总兵（Chumpin）的官职，如同公爵一样。因为新加封了要职，这名官员变得特别傲慢。他看起来更像在拘禁皇帝而不是前来搭救的，而且对任何事情都很专断。[①] 皇帝哭诉着他的不幸。亚基楼不失时机地安慰他，并劝告他相信天主的圣律，并允诺如果跟随天主的话，他毫无疑问将获得上天的帮助。皇帝并没有排斥这些，但他的母亲、外婆及妻子不仅听信了这些劝言，还特别用心，并决定受洗成为基督徒。一旦得到皇帝的许可，亚基楼便开始向她们传授我们圣律的奥秘和一些祷文，她们可以每天在我们的圣母像（我给他们的）前面默念祈祷，寻求圣母的支持并允诺成为真正的基督徒。她们想召我来给她们授洗，但我并没有。因为我和路加待在一起，离她们比较远。后来鞑靼军队突然到来，他们发现皇帝和大臣都没有任何防备，于是就在 1647 年 9 月袭击了这

① 据《明史》卷一二〇所载："会武冈总兵官刘承胤以兵至全州，王坤请赴之……遂趋承胤军中。三月封承胤安国公，锦衣指挥马吉翔等为伯。承胤挟由榔归武冈，改曰奉天府，政事皆决焉。"《明史》，第 3654 页。这里前来救驾的官员应该是刘承胤。

座城市。[①] 皇帝在慌乱中拼命逃离行宫，但兵荒马乱中弄丢了一个3岁的小皇子，如今生死未卜。皇帝带着一行人逃到广西的柳州（licucheu），这个地区深居内陆。为了确保安稳，他们采纳了分散避难的方法，太后决定跟路加一起走，而皇帝带领大臣们则向相反的方向走，进入广西的府城。在皇帝和太后临行前，叛乱的士兵攻入柳州，大肆屠杀，广场上堆满了断臂残肢。[②] 他们放火烧毁了这座城市，大火烧了三天三夜。皇帝带着后宫大臣逃离了危险，但1648年3月，士兵再次哗变，他们抢掠皇宫，侵占了府城，在路上见人就杀，侮辱妇女和大臣们的女儿。[③] 皇帝带着众人逃跑，却不知道要去哪里，也没有好的建议可以采纳，而这时传来一则假消息，说鞑靼人马上要追上来杀掉皇帝。太后绝望至极，她拿出一根绳子想要自我了断，后来被亚基楼救了下来。他不仅解救了她的身体也救赎了她的灵魂。亚基楼劝说她相信天主，并履行诺言成为基督徒。太后恢复了平静，答应尽快受洗（她确实这样做了，随后我将会讲到）。由于鞑靼人以及当地人的突袭，太后便和皇帝分开了，她和亚基楼、路加来到我们所在的城市，和她随行的皇后之前是居住在省城。据太后所说，先前某天晚上她斜躺在床上醒着的时候看到了小耶稣（Niño Jesus），他的形象通常与油画中《施洗者圣约翰》一样，手里拿着十字架，像长矛一样。他威胁太后说，为什么不跟随我（的教义）？如果不接受我的圣律，你将会死去。（实际上）她并不知道小耶稣的形象，后来她看到一幅圣像和她之前看到的比较相似，这幅圣像是我碰巧呈献给她的儿子——皇帝陛下的。她回想过去发生的一切，决定要求施洗，为此她向我讲述了上面提到的所有事情。我发现她已经做好了准备并很好地掌握了教义，就当着亚基楼以及其他人的面为她进行施洗。我们在教堂里举行了隆重的授洗典礼，同时接受洗礼的还有她的母亲、另外一个皇后和太后，其中一个是皇帝的生母。因为我们刚

① 1647年9月，清军趁防守不备，以迅雷之势攻陷行在（奉天府）。参考黄一农《两头蛇：明末清初的第一代天主教徒》，第335页。

② 土司覃鸣珂与守道龙文明互攻，柳州因此遭兵燹。参考黄一农《两头蛇：明末清初的第一代天主教徒》，第335页。

③ 1648年3月，郝永忠的部队哗变，他们洗劫了桂林的行宫和城区。参考黄一农《两头蛇：明末清初的第一代天主教徒》，第335页。

才所说那位并非皇帝的亲生母亲，她是皇帝父亲的正妻，却没有自己的孩子，但我们尊称她为太后是因为她是合法妻子（永历帝的嫡母）。和她一起受洗的还有后宫的大量嫔妃。皇帝嫡母的受洗教名为Elena，中文名写作“烈纳”，意思是“获得贞洁”；永历帝的另一个母亲，也就是他父亲的嫔妃，其教名为玛利亚（Maria）。永历帝的皇后教名为亚纳（Ana），他的外婆，也就是烈纳的母亲洗礼名为茱莉亚（Julia）。他的一个妃嫔也受洗入教，教名为亚达（Agueda）。

洗礼结束后，我回到了自己的住所。不一会儿，烈纳太后派人请我去见她。她说她想对我行叩拜之礼，因为在中国学生通常会向老师行此大礼。她也把我看作老师一样，同时也因为我通晓上天的义律，学识丰富。我告诉她，上帝之子才是真正的老师，她应该向他作揖叩拜。

第二天皇帝来到我们所在的地方，很快他就去看望太后。烈纳要求他跪在我主的圣像面前祈祷，她说以后在她的宫殿中不需要供奉其他神像，天地之间只有一个上帝。皇帝应允了，他在房间里供奉的圣像面前跪拜。

对于太后改信基督，私底下不免有人议论。她这样回应：现在我是基督徒，我不会放弃我的信仰。就算有人要砍我的头，我也要侍奉我主。

第二天，她给我写了封亲笔信，信的内容是这样的：我的导师瞿纱微神父，我犯下的错误累积下来有山那么高。我恐怕（有一天）鞑靼人或者其他叛乱士兵、外部的反贼会到来，（但）不要让他们侵犯我的身体。我恳求您出于对上帝之爱、贞洁圣母之爱，替我向他们寻求庇护，以免（他人）说我白白信了天主。[①] 我以上帝的名义向她保证，既然她所求的不是生活琐事，而是纯洁的灵魂和肉体。那么上帝不仅会满足她的基本要求，还会帮他们收复失地，光复大明。上帝为了印证我的承诺，8天里相继有7

① 顾保鹄神父在罗马耶稣会档案馆中发现了这份永历太后致瞿纱微的手谕，内容为：“皇太后谕瞿先生：予在世所作罪业，深如丘山，又虑虏寇交虹之际，人心涣散之时，危在燃眉之急，恐落于凶恶之手，以污秽了身体，惟望先生替予每日在天主、圣母圣前祈求，遭天神护持予身，全其名节，只愿善终，不枉进教，一尝生死，感诵圣德不朽也！”黄一农先生对手谕内容进行了深入分析。见黄一农《两头蛇：明末清初的第一代天主教徒》，第369页。

个省份送来降书，表示愿意归顺皇帝。这就证明了我们圣律的真理性。以上所有这些事情发生在1648年4月9号之前。

5月初，我写信给澳门告知这些消息。皇帝派太监告诉我他的一个女儿刚刚夭折。他感到害怕，因为上天并没有像我允诺的那样帮助他。我回复他，上天不助违背圣律之事。因为这个女婴并非皇后所生，是由妃嫔所出，所以她就没有活下来。天主以此事给他一个教训，表明他不喜欢皇帝拥有妃嫔。在此之前，合法的王子是由皇后所生的，而非妃嫔，所以天主才会帮助他。以上是我带给皇帝的口信。当皇后怀孕即将临盆时，我写信告诉她每天我都在做弥撒和祈祷，希望上帝能让她顺利生产，并赐给她一个健康的皇子，皇后也要通过圣洁天使（Santo Angel）祈祷同样的事。我送给他们6根白色蜡烛，在皇后分娩的时候把它们放在祭坛上点燃。中午的时候太监把我的口信转达给了皇帝，而到了那天晚上午夜12点诞生了真正的天地之君，皇后生了一个儿子。皇帝很开心，并立刻把这一消息告知了我。同时还给我送来了他亲笔书写的孩子的生辰八字，让我给新生儿看相。我趁此机会，利用我们正统的占星术对此进行解读：这个新生儿是得我主宠爱的，当他母亲怀着他受洗时，就得到了天主的赐福。他出生的时间刚好和上帝之子一样都在子夜就可以证明这一点。以我们的历法来看，他自然是有福之人。对中国人来说，他也是大福之人。因为他出生的时辰，刚好金龙与太阳同在，二者互相争辉，这意喻着将来中国在这位新王的领导下会再次充满光明、龙飞在天。这是中国的荣光，是天主的恩典，同时这也是天主对年前您筹集钱财在梧州建造教堂的奖赏。对于建教堂这事，天主给予了三个奖励：第一个就是在重重危机中使得您能保全性命；第二个就是7个省份的平定，使得它们都归顺于您；第三个是赐您皇子，使得皇位延续。在这个世界上，我主已经给了您万千宠爱。另外还有其他大量的恩惠等着赐予您，但目前暂时还不行，直到您能够睁开眼睛拥抱福音的光辉。对于小皇子来说，接受圣律也是必要的。因此要为他指定教师，让他从7岁开始就要习惯尊敬、崇拜唯一的天主，将来按照天主的圣律来治理国家，从而实现国家的繁荣与复兴。

皇帝对我的回复相当满意。皇后、太后催促我赶快为小王子授洗。我回复她们说如果没有皇帝的许可，我是不会给王子授洗的。另外我答应给王子寻找老师给他讲解我们圣教诸事，将来不能拥有太多妃嫔和做其他违反圣律的事。

皇帝完全知道此事，但是那些可恶的大臣两次介入此事，导致皇帝与太后之间发生了多次争吵。接下来发生了一件事，当我们的住处从高地迁移到平原时，小王子生病了，而且有致命危险。他们让我做弥撒向天主祈福，并询问我关于王子病情的凶险情况。我告诉他们天主真的很生皇帝的气，因为他并没有很好地报答天主的恩惠。如果想要小王子继续活命，最好给他施洗，让他成为天主的孩子。皇帝收到我的答复后，立马把我叫去给小王子施洗。（于是）我在皇帝的见证下举行施洗礼仪，皇帝全程目睹整个仪式，并露出钦佩之情。然后他对亚基楼说：现在我们把孩子献给天主，等他受洗后就要服侍天主了。小王子受洗后身体逐渐好转。我给他起的圣名为当定（Constantino），中文名理解为“有权力决定者”。这个洗名让皇帝和大臣们都感到很开心。希望他将会在中国（推行）我们神圣的信仰和律法。我还听广州的官员这样说：我们确实应该归附于他（这里指永历帝），因为很明显，上天是站在他这边的。

皇帝对我们的圣律有很好的理解，但是出于一些国家、政治原因，他又不能这样做。太后、皇后很支持我们的圣律，尤其是烈纳太后。她严格遵守我们的圣律。她积极参与教堂里所有的斋戒活动，一整天连茶水（一种热饮料，由一种带有苦味的植物叶子冲泡而成）都不进一滴，我必须劝她不必如此严格。她几乎整天都在祈祷，祈求天主能够打开皇帝的心扉，使他遵循我们的圣律。我对此有很高的期待，这位太后将会成为另一位圣莫妮卡（Santa Monica）[1]，使得皇帝能够转信我主。目前到这里所讲述的事情都来自瞿纱微神父的书信。

① 已婚妇女的主保，她以一生的精力终于劝服其子改信天主教。参考黄一农《两头蛇：明末清初的第一代天主教徒》，第337页。

中国皇帝派遣到澳门耶稣会教堂的使者及带来的礼物

以下信息来自澳门的耶稣会会长曾德昭（Alvaro Semedo）[①] 神父和其他神父以及重要人物所写的信函，它们经由望加锡（Macazar）[②] 传递而来。

上文我们提到的事情刚发生不久，皇帝就下达命令给阁老亚基楼（他是皇帝的亲信，皇帝依靠他来治理国家），派遣他去趟澳门，目的只是为了在那座城市的耶稣会教堂里给我主奉献礼物和供品，然后让神父们举行盛大的弥撒，向天地之主祈祷，让他保佑皇帝，支持他，帮助他对抗敌人，直到完全收复国土。他希望我主能让他的军队赢得胜仗，因为他们准备派遣军队去征服其余省份。因为天主之前已经彰显了他的仁慈，使得 7 个省份都自愿前来归附。1648 年 10 月 17 日，使者所乘的船只到达了澳门海湾，并停泊在那座城市的房屋建筑前面。船只到来的时候，船身装点着小三角旗，以及彩色的丝绸长条旗。其中还有两面巨大的旗帜，一面是黄色绸缎的，上面绣着一个十字架，色彩艳丽。另一面是红色的，绣的是白色的十字架。很快三名基督徒官员在随从的陪同下上岸了。他们开心地对围观的民众说：我们是基督徒。他们来到耶稣会住院，向神父们说明来意及要办的公事。他们把皇帝的一封信交给视察员神父（他们称其为大神父）。信中内容也就是我们刚说过的，给他举行一场弥撒、（让神父）替天主收下礼物和供品。他们送来的礼物有 4 个银质大烛台，他们称之为细丝（Sasi）[③]，做工精良，而且是中国传统款式。还有两个大火盆，上面刻有皇帝的名字，还有他的专属纹章，是一条龙的图案。其他的还有四个小银

---

① 曾德昭（Alvaro Semedo，1585 - 1658），又名谢务禄，葡萄牙人。1613 年到达南京，1645—1650 年和 1654—1657 年任中国副省会长，1648 年在澳门学院，1649 年到达广州，1658 年逝世于广州。参考〔法〕荣振华等《16—20 世纪入华天主教传教士列传》，第 319—320 页。

② 望加锡在印尼语中为 “Makassar”，也写作 “Macassar”。在 16 世纪初，望加锡是马来群岛的贸易中心，是欧洲人以及阿拉伯人前往东方贸易的一个落脚点，同样它也是东西交通以及信息传递的中心。

③ 陈纶绪神父将其称作 “细丝”，表示纹银。

棍，用来拨动香火；以及香片和灯笼等，用来散发香气和装饰天地之主的圣坛以及圣殿。官员们也向视察员神父以及会长神父进献了太后作为基督徒给他们准备的礼物。按照他们的礼仪，她送给神父每人两匹丝绸，一块银条。虔诚的太后恳请神父们替皇帝和她向上帝祈祷，希望自己能成为好的基督徒。

船到达澳门三天后，神父们将要在教堂里庆祝圣乌苏拉节（Once Mil Virgines），迎接皇帝的供品以及举行盛大的弥撒都是为了这个节日而准备的。教堂圣殿被装扮一新，布置很华美。到了圣日这一天，上午七点钟，官员们在许多人的陪同下从船上走下来，他们到达教堂的门口。这里聚集了城里面最重要的人物，他们在此恭迎。住院的神父、修士们都穿着长袍出来迎接供品。官员随行的队伍里走出两个中国人，他们抬出一张金色的案子，上面放着供品。官员走进教堂时，视察员神父出来了，手里拿着圣水杯，为他们施洒圣水，然后把他们领到主教堂。这里地面上都铺上了毯子，为了教众跪拜，以及聆听视察员神父讲解弥撒而用。到了献圣餐礼这一环节，官员们都登上台阶，走近祭坛，以他们皇帝的名义敬献供品，他们多次叩首跪拜，并按照他们的风俗礼仪，表达了最深刻的敬意。弥撒结束后，他们在众人的陪伴下离开了教堂。

学院按照基督徒的礼仪习惯为使团官员们举办了一场宴会。在他们要离开的时候，澳门方面也为他们准备了礼物，包括欧洲的一些特色新奇事物。澳门地方官在等待瞿纱微神父的信息，好知道哪些礼物可以进献给皇帝，以及皇帝喜欢什么。视察员及会长神父推迟了给太后的回礼，他们在等瞿纱微神父到来，以便他可以亲自把礼物带回去。澳门的官员没有能够去拜见皇帝，他们给了亚基楼 100 支滑膛枪让他带走，因为在信中皇帝表达了想获取这些武器的意愿，这都是为了应对战争，每天有很多人卷入到战斗中。和中国士兵一起的还有一些葡萄牙人，以及一些来自澳门的儿女。中国人很器重他们，因为他们很勇猛，且武器先进，训练有素。以上就是在那片土地居住的耶稣会士神父以及他们上级传递的有关目前为止大中国的消息。根据目前这种良好的开端，期待我主能够给那个幅员辽阔的君主王国以和平，将来才能够增加信众人数。

1645年至1649年耶稣会中国年信选译

薛晓涵* 译

摘要 耶稣会年信，当代葡萄牙文为"Cartas ânuas"，中文学界也有耶稣会年报、耶稣会年度报告、教务报告书等说法。① 耶稣会自创立之时起就注重建立一套规范的通信体系，海外各教省每年向驻罗马的总会长寄出一封年信，其中国副省也不例外。耶稣会中国年信记录了耶稣会中国副省每年获得的进展与遇到的困难，是极珍贵的一手资料。本篇译文选译了明中央政权灭亡（1644年）后，1645年至1649年的中国年信的部分内容，五封年信时间连贯，编纂地点均为福州，编纂者均为耶稣会士何大化（António de Gouvea，1592－1677）神父。② 本篇译文重点译出五封年信中与南京、杭州相关的内容，这两座江南都会是耶稣会在华的工作重心，并将一些相应的世俗与教务概况译出。③ 可为理解明清之际的中国地方社会特别是江南地方社会提供一定的新角度。

---

* 薛晓涵，南开大学外国语学院讲师。

① 几种说法实为一种性质的文献，仅有微小的区别，"报告"准确对应的葡萄牙文为"relação"。考虑到本篇译文使用的葡萄牙文文献合集的标题为"cartas ânuas"，而"cartas"为"信件"之意，故本篇译文中采用"年信"这一说法。

② 何大化神父，葡萄牙人，1611年入耶稣会，在科英布拉完成初学，1636年来华。来华后足迹遍及杭州、武昌等地，长期驻于福州。

③ 译文由葡萄牙文原文译出，所选用原文版本为由葡萄牙当代学者阿劳若（Horácio P. Araújo）整理出版的《1636、1643至1649年中国年信》。Gouvea，António de，*Cartas Ânuas da China*（*1636*，*1643 a 1649*），Macau：Instituto Português do Oriente；Lisboa：Biblioteca Nacional，1998.

关键词 耶稣会 明清时期 南京 杭州 江南地方社会

1645 年耶稣会中国副省南部年信

呈给主内在罗马的备受我们敬爱的耶稣会总会长
穆西奥·维特里斯齐（Mucio Viteleschi）神父

中国世俗社会的情况与1644年年信中报告给尊父阁下您的没有不同，东鞑靼人[①]是南北二京及其他6或7个省份的主人。在福建省垣称帝的隆武帝竭尽所能试图收复失去的土地，至少在南方与南京，他派遣出不多的兵力驻守边境，兵力不多的原因是皇室收入断绝。但是，如若他拥有将士们的忠心与爱戴，就足以实现愿望。然而，鞑靼人有中原人叛徒作为援手，在已征服的地方，他们的统治是稳固、安定的。

……在此之后，发生的事情有：反贼进入北京，皇帝与皇室成员悲惨地死亡，这些已在去年的年信中写到，以及被称作弘光的新皇帝在南京登基。由于在中国有旧皇帝宾天、新皇帝登基之时给予所有犯人大赦的惯例，因此，唐王离开了贵族监狱，受命前往“丝绸之省”浙江的省垣杭州，又很快离开那里。不久之后，鞑靼人渡过“洋子江”，[②] 占领了南京，又向杭州开拔，唐王撤退至福建省会福州，因是朱家皇室最近支的继承人而被推向皇位，自号为隆武帝，定国都于该省府，并将其改称为福京。新皇自那里出发，亲赴前线，带着想要收复南京的雄心，直到现在还在那里，但是成效不大甚至毫无成效。虽然百姓的热情使得他离开宫廷与朝中的享乐，亲赴前线，但他缺少臣属与兵将。鞑靼人看起来无意征服福建，因为这个省份都是阿尔卑斯和比利牛斯式的大山，他们若想进入，就要冒迷失于其中的巨大风险，又由于他们已经拥有9个省份和中国最好的

---

① 原文如此，当时的在华耶稣会士以此称呼满洲人。

② 自晚明来华后，耶稣会士在对中国风土进行描述时多将长江的名称理解为“海洋之子”，例如：“……河名叫洋子江，意思是海洋之子”，〔葡〕曾德昭：《大中国志》，何高济译，上海古籍出版社，1998，第17页。

地方，[①] 便不在意尚未攻下的这一小部分。

中国传教团概况

目前无法像从前的年份一样，清楚地告知尊父阁下您这里的人员与传教情况，因为已经有两年了，从鞑靼人或是造反者占据的省份，没有关于神父与住院的消息传来，也很难有这样的消息，这些省份与其他地区已断绝往来，也无人敢跨越边界：这是由于，如果留着中国人式样的头发，就会被鞑靼人视为间谍杀害；而如果剃了头的人被皇帝的人抓到，同样会被认为是鞑靼间谍而遭砍头……

杭州住院

掌管这一住院事务的是卫匡国（Martinho Martins）神父，同在住院中的还有费藏裕（Francisco Ferreyra）修士与一位名叫若昂·科尔特斯（João Cortez）的混血[②]学生。鞑靼人距离尚远，这里的教务发展十分平静，亦不失热情，教友们坚持着作为好基督徒的灵修活动与宗教义务，如同该住院、省垣中往日的境况。神父在这里的四个月间，新接受圣洗的有42人。男人和女人参与的各个善会也在繁荣发展。最重要的一个善会是在令杭州的基督徒社区怀念、也令中国所有基督徒社区怀念的弥格尔进士[③]的女儿的家中，有六十多位女性参与，她们十分虔诚地告解、领圣餐、听布道，展现出极大的热忱与对牧养她们的神父的尊敬。神父在这个宅院中做圣事，此时正是养蚕的时节，蚕是用来制作丝绸的，杭州府是这一领域的女王。女教友们于是请求神父赐福，希望不要发生任何一种从前经常发生的天灾，因为蚕是非常娇嫩的，雷鸣或多雨就足以影响它们，致其死亡。神父的祝福取得了成效，下了大雨，邻近许多人养的蚕都死了，而这些得到

① “中国最好的地方”当指南京省或南部诸省。类似说法也见于鲁日满的《鞑靼中国史》中，称一位在南京省任职多年的总督“尽管年轻，仍得到顺治帝的信任，被委任治理他国家的最佳部分”。〔西〕帕莱福等：《鞑靼征服中国史 鞑靼中国史 鞑靼战纪》，何高济译，中华书局，2008，第239页。

② 一般为中葡混血，籍贯澳门。

③ 指杨廷筠。

神父代祷与祝福的蚕没有受到影响，继而制造出大量的丝绸。

一个大户人家来到了杭州，这一家人来自北京，全部是教友，其中有50位女教友。一家之主正担任南京省的大官。尽管这一家的子女们常来教堂，与神父亲热地交谈，然而，神父不可以进入其宅邸为如此之多的女教友告解，这是由于中国高门女性是极其保守的，特别是在丈夫不在的情况下。之后，由于一波又一波的反叛与骚乱，那位官员被人告发到南京的新皇帝那里；他立即被囚禁，严加看管起来，作为人质一同被监禁于杭州的还有他的一个儿子，所有家人亦被看管，以防有人投靠鞑靼人。在此期间，他的妻子丧失了希望，也无人开解，就投了井，神父派去的人及时把她拽了上来，她安然无恙。神父冒着不小的风险，做了许多诸如此类救助这户人家女教友的事情。他帮忙保存了这个家庭的珍贵之所在，因而得以进入这个宅邸，为所有深陷痛苦之中的女士告解，安抚她们，听她们忏悔。天主对死亡之事极为看重，因而许可了不做判决。在那位奉教官员被押往南京之前，皇帝驾崩，官员即被释放。他对为他操劳了许多的神父表达了感谢。

神父去拜访了居住在省城的总督，受到热情接待，总督送给教会很好的礼物。进而，神父坚持请总督赐他一个告示悬挂在教堂大门上，以规劝人们崇敬圣教，避免有人捣乱或是不尊重神父们。这位可靠之人赐的告示与我们的奉教太监、当时的三省总督亚基楼[①]给予的另一告示，为教会与神父提供了巨大支持，抚慰了教友们，并帮助异教徒们得以不恐怖地进教。

亚基楼总督路经杭州府。神父去拜访他，邀他到教堂，因为他们已在南京相识，亚基楼是神父们的多年挚友，并且与卫匡国神父甚为投契。亚基楼十分信任卫神父，考虑到神父可以在待处理的事务上有颇多助力，就想邀请神父同去广东。神父对此反应消极，因为不能及时告知副省会长神父，这使他为难。但是亚基楼已向皇帝上了奏疏，提到了神父，神父于是在亚基楼离开几天之后启程，此时亚基楼已经到达福建。神父与他的同伴去往福建的途中，路过一些有基督徒的地方，如衢州、兰溪，等等：他为

① 指宦官庞天寿，教名为亚基楼（Aquileyo）。

所有人告解，牧养他们，因他们耽搁了相当一段时间……

神父离开杭州，在住院中留下费藏裕修士与学生若昂·科尔特斯，但是不久之后，那个壮丽而富裕的省垣被鞑靼人攻占。迄今我们不知那里发生了什么，除了鞑靼人已是那座城的主人，百姓已是剃了头的鞑靼式装束。

……

当毕方济（Sambiasi）神父1644年第一次离开南京时，副省会长艾儒略（Julio Aleni）神父命贾宜睦（Jeronimo Gravina）神父巡视淮安的基督徒社区，贾神父在短时间内为40人付洗。之后他去往有非常好的基督徒社区的常熟县，在那里，6个月间受洗人数有100人，贾神父在常熟县居住下来。由于鞑靼人随后攻占、洗劫了这个县所在的南京地区，我们无从知晓贾宜睦神父和潘国光（Brancato）神父的更多信息，他们都身处上文所述的南京地区。

……

福建，1646年6月15日

受副省会长神父委托

主内尊父阁下您的贱子

何大化

1646年中国副省年信

呈给备受我们敬爱的耶稣会总会长穆西奥·维特里斯齐神父

本年信仍然无法如之前年度的那些年信那样，清晰、详尽地将天主通过卑微的神子们在大中华帝国工作的新消息呈给尊父阁下您，因为一个大帝国就如同一个与各种严重伤害斗争的强壮体魄，很难一击致命：它会随着它的实力消长开展抵制、迎击、反抗；但是由于恶的暴行之重，结束这一切也是容易的。伟大之名为世界公认的中华帝国受到企图将它终结的异族野蛮人的暴力之苦已有三年，至于合法的皇帝们，尽管百姓私下感到宽慰、怀抱希望，却也认为这仅仅是一种出于怀念情绪的妄想、一种天然的情感趋向而已。

这段时期内，由于道路不通畅，风险丛生，没有北部各省的传教纪要到达，南部各省的也未到达……

中国世俗情况

鞑靼人入主北京已有三年，如今那里被称为盛京[①]，取繁盛之意。其国号为清国，意为纯净的、如无云的天空一般清澈的王国。这样富有德行寓意的名称，是中国人值得拥有的，而现如今鞑靼人的作为与此相去甚远，这一点人们早已耳闻目睹。

第一年，鞑靼人以两支强劲的军队攻占了北部诸省……

第二年，鞑靼人攻占了南京，它如今被称为江宁[②]。位于“洋子江”之北的数座城市进行了顽强抵抗，尤其是扬州府，在那里，一位阁老组织起弘光帝的许多兵士开展抵抗，引发了鞑靼人的大肆杀戮，甚至老人也不得幸免；母亲们的胸口上躺着的是被刀剑砍作烂泥的孩子们。鞑靼人渡江之时没有遭遇抵抗，这是由于江面上中国将官的战船布防较弱，紧接着，鞑靼人又攻占了浙江与江西二省。

……

中国传教团概况

尽管中华帝国发生了巨变，使得中国传教团与基督徒社区在这里的发展不得不在一定程度上放缓……所有牧养此间基督徒社区的人员在各处教堂各就其位：在北京，有两位；在山东省会，有两位；在山西绛州，有一位；同样在山西省的蒲州，有一位；在陕西省会，有两位；在南京，有一位；在南京省的上海，有一位神父与一位修士；在福建省会福州，有一位；在泉州，有一位；在延平，有一位神父和一位修士；在建宁府[③]，有两位；在四川省会，有两位；在广西省，有一位；在湖广省会，有三位；副省会长艾儒略神父在需要他相助的地方履行他的职责。这样一来，24 位神父与修士分散在中国传教团的 11 个省份中，这还不包括中国教师以及籍

① 原文为“Xim Kim”，何大化身处南方，所获信息不准确。
② 原文为“Kim Nam”。
③ 原文为“Kien Tim fu”，当是抄写错误。

贯为澳门与邻近地区的学生们。

今年受洗的人数无法精确统计，因为除了受洗人数超400人的福建省，其他地方还未有传教纪要送达。整个传教团都面临物质上的紧缺，都即将或正在受到澳门陷落以及中国的叛乱导致的贫困的影响，兵士以及大量的贼寇从四面八方到达澳门周边的水域，交通因之封锁。然而，影响最大的还是许多教堂中缺少工作人员，这是一部分教友迷失与另一部分教友热情褪去的原因；因为经验显示，对于羊群来说，牧人的存在是多么有利、多么重要。

南京、浙江、江西的住院

总的来说，这3个省份的住院中没有什么新鲜事。贾宜睦神父牧养苏州地区常熟县的教堂与基督徒社区。……病好一些后，贾宜睦神父去往南京的住院与教堂，那里没有神父。在伟大的南京城中，教友们正处于战争和饥饿造成的巨大困境之中，贾神父为他们带去慰藉，主持圣事。

在杭州住院，当鞑靼人侵入这个经济富庶、人口众多的省垣时，只有费藏裕修士在，他坚定而勇敢地扛住了鞑靼人的屡次威吓；他违心地、痛苦地留宿一些鞑靼人。由于物价飞涨，他没有维持生计的来源。

今年年末，卫匡国神父在下文将要讲到的几次旅程结束之后回到杭州。他的到来使得渴望牧人的教友们得到很大安慰，他们纷纷前去，带着巨大热情做告解。这里的女教友人数众多，都是好基督徒，由于在城墙之内为她们做圣事得不到安全保障，神父就在城郊组织了善会。这一善会有超过70名成员参加，所有人都做告解，其中一些人领受圣餐，在灾殃遍地的时期获得了很大的慰藉。为了参加善会活动，女教友们需要不计艰难险阻地跋山涉水，躲避鞑靼人的刀剑和他们放纵的行径。

……今年杭州的受洗人数是72人。

……

福州府，1647年8月30日

受副省会长艾儒略神父委托

主内尊父阁下您的神子

何大化

1647 年中国副省南部年信

呈给在罗马的备受我们敬爱的耶稣会总会长
维森奇奥·加拉法（Vincentio Garrafa）神父

本封年信，尽管由于当前的时局，无法如往年年信一般囊括充实丰富的进教信息，但亦有喜庆之意，因为这是在尊父阁下您当选总会长之后呈给您的第一封年信。在中国，我们是在 1648 年 8 月 17 日，在福州府，通过不同的邮路[1]与谕令，得知您当选的消息的，一个消息来源是罗马的尊父阁下您，另一个则是来自澳门的巡阅使神父那里。尊父阁下您要相信这一切都是神迹，是某位天使带给我们消息，在道路被占据、被封锁的情况下，直至今日我不知是谁给的消息，又是谁带到这个住院来的。之后这一消息又被带给副省会长艾儒略神父，他当时正在延平府，由他通知了阳玛诺（Manoel Dias）神父，阳神父当时已启程去往杭州。

……

中国世俗情况

鞑靼人已统治六年之久，其王室与朝廷设在北京，即现今被称为盛京的地方，[2] 本土的造反者们怀念他们的皇帝，全力反对鞑靼人的统治与习俗，除非死亡，不然他们不会屈服。在每个省份，鞑靼人都派驻了耗费巨额、百万资财也养不起的庞大军队，如果不这样做，一切就都会归还给本土人。暴力持续不断……

中国传教团概况

……

关于工作人员的数目，与最近一封年信中提到的是一样的。在北部地

① 原文为“Vias”，指耶稣会的通讯路线。

② 何大化信息有误，见上文。

区（我不知这几年副省是如何划分那里的）有8位神父，关于他们以及他们的堂区，我不进行讲述，因为我认为他们的北部年信中已陈述过。而在南部地区，有15位神父和4位澳门籍修士。进教之事，则鉴于到处都是叛乱，无法像和平时期那样繁荣。我们仍然无法以千计算新受洗的人数，然而今年的基督徒总数为4120人。不平静的海面，是无法站住脚的。在各个地方，在整个帝国，都吹着逆向的风。我们渴盼着天主的强音将一切平息，并且当他收手时，他的神意依然在这个异教世界之上。

……

浙江省垣杭州住院

管理杭州住院的是卫匡国神父，陪伴他的是费藏裕修士和澳门学生若昂·科尔特斯。由于当前的战乱，他们不能去往较远的各基督徒社区，只有兰溪县有接受巡视的便利条件。杭州府的教友们以惯例的集会与善会形式开展活动，特别是女教友的集会与善会参加者众多；在这其中，所有人都做了告解，许多人领受圣餐。最具热情的是依搦斯（Inez）夫人，她是弥格尔进士的女儿，继承了父亲的圣德与信仰。她在她的府邸中深居简出，行为堪称表率。多年来，她身边尽是一些守贞女性，发愿侍奉天主。自这个高贵的家庭传出的馨香与美名闻达于教友之间，甚至异教徒们也受教良多。

新近领洗入教的有108人，其中一些是文士，通晓圣律以及接受圣律的益处，他们对于教会与传教团是非常重要的，并且，如果冷淡、傲慢地与之相处，也会造成很大妨害。

为使得教会与基督徒社区能够安全、平稳地发展，友教官员们的许可是必不可少的，这一点是神父有意识地去获得并加以保持的。神父与其他工作人员常常以笑容面对住院物质上的短缺，其他住院如今的情况是同样的……

……

贾宜睦神父巡视了位于洋子江之北的淮安的基督徒社区；他又去往南京，那里的教堂已经四五年没有自己的牧人，那座如此伟大的朝廷本来值得拥有一座罗马学院，更不必说一位神父。贾神父在为许多人付洗后，退居常熟。

福州府，1649[1]年1月20日

受副省会长神父委托

尊父阁下您的贱子

何大化

呈给主内备受我们敬爱的耶稣会总会长维森奇奥·加拉法神父

1648年中国副省年信

有关中华帝国的世俗情况，没有什么需要再说的，因为已写在最近的数封年信中。鞑靼人依靠武力而不是百姓对他们的爱戴进行统治；因而造反活动依然很多，一些叛乱的省份，例如广东和广西，有超过一年的时间在明室的统治下……

最令鞑靼人担忧惊惧的是西鞑靼人，后者的家园与中国人的山西、陕西两省交界，如果西鞑靼人入侵，正如在南方已经发生过的这样，将会造成更多杀戮，未知鹿死谁手。百姓祈盼和平，不在意是谁统治；而只有拥有和平，传教团的事业才能够前进，才能够有更多人进教，没有和平的话就没有太大指望……

中国传教团情况

由于广东和江西的道路为这两省省内的叛乱所阻隔，已有三年没有人员也没有谕令、信函进入，这一切大大不利于教务工作。最近一封年信中报告的老工作人员都还在，没有任何变动，仅有的变动是阳玛诺神父进入了副省的管理层，他已管理过副省十三年，虽已年迈，但其丰富的经验却可弥补这一点并且克服教务的资金困难，每年由澳门来的传教团所需资财已有三年未到达，如今窘境已十分明显。北部各省的神父们还没寄来他们的传教纪要，但通过北京来的私人信件我们得知，他们每人各司其职，以使徒的精神与热情工作。南部各省的神父们也一样，由于缺乏人手，一些

① 此处年份原文如此。

教堂没有牧人。在上海县与常熟县，基督徒的数目在村庄中增长，然而在其他住院，受洗人数不如之前的年份，因为在盗匪、饥饿、物价飞涨等各种灾难如此持续横行之际，人们未获得平和与心灵的安宁。

鞑靼人很少甚至并不打扰我们，但也不想向我们寻求信仰与圣律的财富，他们也很少有平静的状态与时间顾及于此。然而，圣洗之事还存在许多阻挠。

杭州住院

居住并管理该住院的是卫匡国神父。陪伴他的是费藏裕修士与一位名叫若昂·科尔特斯的澳门籍学生。受洗人数是142人。其中有一位籍贯云南省的进士，洗名保禄，他趋向圣德的意愿以及对信仰和圣律之事的钟爱，显示他将成为另一位保禄进士，前一位保禄进士是中国传教团的先驱。[①] 老教友们谨慎热情地奉教。各个男女善会都在繁荣发展，告解与圣餐等圣事十分频繁。女教友们在敬虔活动、流泪忏悔与灵修等方面占优势，她们之中还有一些发愿守贞，侍奉天主。

叛乱使得神父无法巡视下辖的各基督徒社区，除了兰溪县……

……

在今年举行的选拔举人的考试中，面对每个省份4000、5000乃至6000名对手，有4位教友考中，这很不寻常，仅仅在福建省会福州隆武帝统治的时期发生过，当时考中了另外4人。4位考中的教友中有一人，对于教务是极重要的支持。他姓朱，洗名葛斯默（Cosme），宁波府人。[②] 他是十分出色的基督徒，理解我们的汉文书籍，才智敏捷，能够领会哲学与神学的深奥理论，并且，他渴望通过神父口授的方式将弗朗西斯科·苏亚雷斯（Francisco Soares）神父的全部作品译为汉语。教友们因这四位高中举人都很喜悦，甚至将他们视作进士，由于他们不凡的才学这是注定之事。他们会成为支撑杭州住院的四柱石，助它对抗任意敌对事件，正如令人怀念的保禄进士、良进士与弥格尔进士[③]享有盛名的作为那样。

---

① “前一位保禄进士”指徐光启。

② 此人当为朱宗元。

③ 指“天主教三柱石”：徐光启、李之藻、杨廷筠。

今年神父遭遇了一次不小的惊险，天主以他的无上荣光驱散了这一阴云。从北京迁来两千户鞑靼人，定居在这座省城，官员们与总督为之提供驻地，最终选中了名为钱塘门[①]的地点，那里与教堂毗邻，由于十分宜居，看起来大局已定，没有回旋余地。他们采取许多暴力方式，命当地居民从整个街区搬出，同样入驻的还有些致仕官员大户；鞑靼人看中了教堂，几乎是祈求得到它，并且，它建在皇室土地之上。然而，由于神父不懈的努力，所有官员甚至是想得到教堂的鞑靼人最终都施恩放手，神父获胜了，保住了美丽庄严并且曾花费颇多进行装潢的住院与教堂。这被视作值得庆贺的奇迹，人们纷纷向神父与教友们表示祝贺，圣律的威望与赞誉增加了。

由于教堂如此临近城门以及鞑靼人的驻防点，因此，他们的将官与许多兵士常常到教堂的门廊等地方，尽管他们并不伤害人，也不阻挠教友们进出，然而，出于对这些骑兵的惧怕，许多人不再到教堂来。随后，鞑靼将官做了一个梦，见到天主指责他，威吓他说，如果再去教堂，他就会死亡，因为教堂本是平静之家，不可有兵士的喧哗。这名鞑靼人如此沉浸于这个梦，感到非常害怕，立即下令另寻地点，并将教堂大门向所有人开放，使得教堂不再受制于大兵们。这个梦对整个城市产生了影响：有些人为此庆祝，其他人则惊叹基督徒的天主对他的家与殿堂的援救，而佛教则恰恰相反，和尚与大师们正在日渐遗弃他们的权杖。

福州府，1649 年 8 月 8 日

受副省会长神父委托

尊父阁下您的贱子

何大化

① 原文为“Cien Fam Muen”，当为抄写错误。

呈给备受我们敬爱的耶稣会总会长维森奇奥·加拉法神父

1649 年中国副省年信

中国传教团概况

如今动乱与灾殃的时节增加了苦难，减少了荣光。我要说的是，在大中华帝国境内，还有如此之多的灾祸和动荡，因而在帝国当前的变局中，年信无法做到人们期待的那样详尽、完美。虽然鞑靼人统治着几乎所有省份，但是，如此之多的造反与叛乱活动使得没有道路是安全的，没有地方享有和平，到处都是军队，他们在所经之处烧杀抢掠时，本地人和外地人没有区分，兵士与造反者也是不做区分的。哪里都是一样的：到处都是暴虐、不敬神与暴力。广西省和广东省至今在负隅顽抗，忠实地支持皇帝；[①]然而，如果没有欧洲人的支援，其皇位的荣光无法持续很久。天主的这个葡萄园经受了诸多磨难，一些地方以归信的形式被浇灌，而另一些地方以牧养它的鲜血来浇灌。

与澳门的往来已经中断三年，中国传教团非常缺乏人手以及物质上的支持，比平日里更为窘迫。关于北部各省没有什么必须写的，传教纪要还没到，但我们知道神父们都在各自的基督徒社区及堂区中，状态、人数都与去年年信中汇报的一致，例外的只有我们即将说到的梅高（Joseph de Almeida）神父。南部各省中，由于两位神父和一位修士去世了，传教团失去了最为古老的一个住院；而在福建，艾儒略神父去世了。在全中国居住并开展教务工作的共有 19 位神父和 3 位修士，这其中包括副省会长阳玛诺神父，他居住在杭州。今年领洗入教的人数是 3780 人。

杭州住院

居住并掌管这个住院的是卫匡国神父。他通过善会、告解与在主要节

① 此处“皇帝”当指永历帝（1646—1662 年在位）。

庆日主持圣餐等日常灵修活动牧养基督徒。领洗入教的有 124 人。无可置疑的是，在神父巡视他管辖的各个基督徒社区时，有许多有教育意义的事例值得写入年信。但由于我尚未获得上述情况之外的其他消息，因此不得不仅仅写出这个住院受洗人数的情况。

福州府，1650 年 11 月 15 日

受副省会长神父委托

主内尊父阁下您的贱子

何大化

全球史（第2辑）

访　谈

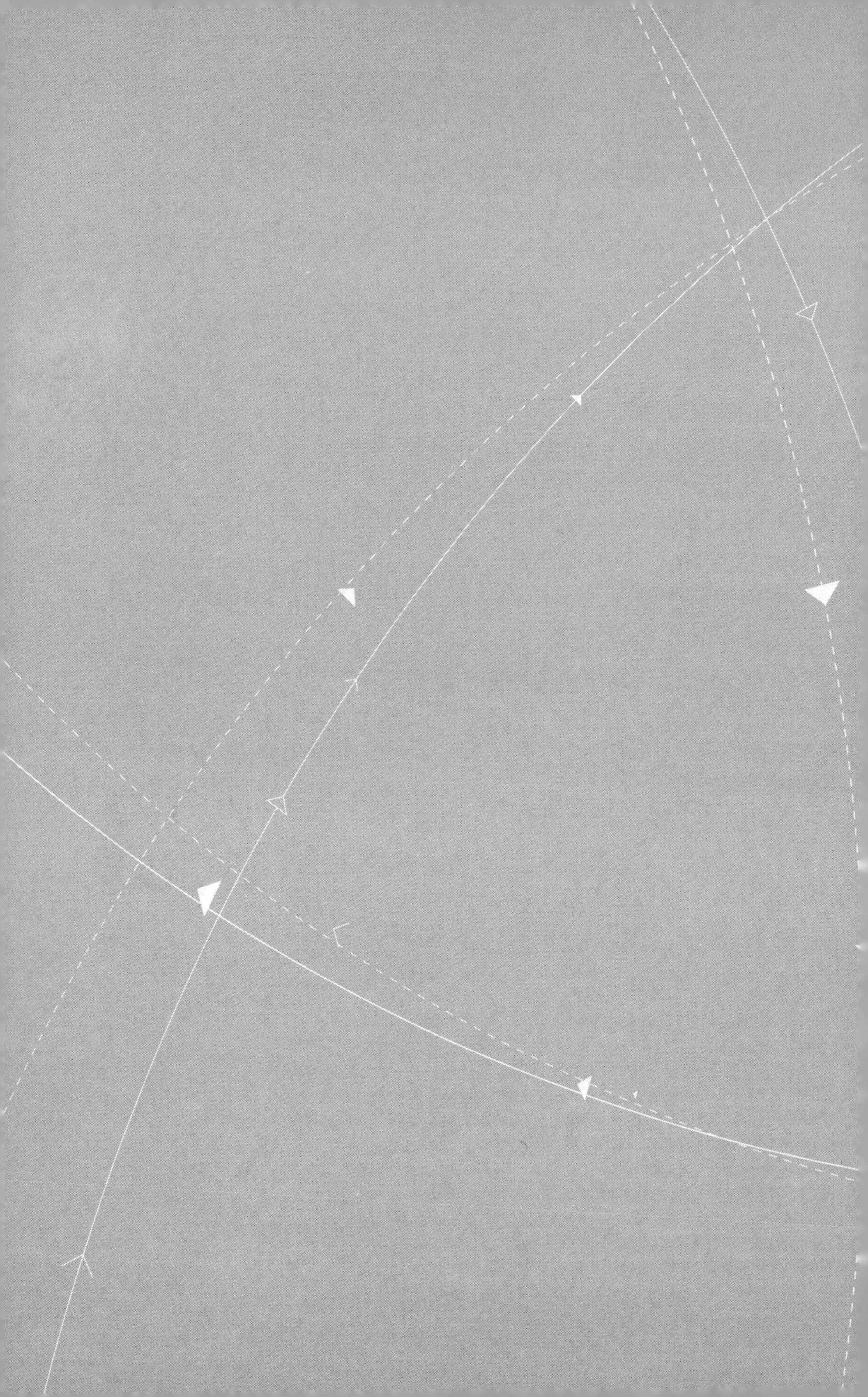

追问和反思恐惧与暴力的社会根源*

王明珂　燕　舞

受访人：王明珂（台湾“中研院”史语所特聘研究员，“中研院”第30届人文社会科学组院士）

采访人：燕舞（资深媒体人，香港城市大学媒体与传播系访问学者）

2019年底，王明珂受“一席”之邀来上海做了一场“毒药猫与代罪羊：人类恐惧、猜疑与暴力的根源”的主题演讲；2020年春季学期，北京大学文研院的学术驻访邀请因新冠肺炎疫情的暴发而被迫延后，该院官方公众号推送了前述演讲的修订稿《猎巫危机——对新冠肺炎的人文省思》。诚如推送导言所称，“王明珂老师借由16、17世纪欧洲流行的猎巫浪潮和他所开展过的羌族‘毒药猫’传说的历史人类学调查，反观新冠病毒流行以来，人群内部以及不同人群之间因恐惧、猜忌而产生的种种分歧现象。或许，与危害人类生命健康的病毒相比，人类为求‘自保’而构建的族群、区域和种种身份认同，伴随着对‘非我族类’的畏惧和敌视心理，将对人类社会的肌理造成更为根本性的伤害。”

---

* 本文系就新书《毒药猫理论——恐惧与暴力的社会根源》完成的对历史人类学家王明珂院士的最新长篇书面专访的全稿本，其精编版《毒药猫理论：反思对内部敌人的暴力——专访历史人类学家王明珂》，已于2021年5月15日作为封面专访刊发于《信睿周报》总第50期暨该报官方微信公众号。本专访中有援引《毒药猫理论——恐惧与暴力的社会根源》书中内容的，如无特殊说明直接标注页码；受访人已审订本专访，定稿过程中采访人亦咨询过张经纬、蔡伟杰和孔德继三位青年学人，谨致谢忱！

眷村子弟王明珂1992年在哈佛大学东亚系拿到博士学位旋即返台加盟史语所，1994年即开始前往川西岷江上游的羌族村寨从事田野调查研究并持续至2003年，2003年至2007年又数次前往四川、内蒙古、新疆、青海等地考察当地环境与牧业，康藏族群与文化和中国西南民族研究也逐步进入学术视野——三十年来，王明珂长期从事于结合华夏与华夏边缘，以及结合人类学田野与历史文献的中国民族研究，其多点、移动的田野考察遍及青藏高原东缘羌、藏、彝族地区。

1997年以来，王明珂陆续出版了《华夏边缘——历史记忆与族群认同》《楚乡悲歌：项羽传》《羌在汉藏之间——川西羌族的历史人类学研究》《游牧者的抉择：面对汉帝国的北亚游牧部族》《英雄祖先与弟兄民族：根基历史的文本与情境》[①] 等专书。

在众多著述中，王明珂在十二年前出版的图文书《寻羌：羌乡田野杂记》[②] 是我偏爱的一本小册子，它吸收了此前多部专著的学术精华并向公众做了深入浅出的历史人类学普及；2010年夏追念其父的那篇广为流传的文章，后来成为同名学术随笔集《父亲那场永不止息的战争》[③] 的书名。五、六年前，王明珂出版了《反思史学与史学反思：文本与表征分析》[④]，对既往著述有阶段性总结和省思及再出发意味，他期待读者能看透被典范知识蒙蔽的真实世界及其历史变化过程，从而对外在世界有真实体认和反思与反应。

疫情尚未远去的这个春天，《毒药猫理论——恐惧与暴力的社会根源》（以下简称《毒药猫理论》）正式出版，书名透露出并不那么偏爱理论的王明珂宏大的学术抱负。20世纪90年代中期以后他在青藏高原东部边缘的田野调查发现了羌族村寨流传的“毒药猫”传说，“毒药猫”指的是能变

① 这几部专著先后由社会科学文献出版社（2006）、广西师范大学出版社（2007）、中华书局（2008）、广西师范大学出版社（2008）、中华书局（2009）、上海人民出版社（2020）出版。

② 王明珂：《寻羌：羌乡田野杂记》，中华书局，2009。

③ 王明珂：《父亲那场永不止息的战争》，浙江人民出版社，2012。

④ 王明珂：《反思史学与史学反思：文本与表征分析》，台北：允晨文化，2015；上海人民出版社，2016。

成动物害人及施妖法的女人，每个村寨里都有一两名妇女被闲言闲语称为毒药猫。随着田野和研究的推进，王明珂逐步发现羌族村寨的毒药猫传说与欧美16、17世纪的猎女巫风潮、二战期间犹太人遭受的大屠杀，以及当代国族主义、伊斯兰极端组织的恐怖主义攻击和互联网暴力（霸凌）甚至台湾“二二八事件”等都有着深度内在关联——在各种讲求内部“纯净”的社群认同下，人们面临重大社会矛盾或外来灾难时，经常猜疑内敌勾结外敌，最后以集体施暴于一替罪羊来化解矛盾与对外界的恐惧并团结社群。

2021年世界读书日前夕，笔者电邮专访了王明珂，议题涉及其个人近况、《毒药猫理论》核心概念的界定及理论构建的过程、网络民粹主义和当代宗教极端主义的走势与治理、女权主义的当代命运，兼及他2018年开始担任总主持人且至为看重的“台湾农村社会文化调查计划”。当然，还聊到他和妻子养的三只猫，它们成为他考察猫、狗差异的“田野”对象。

“我一向不重视学科上的认同与区分，别忘了，我是跨越学科边界的‘毒药猫’。”近年添了些灰白头发的69岁的王明珂在最新专访中打趣道。这让我不禁回想起十二年前对他的初次专访，那一次，他“宁愿自称台湾学界的‘毒药猫’”。

就在审校这篇长篇访问记期间，2022年10月5日，台北传来好消息：中国台湾地区出版界的最高荣誉——第46届“金鼎奖”揭晓，《毒药猫理论——恐惧与暴力的社会根源》荣获“非文学图书奖”。笔者去信祝贺，王明珂是颁奖当天下午才知道自己获奖的。

在社会文化调查中推动一种强调“实务、实学、实作”的学风

燕舞：如今距您2014年夏获选“中研院”第30届院士和去年2月底卸任史语所所长，分别有近七年和一年多的时间了，卸去行政职务后想来更有时间保障自己的学术研究和学术写作了？追忆所长任上那三年，2017年3月接任时立下的发展规划实现了多少，又留有哪些遗憾？

王明珂：当选院士时我正在日本京都日文研访问。2015年返台后，一

方面进行《反思史学与史学反思》的出版事宜，一方面开始《毒药猫理论》的研究与撰写工作。2017 年至 2018 年我连续接下两个重任：史语所所长以及“台湾农村社会文化调查计划”总主持人，后者为一个为期五年的大型计划，由“中研院”三个研究所、一个中心以及台湾南部与东部两所大学共同执行，除了特定计划目标外，我希望借此推动一种强调“实务、实学、实作”的学风，在《反思史学与史学反思》的谢词中我曾提及此理想。因此，三年所长任期结束后我不再续任，一方面是为了完成《毒药猫理论》一书，另一方面为投入更多心力在农村调查上。对我来说，后者比前者还重要些，而两者都比当史语所所长重要。在所长任内，我对史语所没有什么发展规划与作为，只在招聘征才上做了些努力。

燕舞：“中研院”没有直接的本科生教学，虽然您曾借调中兴大学并执掌该校文学院和人社中心数年，也在台大、新竹清华大学、东吴大学等校有兼职或客座，但这对不能长期、直接指导本科生难以“得天下英才而教之”的遗憾能有多少弥补？

王明珂：的确，多年来我很遗憾在授课及指导学生方面未有建树。一方面，这是“中研院”的体制问题（没有学生）导致的；另一方面，可能因我跨学科的研究和教学倾向，即使在大学兼任授课期间，也很少有研究生找我作为指导教授。跨学科研究的学习门槛高，却不利于谋职，这是学术界的现实。

十分同意“中国史与世界史的对话”这样的努力，刻板的人类学知识的确需要被重新评价及反思

燕舞：4 月 17 日至 18 日，由南京大学学衡研究院和上海师范大学光启国际学者中心合办的“时代与史学——中国史与世界史的对话”小型高端论坛在南京举办，应邀与会的名家各抒己见。在大陆有些高校“中国史”与“世界史”这两个学科多年来“老死不相往来”，也有世界史的中青年学者朋友笑言曾被中国古代史学科“鄙视”，当然，世界史和全球史主题的出版物近年来在大陆出版界非常火爆，关于历史学研究的“全球转

向”的论述并不鲜见。您如何看待“中国史与世界史的融通”？

王明珂：的确，在台湾世界史与中国史学者间的交集也不多。主要原因是，两者都倾向于研究某一时段中的特殊事件或主题，因此难以（或不愿）将之置于宏观时空架构下。不只是中国史家如此，世界其他文化圈的史家也是如此。我不清楚现今中国大陆历史学界“全球转向”风潮的知识背景，当代颇受瞩目的一些“大历史”著作如以色列史家哈拉瑞（Yuval Noah Harari，大陆译为“尤瓦尔·赫拉利”）的《人类简史》，以及较早前美国政治学家杭廷顿（Samuel P. Huntington，大陆译为“亨廷顿”）的《第三波：20世纪后期民主化浪潮》（*The Third Wave: Democratization in the Late Twentieth Century*）、《文明的冲突》（*The Clash of Civilizations and the Remaking of World Order*）等著作，可能都对此风潮有推波助澜之效。虽然这些著作红极一时，但也有许多负面评价及争议。无论如何，我十分同意“中国史与世界史的对话”这样的努力，杭廷顿充满偏见的文明论述正说明这样的努力是必要的。

燕舞：华东师范大学出版社旗下主打人类学、社会学作品的子品牌“薄荷实验”，自2017年创立以来逐渐声名鹊起；牛津大学社会人类学教授项飙的访谈录《把自己作为方法》更是去年大陆出版界和思想文化界的一本现象级社科畅销书；曾约请您驻访的北大文研院在3月中旬在其官方公众号开始陆续推出“早期中国社会调查”系列专题，接续了去年夏天启动的“质性研究：重塑中国社会科学的想象力”系列讲座……人类学、社会学选题的出版在大陆社科领域近几年是非常热的，您如何看待这种出版热潮？这些学科在深描当代中国巨变上的效力足以解释这一现象么？

今时今日如果要想“重塑中国社会科学的想象力”，具体到人类学和历史人类学，较之于它们在民国初年被引入的那个草创阶段，您有哪些“重塑”建议？

王明珂：我想这个问题涉及田野考察方法与学科知识，两者彼此相通——无论质性或量化的田野调查，都是社会科学知识产生的基础。我从事羌族田野考察的那些年，同时也研究本所前辈人类学者在1920年至1940年的田野考察，因此我经常放在心上的是，他们究竟为中国边疆之人

（以及整体中国）做了些什么，而我的研究又对被研究者有何贡献或带来何种影响？我认为，人类学者透过其田野调查深入了解社会，透过其著作将社会实情呈现在大众及为政者面前，因而成为政府施政与人们行事的参考。这样的学科特质更需要学者对自身的田野调查及知识生产逻辑有深入的认识与反思，否则可能有极负面的后果。我无法对其他学者有任何的学术"重塑"建议，我仅提醒一点，学术重塑也是对社会的重塑，因而即使只是理想，也不可不慎。

以20世纪上半叶的人类学考察研究来说，当时的学者并非只是对民间、底层、边疆社会之现况做客观的呈现与分析，而是在当时流行的文化、社会、民族、宗教等学术概念与学科方法（譬如"蹲点"的深入参与式田野）下的选择性建构，如此产生今日我们对全球原住民与少数民族及其文化的学术认知与一般性常识。这样的刻板人类学知识的确需要被重新评价及反思。近两三年来我在主持农村社会文化调查时在原住民村落中常见到一现象，即当地农民坚持种植小米等被认为有文化象征意义的作物，或坚持采用完全自然的农作方法，即使如此让他们的经济很受挫折，但他们仍因"保存民族文化比较重要"或"我们原住民与自然是和谐共存的"而不悔。我们可以想想，是什么样的田野方法与学术知识造成这样的原住民（以及少数民族）形象？这世界上有多少人因坚持"传统文化"而受害？多少妇女及下层民众在文化或宗教传统下遭受暴力而他人（与政府）对之莫可奈何？而人类学家仍应孜孜不倦于深入"部落"——在台湾只存在于人类学者、原民会官员与原住民知识分子想象中的一种社会组织——找寻原住民特殊的"民族文化"？

《毒药猫理论》中的"理论"是从许多民族志与史料之例证中淬炼而出

燕舞：跨界研究和建构理论的能力应该是世界各地而不仅仅是中国人文社科中青年学者普遍关切和焦虑的。2017年7月，您与马戎教授、田耕博士在"文景艺文季"论坛上就"当代都市人的社群认同与认同危机"对谈过，当时提到"对我相当有启发的一本著作"——学者罗宾·布里吉斯

（Robin Briggs）写的《巫者和他的邻人》[1]，以及“最近我读了一些有关伊斯兰‘圣战’（Jihadi）的书”；前些年，您也曾在台北召集两次有多元学科及文化背景的学术工作坊；作为“一席”的第750位讲者，您2019年来上海分享过“弱势边缘的群体常被视为毒药猫，但实际上就是人们克服恐惧并凝聚群体的代罪羊”；及至去年8月，您还在为新著前言做最后修订……

您基于民族志概括和提炼出“毒药猫”这样一个从“小社会”上升到“大世界”的理论，主要经历了一个怎样的思虑过程，在哪些时间节点上思路开始逐渐比较明晰了？这种“历史人类学的想象力”是如何逐渐形成的？毕竟，从您多次田野调查的川西岷江上游的羌族勾连和扩展至欧洲历史上长久存在的迫害犹太人的风潮与事件、16—17世纪欧洲及美国新英格兰地区的猎杀女巫风潮等，又兼及当代国族主义、当代宗教极端主义及当下互联网等宏大议题，其间的时空跨度如此之大。

王明珂：事实上，在2003年出版的《羌在汉藏之间》中（第4章“结构下的情感与行为”末尾），我已提及人类似乎一直生活在群体各自建构的“村寨”中，因而“毒药猫故事”应普遍存在于世界各地人群间。当时虽有此初步认知，由于我无法深入此田野（如采访相关妇女），因此仅对于羌族之毒药猫现象我的研究都是残缺的，更谈不上建立一普遍理论来认识世界上的同类现象。后来，基于我逐渐成熟的多点文本（表征）与情境（本相）比较分析方法，我开始酝酿和考虑将“多点田野”扩及古今中外类似的事例中，以此来理解一般性人类毒药猫现象。最与此相似的，是欧美近代初期的女巫传说与女巫审判、猎杀事件，它们都可被视为“田野”所见文本或社会表征，特别是女巫供词及其邻人证词，此有如我无法进行的对“毒药猫”及其邻人之采访文本。至于情境本相，欧美大规模猎女巫事件多源于村落“小社会”中，此与羌族村寨之社会情境相似。对于此种“小社会”的认知，当然，我的田野考察所得远胜于历史文献所能提供的讯息。便是如此，借着羌族民族志与近代早期欧洲历史资料的互补，

① 简体中文版书名为《与巫为邻——欧洲巫术的社会和文化语境》。——采访者注

我由二者之文本表征同异，探索它们对应之社会情境本相之异同。这是毒药猫理论成型的第一步。

在这些思考、论证过程中，研究涉及亲近人群间的界线与敌意之各学科学者，如人类学家玛丽·道格拉斯（Mary Douglas）、社会学家皮耶·布迪厄（Pierre Bourdieu，大陆多译为“皮埃尔·布迪厄”）与诺伯特·埃利亚斯（Norbert Elias）以及比较文学与文化研究学者芮内·吉哈德（René Girard）等人的著作，都对于我认识人类社会的毒药猫现象或猎巫现象很有帮助。与他们的理论与例证比较、印证、辩驳，我提出自己的毒药猫理论，这是此理论成型的第二步。

提出此理论的一些关键元素如“原初社群”“内敌勾结外敌的恐惧”之后，我以此“理论”来观察、分析人类社会中同类型的社群认同与暴力表征，如血缘与地缘合一的国族想象与灭犹屠杀暴力，如极端宗教社群对内部信仰行为“纯净”的坚持与对身边“异教徒”的暴力，欧美种族主义者对白种人世界“纯净”的坚持与对国内有色人种的暴力，对外边界分明、对内意见统一的网络社群与对内部异议者的霸凌，以及这些社群成员以弟兄姐妹、手足同胞互称之现象。由于长期从事田野研究，我早已习惯关注周遭世界，各种新闻、日常所见所闻、电影情节皆触发我对此问题思考的种种社会表征。以这一步骤来说，每一类型之毒药猫现象（如网络社群中的霸凌）都有合于或不合此理论架构之符号表征，我难以一一深入分析，因而毒药猫理论还有许多可被精进修正之处。

我不愿称《毒药猫理论》是属于人类学或历史人类学的著作，正如我不愿称自己是历史学者、人类学者或历史人类学者。我紧紧追随的是如何了解人类社会文化现象与解决问题，而非学科典范或其中某些理论。我一向不重视学科上的认同与区分，别忘了，我是跨越学科边界的毒药猫。

燕舞：您对纯理论并不迷信，新著中有几处表述我印象深刻，比如，“如我一贯的学术写作，本书不会涉入太多艰深的理论探讨。我认为若人文社会科学知识的最终目的在于影响社会人心，那么我们便必须将学术从‘理论’中解放出来”（第24页），“理论只是帮助我们了解人类社会的简单思考工具，而真正复杂深奥的是人类社会”（第198页）。但是，具体的个案毕竟还只是“地方性知识”，要把它们打通，还是离不开能自圆其说的“理论”的串联和统摄。

王明珂：的确，我是如此认为。以《毒药猫理论》这本书来说，其中的“理论”是由许多民族志与史料之例证中淬炼而出，它的价值仅在于其是否能让我们认识社会中阴幽隐晦的一些方面。若理论本身便隐晦难明（不幸的是许多社会科学理论皆如此），那么我们如何借以了解社会？许多学者以深习理论自豪，其人类学或历史个案研究却与其所习理论无关，那么我实不知理论在此有何意义，仅仅是学者间的智力游戏？当代或历史上的具体社会个案虽然具有地方性、时代性与其特殊性，然而它们却是社会科学理论的基础，借以了解个别历史事件或社会案例也是理论的终极价值。本书第 4 章与第 5 章涉及许多知名学者的理论探讨；若有机会改写，我会多以一些社会例证来说明它们。

借着过去羌族村寨社会中的“毒药猫现象”，来理解一种普世性的在社群认同下人们对内部敌人的恐惧、猜疑与暴力

燕舞：如果说上一部专书《反思史学与史学反思：文本与表征分析》是《华夏边缘》《羌在汉藏之间》《英雄祖先与弟兄民族》《游牧者的抉择》等既往著述的知识论基础，那么，最新这部《毒药猫理论——恐惧与暴力的社会根源》与更早前的几部代表性著述，在您迄今为止的整体学术版图中构成一个什么样的关系？

王明珂：我的研究方法取向是由“边缘、异例”了解“核心、典范”。我过去出版的几本著作是由羌族历史与社会来了解中国，譬如由羌族的“弟兄祖先历史”来了解中国历代典范之“英雄祖先历史”及其人类生态意义，包括当代多元一体中国之历史记忆与人类生态变迁。这一本书，则是借着过去羌族村寨社会中的“毒药猫现象”，来理解一种普世性的在社群认同下人们对内部敌人的恐惧、猜疑与暴力。您前面提及中国史的世界史走向，这也可说是我在此方面的实践，但我关注的不仅是历史，更是社会现实，普世性的社会现实。

燕舞：十二年前的秋天第一次做您的书面专访时，就留意到历史心性、文本、表征与情境、本相、文类、模式化情节和弟兄祖先故事等是您当时在大陆已经出版的几部简体中文版著作中论述的核心概念，新著中您频繁用到一个非常核心的概念“原初社群”，也谈到“我将近代国族当作一种普世性的古老人类结群——原初社群——之近代变体”（第245页）、“原初社群理想自然是种族主义的一种形式”（第260页）……您推测这一概念“可能源于新石器时代”那么久远的时代，关于它的哪些典范研究对您影响比较大？这方面的研究主要是由考古成果支撑起来的么？

王明珂：在毒药猫理论中，“原初社群”（成员之血缘与空间认同合一的社群）是一重要概念。在本书中我说明，它的原初性来自两方面，一是每个人出生阶段的家庭经验，一是人类定居之始的社群生活经验。前者，毫无疑问，有很强的论证基础。而后者，只是我对人类社会发展的一种假说，但并非无的放矢，而是基于我对青藏高原东缘羌、藏、彝等多类型社会的研究理解。我在大陆与美国，都曾以此为题在考古学教研机构发表演讲，目的便是希望与考古学者共同探讨此议题。这是一个重要而在本书中未能完全展开讨论的议题，我将继续研究它。

燕舞：另外两个常用概念“毒药猫”与“替罪羊”，它们之间又是什么关系？

王明珂：简单地说，“替罪羊”指的是全然无辜的社群暴力受害者，也就是芮内·吉哈德“替罪羊理论”的主角。而我以“毒药猫”来指称“替罪羊”更复杂的面貌。对施暴者来说，“毒药猫”是与外界敌人勾结的内部敌人，是逼近身边的毒，因而更危险；对被怪罪、施暴的毒药猫来说，她（他）们有其情感、意图与自主作为，因而可能成为真正破坏群体的毒药猫。

网络以及人工智能已在逐渐侵蚀人类的主体性，
愈来愈多的人不愿或无法理性思考、自主判断

燕舞：新著第6章是讨论“当代国族主义下的毒药猫”、第8章是讨

论“‘网络（网络）村寨’中的毒药猫”，当极具匿名性的网络与民族主义甚至民粹主义结合在一起，政治极化和社会撕裂是不是就更难找到化解出路了？网络是人类发明的，都说它作为工具本质上是中立性的，我们何以发挥人类的主体性来让它趋利避害呢？普林斯顿大学政治系教授扬－维尔纳·米勒（Jan－Werner Müller）的《什么是民粹主义?》（*What is Populism*?）去年引进大陆后成为畅销书[①]，作者界定的民粹主义几个核心要素包括：它反对多元主义，垄断对“人民”的定义，剥夺持反对意见者的人民资格；民粹主义并非民主政治的正当组成部分，而是它挥之不去的永恒阴影——米勒认为危险和误解都源于概念的模糊不清，只有明确了民粹主义的本质，我们才能在民主政治的实践中更好地应对它的挑战。您怎么看？

王明珂：的确，网络讯息传播与因此造成的当前社会的种种乱象是世界性的重大议题。各种类型的民主政治，或更基本的人类社会性，都奠基于一个个有其社会身份的个人之言行表征，多元的个人言行表征巩固民主政治，或支撑一种人类生态体系。因此，您提及的问题可分两方面来谈。第一，网络讯息的可匿名性可以让各种霸权（宗教、贵胄、男性、资产）下的人类生态崩解，这可说是其良性功能，然而，它也可以让所有的社会秩序与价值观崩解，包括各类型民主政治。第二，也因网络讯息的可匿名性，它可以被各种霸权利用——许多大企业、NGO 组织及国家领导人养“网军”，带领舆论风向以获取利益，几乎成了普世性的政治经济现象。民粹主义也因此被推动。由当前一些局势可看出，网络与现实世界逐渐结而为一。网络上的抱团结党延伸为现实世界的抱团结党，这不就有如“村寨”一样的一种内部“纯净”的社群吗？无论多荒谬的阴谋论都有一群附从者，无论多少证据与解说都无法动摇他们所坚信，或在被霸凌的恐惧下人们只能附从主流意见，这不就如孤立“村寨”中的人们无法接受外来讯息？

对于如何避免或消减网络对当前社会造成的负面影响，而同时又不减

① 〔德〕扬－维尔纳·米勒：《什么是民粹主义?》，钱静远译，译林出版社，2020。

损其为人类社会带来的利益，我没有全面及完善的想法。这涉及我们对于未来世界走向的理解和预期。无论如何，让每个人都为自己在网络世界中的言行负责，网络实名制是必要的一步；相反地，如何让个人仍有能力脱离网络霸权的掌控，则需有更精密的制度设计。您提及的发挥人类主体性，那是重要但更复杂、困难的问题，网络以及人工智能已在逐渐侵蚀人类的主体性，愈来愈多的人不愿或无法理性思考、自主判断。那么，我们是要屈服于此潮流，还是相信我们可以借着种种办法（如改变传统教育与思考方式）让人仍然可以为“人”？

欧美国家内的“恐怖主义暴力”并非主要来自外来移民或某一宗教团体，而在其最基本的原初社群“家庭”内

燕舞：您的新著在很大程度上祛除了世人对宗教特别是对伊斯兰教的某些刻板印象，比如，第 7 章“当代宗教极端主义下的毒药猫”中，您援引了一些既往经典研究的精彩论述，包括，“除了受到媒体高度关注的几件发生在欧美大都会中之恐攻事件外，更频繁且造成更多伤亡的是伊斯兰国对其他穆斯林群体的恐怖攻击”（第 291 页）；这些所谓“伊斯兰国”极端组织恐怖分子对伊斯兰经典、教义的认识很浅，信仰也不是那么狂热，反而明显有世俗挫折与政治动机，因此认为他们所涉恐怖暴力与宗教无关，“宗教不一定会为暴力提供动机，也不会强化暴力或包装、美化暴力”（第 286 页）。您还认为“当代个人或团体的恐怖主义行动，都有十分复杂的政治、经济等俗世背景”（第 286 页），“没有一种宗教比其他宗教更崇尚和平，也没有一种宗教比其他（宗教）更暴力，它们皆受现实社会情境模塑”（第 328 页），既然如此，当代欧美发达国家在妥善解决移民问题方面可以有哪些积极作为？还可以采取哪些举措来降低恐怖主义袭击的发生概率？

王明珂：事实上，这本书中对所谓“伊斯兰国”极端组织恐怖分子的社会背景描述大多引自专家学者的研究，我只是将这些在世界主流媒体中不易见到的讯息呈现出来。毒药猫理论强调的是，涉及暴力的并非宗教本

身，而是各个宗教社群内的“纯净主义”。我提出此理论，希望消弭的并非只是发生在西方大国都会中的恐攻，而是更频繁、造成更多死伤的施暴者对“内部敌人”的恐攻暴力。这样的暴力不仅常见于伊斯兰世界，也常见于欧美国家。简单说，欧美国家内的“恐怖主义暴力”并非主要来自外来移民或某一宗教团体，而在其最基本的原初社群“家庭”内；以美国每年造成约一万人口死亡的持枪暴力为例，这样的暴力大多发生在家庭亲人之间，父子、夫妻相伐，而极少被用来对付异教徒或他种族之人。这便是一种“毒药猫”现象。

比起族群、阶级等区分，人类性别差异更早被政治化、意识形态化而成为种种社会偏见

燕舞：您新著的结语部分“走出伊甸园”发人深省，比如“集体恐惧：女性与毒”这一节中的一些论述——“对瘟疫与不明疾病死亡（特别是幼儿病亡）的恐惧，是人们猜疑且畏惧毒药猫的主要背景之一，而女性成为替罪羊”“被指为巫的女人，其中有些平日便以从事民俗医疗、接生，或照顾病人、婴儿为业”（第 374 页），但是，进入现代文明社会以来，对女性的基本尊重成为一种“政治正确”，甚至歌德在《浮士德》末尾的句子“永恒的女性引我们飞升”成为一种“女性崇拜”的表征，在家庭内部对母亲、姐妹等“天使”的尊崇与呵护成为一种普遍情感。您几乎每本新书的谢词里都会致谢妻子对三个儿子无微不至的关心和呵护，“以及她为我及儿子们在神面前的祈祷”。

在小范围对女性的感恩、尊崇如何转化成更大群体内对女性的尊重？如何服务于弱化对女性的猜疑、猜忌呢？

王明珂：当前世界文明或先进思想之一为尊重女性、女权，毫无疑问，这是对于过去“不文明”的男性中心主义之纠错与弥补。然而，比起族群、阶级等区分，人类性别差异更早被政治化、意识形态化而成为种种社会偏见，深植于人类社会组织、文化与宗教之中。特别是，在近代多元文化理念下，宗教与文化被学者特别是人类学者，描述为不可侵犯且须被

极力保护的“资产”。在宗教与文化的遮掩下，许多妇女、儿童、低种姓者遭受的非人待遇，如经常发生在北印度各族群社会中的那些暴力在国际社会乏人闻问，或除了指责人们对之莫可奈何。妇女的社会边缘性，也就是性别歧视与偏见的源头，常被社会文化伪装。如强调家庭价值、保护女性与骑士精神等传统文化的美国极右保守派人士经常也是在家会打老婆的那些人。所以我认为仍应从社会文化的反思开始，我对全球医疗文化中疾病照顾者多为女性此一现象的反思便为其一。在社会实践上，我认为应由家庭这样的原初社群开始，毕竟，许多女性遭受的暴力与不平等待遇便是在家庭中，自石器时代以来便是如此。

燕舞：在尝试解释“为何绝大多数的护士都是女性”这一习焉不察的问题时，您把它理解成“一种全球性的医疗文化：女性从事医疗照顾（如护士、接生婆、临终照顾者）的人口，在比例上远超过该行业中男性”，您认为“事实上，没有任何理由女性特别宜于这些行业。这是在以男性为主体的人类社会中，人们认为疾病、死亡是危险与有毒的，因此常迫使或鼓励女人来做这些事。甚至在一些社会中，人们认为女性具有毒性，因而宜于处理一些与疾病、死亡有关的事务——与‘以毒攻毒’同样的逻辑”(第375页)。类似“阴盛阳衰”的职业案例，我还可以举出幼儿园教师。这固然有“性别偏见文化”的因素，但是，以我们的日常经验感受而言，一般似乎确实是医疗照顾和婴幼儿教育的女性从业者比男性从业者更耐心、更温柔、更受孩子和老人的欢迎，是否社会科学领域已经有大量的实证研究成果证伪了我们这种根深蒂固的印象？或者说，医疗照顾、婴幼儿教育等特定职业的性别比例只有跨越一个平衡点，才足以让我们担心“性别偏见文化”？

我最近正在拜读凯博文教授的《照护》(*The Soul of Care*)[①]，我还不清楚他郑重致谢的那些机构护工的准确的性别比例，但他印象最深的还是一位“像照顾儿子一样细心呵护”的海地移民女护工。

---

① 〔美〕凯博文：《照护：哈佛医师和阿尔茨海默病妻子的十年》，姚灏译，中信出版社，2020。

王明珂：人文与社会科学中有大量女性与医疗的研究文献。这样的研究，无论在科学或伦理上，均难以告诉我们是否女性宜于从事医疗照顾行业；这问题纠缠于人类之生物性、文化性、社会性、时代性与个人特质，而难有定论。这问题便如，是否原住民特别正直、勇敢、强壮，而宜于当军人、警察一样。我认为，它们都是社会文化造成的客观现实与主观刻板印象。以科学或社会科学将它们合理化，便如19世纪至20世纪上半叶的科学种族主义研究一样，大都只是一种对学术的误用与滥用。

我们喜欢养猫，是因为我们与猫都是独立自主的动物

燕舞：您新著第4章“替罪羔羊”的“边界与边界跨越：猫、女人及其他”这一节我也非常感兴趣，您谈到了猫、狗特别是猫在人类驯养动物的历史中的独特地位，“猫打破驯养动物与野生动物之间的边界，它们的活动也经常不受家内外边界及聚落内外边界的拘束，因而在人们心目中成为危险的边界破坏、跨越者”（第174页），“有些学者甚至认为猫从来没有被人类驯养，家猫只是与人们生活在同一领域空间而已”（第173—174页），可是，猫这种象征性文化符号的意涵在当下的城市生活中似乎发生了较大的变迁和转换？在大陆各大城市的中产阶级家庭尤其是文艺青年群体中，猫俨然成了“宠物中的宠物”，撸猫变得具有相当“治愈”的心理抚慰功能，知乎平台上就有人提问“为什么文艺青年大都喜欢猫?”“为什么文艺青年多数养猫而不是狗呢?”

王明珂：这是个有趣的问题，为何“撸猫”成为当代中国城市人（特别是文艺青年）的偏好？我不了解大陆的都市情境及文青特质，我与我妻也爱猫——我家有三只猫，我会对它们进行田野考察（我的职业病），以及问我自己为何爱猫甚于爱狗。我们可以比较猫、狗的生物社会性，考察它们在人类家庭中的行为与互动，以及它们在都市生活中的命运。首先，不同于人类驯养动物皆为群居动物，猫是非群居动物，它们的一些行为说明它们并没有完全被人类驯养。与之相反的是狗，它们超越了驯养动物。所以，世界各地都常有猫狗为敌的神话传说，我认为这反映了，狗似乎知

道有一野生动物猫在小区领域中，这是它不能容忍的（或只能勉强容忍）。过去我家的狗对自家的猫委曲求全或敬而远之，但对外面的猫则十分凶狠。过去台湾曾发生一波弃狗热潮，满街流浪犬成群，这现象几乎与台湾都市房价失控式飙涨、闲置空间急速消失同时发生。所以，对于我这一个台北都市人来说，首先，狗需要每天出外遛两回；人忙、街上空气与交通差、没有适宜的遛狗空间，这些都让我不想再养狗。另外，与猫相比，狗要经常洗澡，否则气味不好；猫则能自我清洁，猫无体味因此较宜于养在家中。更重要的是猫的自主性及自我意识强，陪伴但不常扰动或依赖主人。我与我妻都认为，这是猫最大的优点。因此，以我家的例子来说，我们喜欢养猫，是因为我们与猫都是独立自主的动物。

燕舞：在“洁净与污秽”这组核心概念的诠释上，您发展了玛丽·道格拉斯《纯净与危厄》[①]（*Purity and Danger*）、埃利亚斯与斯考森（John L. Scotson）《老居民与外来者》（*The Established and the Outsiders*）、皮耶·布迪厄《区分：一个对品味评鉴的社会批判》[②]等经典论述，发现“污染、危厄与威权之间有密切关系”“边缘、危险、权力，三者相生相成”（第179页），您还多次引用羌族谚语“无毒不成寨”，还对它进行了正面理解，即“在社群生活中，若人们能与一些异质、异端共存，勿坚持社群内的同构性与纯净性，便能避免许多不必要的内在紧张与对外界的敌意”（第387页），这种多元生态的主张让我立即联想起《汉书·东方朔传》里的经典表述“水至清则无鱼，人至察则无徒”，“水至清则无鱼”这个表述在当代是否可以发掘出更大的思想资源价值？

王明珂：是的，我刻意将羌族所说的“无毒不成寨”做正面理解，想象与创造内部“毒药猫”并对其施以暴力，当然是不好的。社群成员们纯净如一的我群想象，如此创造一安全温暖的空间；然而，在如此社群中，人们反而难以忍受任何污染，因而易产生对内部边缘人的集体暴力。若以“水至清则无鱼，人至察则无徒”来说明此现象，可将之理解

① 大陆多译为《洁净与危险》。
② 大陆多译为《区分：判断力的社会批判》。

为“一个人若太挑剔，则对他人不能宽容”。相反的便是，“不干不净吃了没病”。

美国政府及知识界若要真正反思主流社会对原住民、亚裔、非洲裔的歧视，可由反思好莱坞电影与脱口秀电视节目开始

燕舞：3月30日，美国总统拜登发表讲话，宣布对暴力攻击亚裔事件的增长采取新的行动，要求为全体美国亚裔、夏威夷原住民和太平洋诸岛群体倡导安全、包容和归属。其中一个举措，是建立COVID－19新冠病毒公平事务特别工作组（COVID－19 Health Equity Task Force）委员会，以解决和制止针对美国亚裔的仇视行为。您的“毒药猫理论”应该也适用于诠释美国亚裔这些年来遭受的歧视甚至是暴力攻击，您对缓解和克服针对美国亚裔的暴力攻击有什么建议？

王明珂：我注意到了美国最近两个月亚裔受到攻击的新闻，以及美国总统责令行政部门成立的此项目小组。我对此的看法是，将这样长期而根深蒂固的种族歧视问题，置于一个监督及促进新冠肺炎下美国各种族社群健康医疗公正性的项目小组中来解决，这是十分荒谬的。将对亚裔的种族仇恨与暴力联系上新冠肺炎，而又将病毒大流行归责于中国，这不是火上浇油？在人们对内、外毒药猫相勾结的猜疑想象之下，我担心往后亚裔遭受的替罪羊暴力将会加剧，他们也可能因此成为美国社会中间心存仇恨的毒药猫。美国社会中这样的毒药猫非常多，而受害者则是他们身边的较弱者（亚裔、老人与家中妻儿）：对亚裔的施暴者经常是非洲裔社会边缘人，便反映此现象。因此捉捕这些施暴者无法解决问题，歧视与仇恨的源头在主流社会。美国政府与知识界应检讨主流社会对原住民、亚裔、非洲裔的歧视，譬如由反好莱坞电影与脱口秀电视节目开始——最赤裸裸的偏见与歧视，经常藏于最受人们欢迎的耳目娱乐之中。

燕舞：您新著前言的一个脚注中透露了您“筹思中的另一本书”（第12页），其核心主题、研究和写作进度能否略作介绍？

王明珂：最近我正在进行的研究和写作是基于过去我在青藏高原东缘

羌、藏与彝族社会搜集的材料与研究，尝试由人类生态观点，探讨自新石器时代以来人类社群、历史记忆与文明的发展，由此反思今昔世界各人类文明，也反思与此相关的历史学家著述。这也是我将边缘、奇特的现象（如原初社群、弟兄祖先历史等）化为熟悉之后，以此知识重新理解我们熟知的知识（如亲属社会、英雄祖先历史与文明国家）的研究工作之一。在历史上，以及在当今世界许多地方，所谓原初社群都与“农村”有相当重叠（如中国乡间的同姓村），这一研究的一重点是探讨，在人类进入各阶段文明的过程中，农业、农村与农民的角色与命运。这样的研究涉及人类学、考古学与历史学，因此我需要也十分希望，往后几年能多与学界朋友们合作。目前我仍在阅读相关资料，筹措必要的田野差旅，谈不上任何写作进度。

研究述评

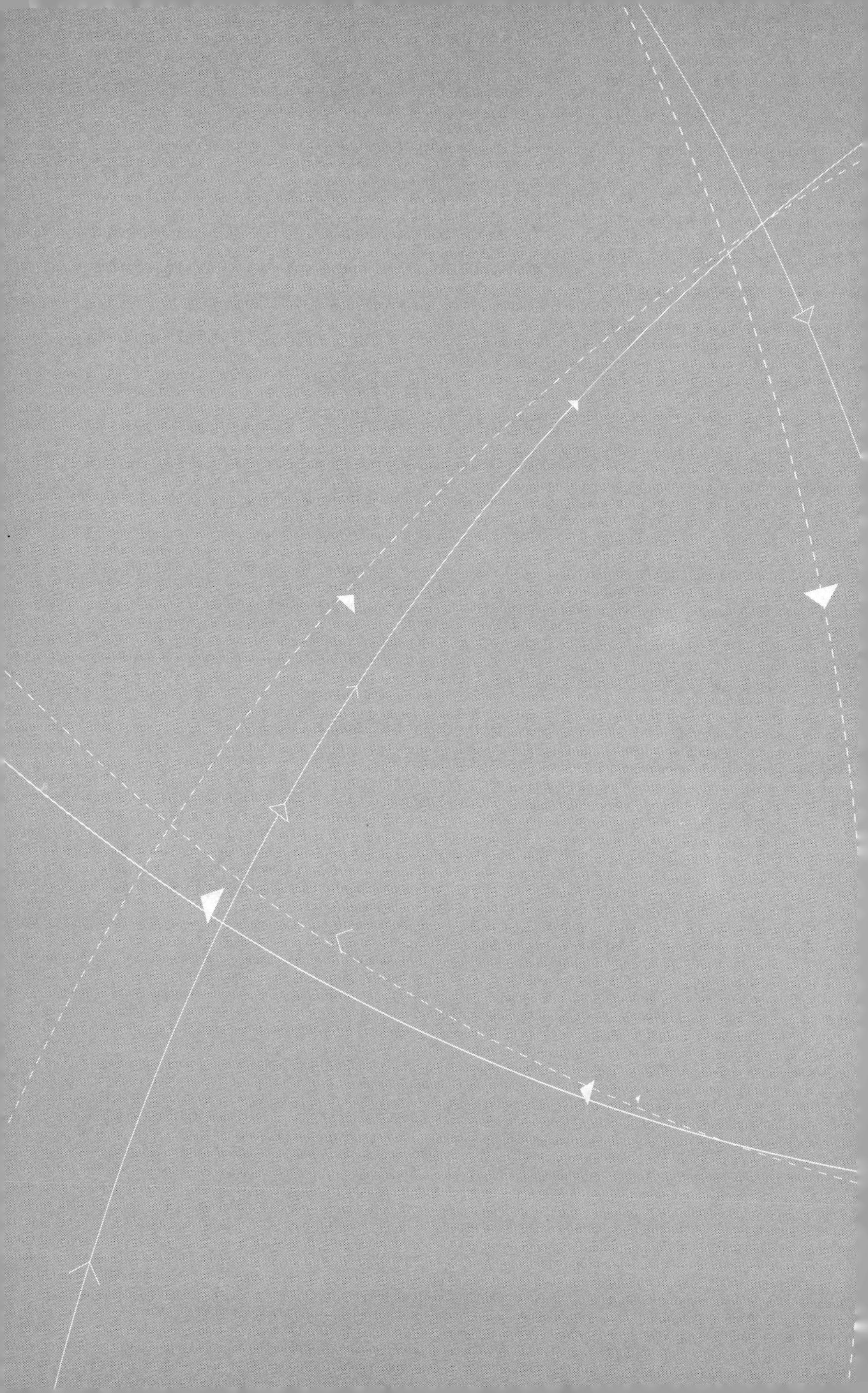

国外拉美妇女性别史研究述评

苏　波　柳玉英*

摘要　拉美妇女性别史研究起步于20世纪70年代，迄今为止，历经了两个阶段，一是社会科学主导下的拉美妇女性别史研究阶段；二是以日常生活和家庭为主要对象的拉美妇女性别史研究阶段。本文主要从以上两个方面就相关研究进行述评，并对拉美妇女性别史研究的演进和特点进行总结。

关键词　拉美　妇女性别史　述评

妇女性别史是在回应女性史（Women's History）的研究和争议中发展的。作为一个研究领域，女性史直到20世纪60年代末才开始发展，在20世纪70年代兴盛，延续至今成为性别史（Gender History）的重要组成部分。拉美妇女性别史的研究与整体性的性别史研究有共性，但也具有其特殊性。安·佩斯卡特洛（Ann Pescatello）在1972年的一篇文章中哀叹拉丁美洲妇女研究的不发达，认为这个领域还处于初级阶段，很难确定主要趋势和作者，更不用说进行研究了。①七年后，亚松森·拉夫林（Asunción Lavrin）观察到历史学家在填补此领域空白方面仍然落后于社会科学家，并指出了拉美妇女性别史可能走的方向。②自此之后，学者们遵循了拉夫林

---

*　苏波，上海电力大学马克思主义学院讲师；柳玉英，上海电子信息职业技术学院马克思主义学院讲师。

① Ann Pescatello, "The Female in Ibero - America", *Latin American Research Review* 7, No. 2 (1972), p. 125.

② Asunción Lavrin, "Some Final Considerations on Trends and Issues in Latin American Women's History", in *Latin American Women: Historical Perspectives*, ed. Asunción Lavrin (Westport: Greenwood Press, 1978).

指出的道路，引发了关注女性的研究的稳定流动，自20世纪80年代中期以来，以性别作为分析类别的研究激增，在妇女史的基础上，性别史的研究也活跃起来，产生了各种各样的成果。

前奏：社会科学主导下的拉美妇女性别史研究

20世纪70年代和80年代初，关于拉丁美洲女性的绝大多数评论、导论和书籍无不显示出约翰·弗兰奇和丹尼尔·詹姆斯所说的“激情的党派偏见”，这种偏见激发了早期的研究，而其中大部分试图将资本主义和父权制之间的关系理论化，并将其视为压迫妇女的根源。①人类学家弗洛伦斯·巴布（Florence Babb）评论道，学者们“以那个时代的确定性和信念”为历史唯物主义方法争辩，这种方法将照亮走向结构变革甚至社会主义女权主义革命的道路。②因此，无论是从事具有直接实际意义的项目，还是致力于构建影响深远的理论模型，女权主义社会学家都看到了学术重塑社会-性秩序的潜力。此外，因为传统的理论和方法无法解释妇女的经历，研究者开始应用关于妇女的跨学科合作研究的方法。

值得一提的是，随着相关学术会议和论坛的频繁召开，出版了大量文集、评论、书籍，理论建构的分歧显而易见。比如来自拉丁美洲地区的研究人员对域外尤其是美国学者基于资产阶级和帝国主义女权主义理论的建构感到不解，而美国学者则认为拉丁美洲学者基于党派政治议程或结构依附理论的建构是误入歧途和倒退的。③事实上，来自拉丁美洲内部的学者在诸如专注于性别研究还是从阶级理论出发研究性别等问题上也有很大的分歧。④但

---

① John D. French and Daniel James, “Squaring the Circle: Women's Factory Labor, Gender Ideology, and Necessity”, in *The Gendered Worlds of Latin American Women Workers: From Household and Factory to the Union Hall and Ballot Box*, ed. John D. French and Daniel James (Durham, N. C.: Duke University Press, 1997), esp. 3.

② Florence E. Babb, “Gender and Sexuality in LAP”, *Latin American Perspectives* 25, No. 6 (1998), pp. 28–29.

③ Marysa Navarro, “Research on Latin American Women”, *Signs* 5, No. 1 (1979), p. 114.

④ Marysa Navarro-Aranguren, Nancy Saporta Sternbacch, Patricia Chuchryk and Sonia E. Alvarez, “Feminisms in Latin America: From Bogota to San Bernadino”, *Signs* 17, No. 2 (1992).

总体来看，共识远大于分歧，例如一些拉美学者的研究都采用了马克思主义在拉美社会科学中的坚定立场，这一立场被美国著名的拉美主义研究者们采纳，从对依附关系的分析，对阶级压迫的强调，以及对北美女权主义者的早期批评，意味着从一开始，“女性”通常就被放在她们所在的阶级和地区的背景下进行研究。阶级和性别经常被视为独立变量，在不同的环境中可能会有不同的权重：阶级不平等在“第三世界”更重要，而性别不平等在工业化国家则更重要。[①]尽管也有例外，比如美国学者关于拉美妇女政治参与的政治学文献中，研究的主题包括发展对妇女的影响、妇女在社会和政治变革中的作用以及妇女在包括非正规部门在内的城乡劳动力大军中的作用。[②] 但总体上并非主流趋势。

虽然早期的一些妇女性别研究采用了唯物史观的方法，但真正由历史学家在20世纪80年代初之前进行的研究寥寥无几。相反，政治学家、人类学家和社会学家采用了各种方法收集主要关于当代社会的数据，以测试广泛的理论概念或模型。回顾过去几十年性别历史的研究，诸如“资本主义父权制”（用于理解剥削妇女的国内外劳动）或“玛利亚主义”（用于解释妇女的政治权力作为其在伊比利亚传统家庭中受人尊敬的地位的延伸）等概念似乎过于僵化和非历史化。[③]虽然一些历史学家在特定的背景下

---

① June Nash and Helen Icken Safa（eds.）, *Sex and Class in Latin America: Women's Perspectives on Politics, Economics, and the Family in the Third World*（New York: Praeger, 1976）, x.

② June C. Nash and Helen Icken Safa, *Sex and Class*; *and Women and Change in Latin America*（South Hadley, Mass.: Bergin & Garvey, 1986）.

③ 萨内蒂认为在资本主义普遍情况下，妇女构成了后备劳动力，参见 Heleieth I. B. Saffioti, *Women in Class Society*, trans. Michael Vale（New York: Monthly Review Press, 1978）。后来的社会科学研究表明，在特定的劳动力市场上，女性是主要的甚至是首选的劳动力，参见 June C. Nash, “A Decade of Research on Women in Latin America”, in Nash and Safa, *Women and Change*, p. 9; María Patrícia Fernández - Kelly, *For We Are Sold, I And My People: Women and Industry in Mexico's Frontier*（Albany: State University of New York Press, 1983）; and June Nash and Maria Patrícia Fernández - Kelly（eds.）, *Women, Men and the International Division of Labor*（Albany: State University of New York Press, 1983）。玛利亚主义概念认为，由于传统的伊比利亚价值观随着殖民传入美洲，拉丁美洲妇女通过将她们作为母亲和家庭道德守护者的角色延伸到公共领域来行使权力，参见 Evelyn Stephens, “Marianismo: The Other Face of Machismo in Latin America,” in *Female and Male in Latin America: Essays*, ed. Ann Pescatello（Pittsburgh: University of Pittsburgh Press, 1973）; and Elsa Chaney, *Supermadre: Women in Politics in Latin America*（Austin: University of Texas Press, 1979）。

保留了这些概念的修改版本，但目前的学术研究已经发展出更复杂和灵活的理论框架，用于分析性别如何与阶级和种族一起构建政治或生产社会关系。①

不可否认，早期从社会科学角度研究拉美妇女的方式对包括拉美在内的各地区的性别史的研究产生了持久影响。1976 年，琼·纳什（June Nash）和海伦·萨法（Helen Safa）所著的《拉丁美洲的性和阶级》（*Sex and Class in Latin America*）指出，妇女的政治行动因阶级、种族和地区的不同而不同，公共领域和私人领域相互交织，是历史学家们还在研究的主题。该书以及其他关于妇女和职业的著作也与劳工史上的新研究有关。②在 1997 年出版的拉丁美洲过去十年最具创新精神的劳工史合集的导言中，约翰·弗伦奇（John French）和丹尼尔·詹姆斯将纳什和萨法列为先驱，认为纳什在 1979 年关于玻利维亚矿业社区的人种学研究预见到了“今天将会产生一批研究性别意识的拉美劳工历史学家”。③

历史学家海蒂·廷斯曼（Heidi Tinsman）对智利性别和土地改革的研究④认为早期社会科学关于妇女劳动的学术研究对后来的性别历史学家的重要性，特别是关于妇女参与发展和革命社会中的妇女的文献，大多涉及拉丁美洲，包括美国学者（例如纳什、萨法和玛丽亚·帕特里亚·费尔南德斯）和农村家庭、生产和劳动力领域的学者（例如埃莉诺·利科克、卡

① 有学者认为，玛利亚主义如果不是被视为永恒的伊比利亚传统，而是被视为拉丁美洲对盎格鲁“真正女性崇拜”的一种类比，是 19 世纪的一种意识形态创新，那么它是有用的，但是，在墨西哥，玛利亚主义并没有让妇女在公共领域获得权力，相反，她们越来越被限制在母亲的角色和家庭之中；参见 Silvia Marina Arrom，*The Women of Mexico City, 1790 - 1857*（Stanford：Stanford University Press，1985），pp. 259 - 267；拉夫林重新提出玛利亚主义的概念，认为自 1910 年以来，一些女权主义者使用“一种基于性别功能和属性的社会使命意识形态”来证明她们参与政治的正当性。参见 Asunción Lavrin，*Women，Feminism，and Social Change in Argentina，Chile，and Uruguay，1890 - 1940*（Lincoln：University of Nebraska Press，1995），p. 13。

② French and James，“Squaring the Circle”，p. 3. The studies they cite are the two collections edited by Nash and Safa cited in notes 16 - 17.

③ French and James，“Squaring the Circle”，p. 3. The ethnography is June C. Nash，*We Eat the Mines and the Mines Eat Us：Dependency and Exploitation in Bolivian Tin Mines*（New York：Columbia University Press，1979）.

④ Heidi Tinsman，*Partners in Conflict：The Politics of Gender，Sexuality，and Labor in the Chilean Agrarian Reform，1950 - 1973*，Duke University Press，2002.

门·戴安娜·迪尔和玛格达莱娜·莱昂）的重大贡献。[①] 除了实地研究外，学者们还发表了大量西班牙语和英语文章，编辑汇集了美国和拉丁美洲研究成果的书籍。[②]到了20世纪80年代中期，这种合作为缩小北美和拉丁美洲之间的研究鸿沟做出了很大贡献。

另外，在性别与发展的关系领域出现了很多关于劳动分工、薪水、教育和国家福利分配方面的性别差异的研究，并基于国内文化规范、国家和国际政治目标和意识形态，以及国内和国际雇主利益之间的复杂关系这些背景进行了分析。研究表明，发展项目、工业化和跨国公司战略转变对经济和技术变革给妇女和男子带来的影响是不同的，而且这些变革以复杂的方式影响了性别角色和家庭关系，并引发了各种个人和集体的反应。[③]正如

---

① Fernández – Kelly, *Women, Men, and the International Division of Labor*; Eleanor Leacock and Helen Icken Safa, *Women's Work: Development and the Division of Labor by Gender* (South Hadley, Mass.: Bergin & Garvey, 1986); Carmen Diana Deere and Magdalena León (eds.), *Rural Women and State Policy: Feminist Perspectives on Latin American Agricultural Development* (Boulder: Westview Press, 1987); idem, *La mujer y la política agraria en América Latina* (Mexico City: Siglo Veintiuno, 1986); and Lourdes Benería and Martha Roldán, *The Crossroads of Class and Gender: Industrial Homework, Subcontracting, and Household Dynamics in Mexico City* (Chicago: University of Chicago Press, 1987).

② Magdalena León de Leal (ed.), *La mujer y el desarrollo en Colombia* (Bogota: Asociación Colombiana para el Estudio de la Población, 1977); Magdalena León de Leal and Carmen Diana Deere (eds.), *Mujer y capitalismo agrario: Estudio de cuatro regiones colombianas* (Bogotá: Asociación Colombiana para el Estudio de la Población, 1980); Magdalena León de Leal et al., *Debate sobre la mujer en América Latina y el Caribe: Discusión acerca de la unidad producción – reproducción* (Bogotá: Asociación Colombiana para el Estudio de la Población, 1982); Carmen Diana Deere and Magdalena León del Leal, *Women in Andean Agriculture: Peasant Production and Rural Wage Employment in Colombia and Peru* (Geneva: International Labour Office, 1982); Magdalena León de Leal (ed.), *Las trabajadoras del agro* (Bogotá: Asociación Colombiana para el Estudio de la Población, 1982); Carmen Diana Deere, *Household and Class Relations: Peasants and Landlords in Northern Peru* (Berkeley: University of California Press, 1990); Magdalena León de Leal, *María del Carmen Feijoó, and Programa Latinoamericano de Investigacióny Formación sobre la Mujer* (Consejo Latinoamericano de Ciencias Sociales), Tiempoy espacio: Las luchas sociales de las mujeres latinoamericanas (Buenos Aires: Consejo Latinoamericano de Ciencias Sociales, 1993); Magdalena León de Leal et al. (eds.), *Mujeresy participación política: Avancesy desafíos en América Latina* (Bogotá: TM Editores, 1994).

③ Inés Vargas Delaunoy, *Participación de la mujer en el desarrollo de América Latinay el Caribe* (Santiago: UNICEF; Imp. Cergnar, 1975); Helen Icken Safa, *The Urban Poor of Puerto Rico: A Study in Development and Inequality* (New York: Holt, Rinehart and Winston, 1974); Eva Alterman Blay, *Trabalho domesticado: A mulher na indústria paulista* (São Paulo: Ed. Ática,

廷斯曼指出的，国家和国际资本主义决策者设想的发展通常不会提高妇女地位，女性的工资可能随着新的工厂就业机会的增加而增加，但她们相对于男性的地位却下降了。社会主义国家古巴或智利的发展政策通常比资本主义国家的政策更有利于妇女发展，但当地妇女政策参与的充分性仍受到极大的限制。[①]

社会科学视角下的研究为历史学家从史学角度研究拉美妇女提供了前提。1978 年，亚松森·拉夫林从社会科学相关研究主题出发，利用档案材料——关于离婚、通奸、纳妾、重婚、乱伦、父母与孩子在婚姻选择上的冲突，以及血缘关系的分配的法律记录——来说明在西班牙殖民地时期，女性的日常行为是如何背离法律和宗教规定的。[②]拉夫林还指出，社会科学研究者撰写的女性研究文献与历史学家有着极强的关联性，甚至提出妇女性别史的历史研究可能“支持或反驳他们的某些理论”。[③]然而，有一些因素将女性历史与更一般的女性研究文学区分开来。首先，早期（20 世纪 80 年代之前）拉美妇女性别史研究大多是由美国学者完成的，仅为妇女史研究的一个分支领域，但与一般的拉美妇女文学研究不同。直到 20 世纪 80 年代中期才大量出现关于拉美精英妇女，宗教妇女和女修道士，妇女的合法权利、嫁妆和其他财产，以及关于性别角色和道德规定性的研究。[④]其

1978）；Xulma Rechini de Lattes，Ruth A. Sautu，and Catalina H. Wainerman，*Participación de las mujeres en la actividad económica de la Argentina*，*Bolivia y Paraguay*（Buenos Aires：CENEP，1977）.

① Muriel Nazzari，“The Woman Question in Cuba：An Analysis of Material Constaints on Its Solution”，*Signs* 9，1983；Maxine Molyneaux，“Mobilization Without Emancipation：Women's Interests and the State in Nicaragua”，*Feminist Studies* 11，1985；and idem，“The Politics of Abortion in Nicaragua：Revolutionary Pragmatism or Feminism in the Realm of Necessity?” *Feminist Review* 29，1988. For an account of the disillusionment of a formerly optimistic feminist observer of the Cuban and Nicaraguan revolutions，see Margaret Randall，*Gathering Rage*：*The Failure of Twentieth – Century Revolutions to Develop a Feminist Agenda*（New York：Monthly Review Press，1992）.

② Asunción Lavrin，*Latin American Women*，Greenwood Publishing Group，1978，p. 13.

③ Asunción Lavrin，*Latin American Women*，Greenwood Publishing Group，1978，p. 20.

④ 关于精英女性研究参见 John Tutino，“Power，Class and Family：Men and Women in the Mexican Elite，1750 – 1810”，*The Americas* 39，No. 3（1983）；Sandra F. McGee，“The Visible and Invisible Liga Patriótica Argentina，1919 – 1928：Gender Roles and the Right Wing”，*HAHR*

次，历史学家还考虑了征服或独立等重大事件对妇女的影响，以及妇女参与这些和其他政治事件和运动的影响。①最后，直到20世纪80年代末，妇女史领域关于工人阶级生活的研究一直落后于社会科学领域。②

转向：家庭和日常生活中的妇女性别史

自20世纪70年代以来，妇女也开始成为家庭和社会日常生活中的主要研究对象，正如伊丽莎白·库兹涅佐夫和罗伯特·奥本海默指出的，家族（尤其是精英大家族）对政治和经济结构的重要性一直是拉美史学的一

64，No. 2（1984）；Arrom，*Women of Mexico City*；Carmen Ramos – Escandón，"Señoritas porfirianas：Mujer e ideologia en el México progresista"，in *Presencia y transparencia：La mujer en la historia de México*，Carmen Ramos Escandón et al.（eds.）（Mexico City：El Colegio de México，1987），p. 189；Julia Tuñon Pablos，*Mujeres en México：Una historia olvidada*（Mexico City：Planeta，1987）。关于宗教女性的研究参见 Edith Couturier，"Dowries and Wills：A View of Women's Socio – Economic Role in Colonial Guadalajara and Puebla，1640 – 1790"，*HAHR* 59，No. 2（1979）；Maria Beatriz Nizza da Silva，*Sistema do casamento no Brasil colonial*（São Paulo：Univ. de São Paulo，1984）；Silvia Arrom，"Changes in Mexican Family Law in the Nineteenth Century：The Civil Codes of 1870 and 1884"，*Journal of Family History* 10，No. 3（1985）；Edith Couturier，"Women and the Family in Eighteenth – Century Mexico：Law and Practice"，*Journal of Family History* 10，No. 3（1985）；and Donna Guy，"Lower – Class Families，Women，and the Law in Nineteenth – Century Argentina"，*Journal of Family History* 10，No. 3（1985）。

① Inga Clendinnen，"Yucatec Mayan Women and the Spanish Conquest：Role and Ritual in Historical Reconstruction"，*Journal of Social History*（1982）；Irene Marsha Silverblatt，*Moon，Sun，and Witches：Gender Ideologies and Class in Inca and Colonial Peru*（Princeton：Princeton Univ. Press，1987）；Evelyn Cherpak，"The Participation of Women in the Independence Movement in Gran Colombia，1780 – 1830"，in Lavrin，*Latin American Women*；Ana Macias，"Women and the Mexican Revolution：1910 – 1920"，*The Americas* 37（1980）；Shirlene Ann Soto，*The Mexican Woman：A Study of Her Participation in the Revolution，1910 – 1940*（Palo Alto：R & E Research Associates，1979）.

② aria Valéria Junho Pena，*Mulheres e trabalhadores：Presença feminina na constituição do sistema fabril*（Rio de Janeiro：Paz e T erra，1981）；and Jessita Martins Rodrigues，*A mulher operária：Um estudo sobre tecelãs*（São Paulo：Hucitec，1979）；Marysa Navarro and Catalina Wainerman，"El trabajo de la mujer en la Argentina：Análisis de las ideasdominantes en las primeras décadas del siglo XX"，*Cuadernos de CENEP*，No. 7（1979）；Donna Guy，"Women，Peonage，and Industrialization：Argentina，*1810 – 1914*"，*Latin American Research Review* 16，No. 3（1981）.

个主题。[①]女性和婚姻构成了精英家庭或大家族中不可或缺的重要一环。

1954年，弗朗索瓦·谢瓦利埃（François Chevalier）对墨西哥大庄园进行了颇具影响力的研究，认为墨西哥庄园的结构和劳动制度，以及它与贫穷农民社区的关系非常不同。[②]之后，一些学者通过对土地精英、城乡商人、官僚和政客的研究发现，依赖于精心筹划婚姻的家庭和亲属网络是殖民社会积累财富和权力的关键手段。[③]自20世纪50年代以来，人口研究和民族志也关注下层阶级的家庭和亲属制度，特别是土著群体的家庭和亲属制度，因为它们是主要的社会机构和生育中心。[④]

家庭中的女性应当是妇女性别研究的主题之一，然而不管是在拉美域内还是域外，大多数历史学家直到20世纪70年代才开始研究家庭中的女性。但受到考迪罗（Caudillo）体制的影响，家庭中的女性被划分为精英女性和非精英女性。采用了定量人口学和定性社会文化历史的新方法后，这种情况开始改变，社区和家庭的人口统计学研究开始挑战“封建”殖民时期的大家庭特征在整个地区占主导地位的观念。研究人员发现，农村和城市地区的平均家庭规模较小（一个家庭平均有4名到6名自由成员），到了19世纪，为了适应新资本主义市场的生产，家庭规模有所增长。这些研究推翻了认为家庭和生产一成不变的父权制观念，因为研究表明25%到45%的家庭由女性主导。[⑤]在20世纪80年代初期，随着拉美城市化和工业

① Elizabeth Kuznesof and Robert Oppenheimer, “The Family and Society in Nineteenth - Century Latin America: An Historiographical Introduction”, *Journal of Family History* 10 (1985), pp. 220 - 221.

② Eric Van Young, “Mexican Rural History Since Chevalier: The Historiography of the Colonial Hacienda”, *Latin American Research Review* 18, No. 3 (1983).

③ D. A. Brading, *Miners and Merchants in Bourbon Mexico, 1763 - 1810* (Cambridge: Cambridge University Press, 1971); Doris M. Ladd, *The Mexican Nobility at Independence, 1780 - 1826* (Austin: University of Texas Press, 1976); Susan Migden Socolow, *The Merchants of Buenos Aires, 1778 - 1810: Family and Commerce* (Cambridge: Cambridge University Press, 1978); idem, *The Bureaucrats of Buenos Aires, 1769 - 1810: Amoral realservicio* (Durham: Duke University Press, 1987).

④ Woodrow Borah, *New Spain's Century of Depression* (Berkeley: University of California Press, 1951), pp. 221 - 222.

⑤ Woodrow Borah, *New Spain's Century of Depression* (Berkeley: University of California Press, 1951), pp. 222 - 224.

化的开始，受到国内市场生产需求的影响，以女性为户主的家庭数目增加，有研究发现了关于非婚生育和自愿结合的数据，发现这两种情况主要在非白人和非精英人群中普遍存在。一些人由此得出结论，认为下层阶级无视教会传播的道德价值观，这一发现遭到历史学家的反对。[①]因此有学者指出，即使从纯粹的人口学角度来看，对该地区的概括仍然是不确定的，除了发现从殖民时期到现在，拉美大部分地区的女户主家庭和非婚生家庭都异乎寻常地多之外，不同地区和不同时期在程度和模式上也存在巨大差异。[②]

在波多黎各，著名的社会历史学家，如布兰卡·西尔维里尼（Blanca Silvestrini）、费尔南多·皮科（Fernando Picó）和 A. G. 昆特罗·里维拉（A. G. Quintero Rivera）在关于 19 世纪奴隶制或工业化的著作中提到了妇女，并撰写了关于妇女在工厂的经历的文章。历史学家如玛丽亚·达席尔瓦·迪亚斯和西德尼·查尔豪布等人研究新的文献资料，尤其是审判和警方记录，并借鉴了国内和国际学术传统的相关解释框架。[③]总而言之，这些历史学家描述了一种或多或少（取决于作者）自主的都市流行文化的反抗，流行文化为女性建立了不那么严格的道德约束和更大的自主权。因此，贫穷的妇女不是被限制在父权制家庭中，而是被限制在户主家庭，在家中和家外工作，建立社区和团结网络，有时在私下或公共场合单独或集体与丈夫、邻

---

① 参见 Silvia Arrom，“Marriage Patterns in Mexico City，1811”，*Journal of Family History* 3，No. 4（1978）；Tomás Calvo，“The Warmth of the Hearth：Seventeenth – Century Guadalajara Families”，in *Sexuality and Marriage in Colonial Latin America*，ed. by Asunción Lavrin（Lincoln：Univ. of Nebraska Press，1989）；Donald Ramos，“Marriage and the Family in Colonial Vila Rica”，*HAHR* 55，No. 2（1975）；Mary del Priore，*Aosul docorpo*：*Condição feminina*，*maternidades ementalidades no Brasil colônia*（Rio de Janeiro：José Olympio，1993）。

② Sheila de Castro Faria，“História da família e demografia histórica”，in *Domínios da história*：*Ensaios de teoria e metodologia*，ed. by Ciro Flamarion Cardoso and Ronaldo Vainfas（Rio de Janeiro：Campus，1997）.

③ 参见 Maria Odila Leite da Silva Dias，*Quotidiano e poder em São Paulo no século XIX*：*Ana Gertrudes de Jesus*（São Paulo：Ed. Brasiliense，1984）；Sidney Chalhoub，Trabalho，*lar e botequim*：*O cotidiano dos trabalhadores no Rio de Janeiro da Belle Epoque*（São Paulo：Brasiliense，1986）；Martha de Abreu Esteves，*Meninas perdidas*：*Os populares e o cotidiano do amor no Rio de Janeiro da* “*Belle Epoque*”（Rio de Janeiro：Paz e Terra，1989）；Rachel Soihet，*Condição feminina e formas de violência*：*Mulheres pobres e ordem urbana*，*1890 – 1920*（Rio de Janeiro：Forense Universitária，1990）。

居或城市当局发生争执，最重要的是，在家庭人口结构方面，贫穷妇女建立了牢固的家庭纽带，即使这些纽带并不总是建立在合法婚姻甚至稳定的自愿结合的基础上。正如桑德拉·劳德代尔·格雷厄姆（Sandra Lauderdale Graham）研究的19世纪里约热内卢的家政服务历史，贫穷妇女的生活模糊了甚至颠倒了私人和公共空间或者房子和街道之间的道德界限。[①]

另外，有学者使用后结构主义理论，特别是福柯的启发话语理论来分析调查性别（gender）和性（sex）是如何被解释和用来建立社会和政治权力以及支持国家机构的。如有学者对“精英”或“官方”话语的分析与对“大众”或“另类”话语的分析并列在一起，前者建立了固定的道德约束，而后者则建构了一定程度的选择和能动性。[②]有学者还调查了专业人士关于性和性别的话语是如何构建正常和病态女性（pathological female）身份的界限的，这反过来又塑造了国家对公共空间、女性工作和私人道德的规范，这种监管职能在界定公民身份和设想国家方面发挥了关键作用。这表明，性别在界定和代表现代化和文明方面发挥了主要作用，妇女是改革者的主要目标。“边缘”（Marginal）妇女或非精英妇女似乎是受到青睐的对象，但国家官员和专业人士也努力向妇女灌输道德和公民价值观，他们希望通过教育、公共卫生运动和传播媒体使家庭生活“现代化”。20世纪早期的巴西城市和墨西哥乡村变化并不是为了解放妇女，而是“使家庭服从于国家发展的利益”，这种利益要求必须“合理化”两性关系。[③]

关于婚姻、性和荣誉（Honor）的丰富学术研究大约出现在20世纪80年代中期到90年代后期。许多寻找大众日常生活和心理线索的学者利用了宗教裁判所的记录，以及主教和其他教会官员对地区前哨的定期拜访的记录，他们认为要加强在非基督教地区的基督教传播那些被认为缺乏基督教道德的地区提升基督教道德。索兰·阿尔贝罗在出版了关于新西班牙宗教

---

① Sandra Lauderdale Graham, *House and Street: The Domestic World of Servants and Masters in Nineteenth - Century Rio de Janeiro* (Cambridge: Cambridge Univ. Press, 1988).

② Martha de Abreu Esteves, *Meninas perdidas: Os populares e o cotidiano do amor no Rio de Janeiro da "Belle Epoque"* (Rio de Janeiro: Paz e Terra, 1989).

③ Barbara Weinstein, *For Social Peace in Brazil: Industrialists and the Remaking of the Working Class in São P aulo, 1920 - 1964* (Chapel Hill: Univ. of North Carolina Press, 1996).

裁判所的巨著之后，又进行了一系列对不同种类的性行为——鸡奸、同居、婚姻、重婚——和社会行为的小规模研究，基于宗教裁判所以及其他教会和民事法庭的文件。路易斯·莫特对通过分析鸡奸审判来揭露“同性恋”生活史特别感兴趣；劳拉·苏扎分析了巫术迫害和欧洲人对巴西的印象之间的关系，认为巴西是一个充满性欲和恶魔的地方；罗纳尔多·瓦因法斯写了一部关于家庭、道德和性的社会史，描述了巴西宗教裁判所的制度和宗教历史。莉贾·贝里尼著有少数关于女性同性关系的历史著作，基于对女性鸡奸者（female sodomists）的宗教审判。[①]

研究殖民地婚姻和性行为的学者们一致认为，荣誉在构建和复制法律、社会类别及身份方面发挥了关键作用；在动荡的18世纪，教会、国家和个人家庭越来越多地争夺对婚姻和性行为的控制权；大多数人口的一些社会习俗与道德规范发生冲突。然而，关于荣誉对不同社会群体的重要性，关于教会和国家对婚姻和性的政策随着时间推移而改变的原因，以及关于为什么在大众习俗和精英规定之间存在着冲突，仍然存在着一些争论。

结语：国外关于拉美性别史研究的演进和特点

拉丁美洲地域广阔，民俗多样，近代以来，很多地方的原住民社会都被伊比利亚半岛诸国征服，并且从非洲引进了奴隶。到了19世纪，欧洲和亚洲又有大量移民流入该地域，由此产生了暴力、非对称关系等复杂的人种关系、混血儿、文化混杂等问题。再加上进入20世纪之后，各地军政和内战，暴力和难民、流亡频繁发生，因此，在消除殖民统治、构建民族国家的过程中，各地不得不面对这些棘手的问题。在这些历史经验中，有许

① Luiz Roberto de Barros Mott, *Ospecados da família na Bahia de T odos os Santos* (Salvador: Centro de Estudos Baianos, 1982); idem, *Osexo proibido: Virgens, gays e escravosnas garras da Inquisição* (Campinas: Ed. Papirus, 1988); idem, *Escravidão, homossexualidade edemonologia* (São Paulo: Icone, 1988); Laura de Mello e Souza, *O diabo e a Terra de SantaCruz: Feitiçaria e religiosidade popular no Brasil colonial* (São Paulo: Companhia das Letras, 1987); Vainfas, *Trópicos dos pecados*; Ligia Bellini, *Acoisa obscura: Mulher, sodomia e inquisiçãono Brasil colonial* (São Paulo: Ed. Brasiliense, 1989).

多从性别史的视角进行研究的课题，并且已经取得了许多研究成果。

20 世纪 70 年代到 80 年代是拉美性别史研究的起步阶段。社会科学此时主导了拉丁美洲妇女研究，研究者在相关领域中的努力为之后从历史角度研究性别开辟了空间。早期妇女研究文学的跨学科性在随后的性别学术研究留下了明显的印记，但围绕拉丁美洲妇女研究最激烈的政治和理论的讨论可以追溯到 20 世纪 70 年代。主要包括关于美国女权主义者在社会中扮演的角色；拉丁美洲的女权主义斗争、工人阶级妇女运动和学术研究之间的联系；拉丁美洲在世界经济中的（从属）地位与妇女地位的关系；以及关于女性的学术与美帝国主义和拉丁美洲政治斗争的关系等。

政治生态的转变在很长一段时间内塑造了该领域的学术研究轨迹。[①] 随着 20 世纪 70 年代末女权主义和党派政治让位于更分散的政治认同，到了 20 世纪 80 年代末，在美洲和其他地方，关于拉丁美洲妇女的学术领域出现了新的辩论和话题。与此同时，独裁政权被推翻后，特别是在巴西、乌拉圭、阿根廷和智利等国家，拉丁美洲历史研究和妇女研究的机构处境得到了显著改善。由于这些国家和地区政治和制度的变化和国内外学术趋势的变化，对妇女研究的兴趣扩散到不同的历史分支领域，因此基于档案的性别史研究明显增加。

20 世纪 80 年代中期以后，出现了三种研究主题。一是对殖民史重新产生了兴趣，主要关注被殖民地区的性、道德秩序和日常生活，突出了女性在历史中的重要性，尤其是在墨西哥和巴西。[②] 二是家庭史研究活跃，主

---

① 1974 年在墨西哥库埃纳瓦卡召开了一次研讨会，会议就围绕上述研究领域提出了三个问题：不平等发展进程如何制约妇女参与劳动力？在研究和组织女性时，如何处理性和阶级问题？研究是为了谁，由谁来进行？参见 Meri Knaster, "Women in Latin America: The State of Research, 1975", *Latin American Research Review* 11, No. 1 (1976), p. 12。

② 重新关注殖民历史有几个原因，包括档案研究的兴起；放弃研究应服务于当前政治目标的观念；以及国际社会科学的所谓"历史转折"。20 世纪 70 年代末，拉夫林发表了第一批关于殖民时期拉丁美洲妇女的历史研究。1995 年，Kecia Ali 发表了一篇文献综述，回顾了 20 世纪 80 年代到 90 年代中期出版的有关现代拉丁美洲性别问题的历史著作时，大多数关于女性的研究都集中在殖民时期。参见 Asunción Lavrin, "In Search of the Colonial Woman in Mexico: The Seventeenth and Eighteenth Centuries", in Lavrin, *Latin American Women*; Kecia Ali, "The Historiography of Women in Modern Latin America: An Overview and Bibliography of the Recent Literature", Duke – University of North Carolina Program in Latin American Studies Working Paper Series, No. 18 (1995)。

要受到欧洲微观历史和美国新社会历史的影响。[①]三是性别文化史的出现，主要受以福柯为代表的法国心理史和后结构主义或后现代主义的影响。这三个研究趋势受到了社会历史学家、人口学家和历史人类学家的重新审视，他们对女性、日常生活和非精英的历史角色更感兴趣，强调日常生活的社会历史与文化分析相结合，许多研究都集中在诸如卖淫、犯罪或20世纪初城市中心的公共健康和卫生运动等主题上。这些研究向小分析单元的转变代表了对20世纪60年代和70年代“宏观理论”的修正，也契合了20世纪80年代和90年代的政治和知识气候大环境的变化。

在20世纪80年代到90年代，研究开始转向分析性别而不是女性，特别是美国的学者经常引用琼·斯科特的著作，将性别作为一个范畴，有助于转移人们对妇女研究过于狭隘的频繁批评，因为性别是一个关系概念，意味着也关注男子。更重要的是，性别是一个更广泛的分析范畴，包括考虑女性和男性主体的社会构建和定位，以及女性和男性的代表性如何构建体制权力。这种分析上的转变成为美国和拉丁美洲学者研究性别历史的特点，尽管拉丁美洲的历史学家们对“性别”这个词的理论化或使用兴趣不大。[②]

---

① Félix V. Matos Rodríguez, “Women's History in Puerto Rican Historiography: The Last Thirty Years”, in *Puerto Rican Women's History: New Perspectives*, ed. Félix V. Matos Rodríguez and Linda C. Delgado (New York: M. E. Sharpe, 1998); and Carmen Ramos Escandón, “La nueva historia, el feminismo y la mujer”, in *Género e historia: La historiografía sobre la mujer*, ed. Carmen Ramos Escandón (Mexico City: Univ. Autónoma Metropolitana, 1992).

② 在巴西，女权主义社会科学家对“性别”一词的争论和采用程度远远超过历史学家。参见Elena Varikas, “Gênero, experiência e subjetividade: A propósito do desacordo Tilly - Scott”, *Cadernos Pagu* 3 (1994); Maria Odila Silva Dias, “Teoria e método dos estudos feministas: Perspectiva histórica e hermenêutica do cotidiano”, in *Uma questão de gênero*, ed. Albertina de Oliveira Costa and Cristina Bruschini (Rio de Janeiro: Ed. Rosa dos T empos, 1992)。巴西历史学家对女性和性别研究参见Maria Clementina Pereira Cunha, “De historiadoras, brasileiras e escandinavas: Loucuras, folias e relações de gêneros no Brasil (século XIX e XX)”, in *Tempo: Revista do Departamento de História da Universidade Federal Fluminense* 5 (1998); Mary Del Priore, “História das mulheres: As vozes do silêncio”, in *Historiografia brasileira em perspectiva*, ed. Marcos Cezar de Freitas (São Paulo: ontexto, 2000)。库尼亚认为巴西的女性历史学家，包括一些使用“性别”一词的人，已经沦为后现代权力理论的牺牲品，这些理论模糊了女性之间的差异，也模糊了女性的力量。玛丽·德尔·普赖尔关注恢复妇女的力量，而不是强调妇女之间的差异，她认为在巴西，性别尚未充分理论化，需要做更多的工作来恢复巴西妇女的经验和声音，她自己关于殖民时期女性的作品更直接地属于“女性历史”的框架。

20 世纪 70 年代到 90 年代末，妇女和性别问题历史学术研究收集了大量数据，积累了大量经过仔细分析的家庭和社区生活个案研究，找到了令人信服地理解拉丁美洲历史中社会身份和权力结构的新方法，试图解决一些理论张力和解释限制，特别是关于女权主义理论、社会历史和后结构主义之间的关系。在一些研究[①]中，创新的理论方法巧妙地隐藏在叙述的背后，“宏大理论”卷土重来，为政治和权力的多层次分析设定了雄心勃勃的目标。

进入 21 世纪后，拉丁美洲的性别史研究出现了新的特点。可以概括为以下两点：一是出现了对以往妇女史研究的总括性描述；二是区域内外研究者之间交流的机会增加。基于第一点，《西班牙和拉丁美洲妇女的历史》（*Historia de las Mujeres en España y América Latina*, 4 vols）、《阿根廷妇女史》（*Historia de las mujeres en la Argentina*）、《智利妇女史》（*Historia de las mujeres en Chile*）、《墨西哥妇女史》（*Historia De Las Mujeres En Mexico*）、《书写拉丁美洲女性史：女神的归来》（*Historia de las mujeres en América Latina*）等也陆续出版。这说明各国都有足够的研究人员和成果积累，而且也有一定数量的读者。基于第二点，21 世纪的新变化还有一个，那就是跨国家交

---

① 代表性研究有 Kathryn Burns, *Colonial Habits: Convents and the Spiritual Economy of Cuzco, Peru* (Durham: Duke University Press, 1999) and Ann Twinam, *Public Lives, Private Secrets: Gender, Honor, Sexuality, and Illegitimacy in Colonial Spanish America* (Stanford: Stanford University Press, 1999)。In the second, the most theoretically informed works are Steve J. Stern, *The Secret History of Gender: Women, Men, and Power in Late Colonial Mexico* (Chapel Hill: University of North Carolina Press, 1995) and Ana María Alonso, *Thread of Blood: Colonialism, Revolution, and Gender on Mexico's Northern Frontier* (Tucson: University of Arizona Press, 1995); Sarah C. Chambers, *From Subjects to Citizens: Honor, Gender, and Politics in Arequipa, Peru, 1780 – 1854* (University Park: Pennsylvania State University Press, 1999); Karin Alejandra Rosemblatt, *Gendered Compromises: Political Cultures and the State in Chile, 1920 – 1950* (Chapel Hill: University of North Carolina Press, 2000); and Eileen Findlay, *Imposing Decency: The Politics of Sexuality and Race in Puerto Rico, 1870 – 1920* (Durham: Duke University Press, 1999); Ann Farnsworth – Alvear, *Dulcinea in the Factory: Myths, Morals, Men and Women in Colombia's Industrial Experiment, 1905 – 1960* (Durham: Duke University Press, 2000); Sueann Caulfield, *In Defense of Honor: Sexual Morality, Modernity, and Nation in Early – Twentieth – Century Brazil* (Durham: Duke University Press, 2000); Heidi Tinsman, *Partners in Conflict: The Politics of Gender, Sexuality, and Labor in the Chilean Agrarian Reform, 1950 – 1973* (Durham: Duke University Press, forthcoming)。

流的增加。早在世纪性转变之前，拉丁美洲各国就开始设立女性和性别研究机构以及高等教育项目，从 2000 年开始召开了将这些代表聚在一起的会议。同时，拉丁美洲域外的研究者对话的机会也在增加，国际学术交流也日益活跃。例如，由秘鲁拉丁美洲女性研究中心（Centro de Estudios la Mujer en la historia de América Latina，CEMHAL）主办的“拉丁美洲历史中的女性”（Historia de las mujeres en América Latina）国际研讨会自 1997 年起已举办了 5 届。2000 年第二次研讨会之后的报告在联合国教科文组织等国际机构的资助下出版。①

---

① Andreo，Juan y Sara Beatriz Guardia（eds.）2002. Historia de las mujeres en América Latina. Universidad de Murcia. Baena Zapatero， Alberto y Estela Roselló Soberón et. al. 2016. Mujeres en la Nueva España. Universidad Nacional Autónoma de México.

全球史（第2辑）

书　评

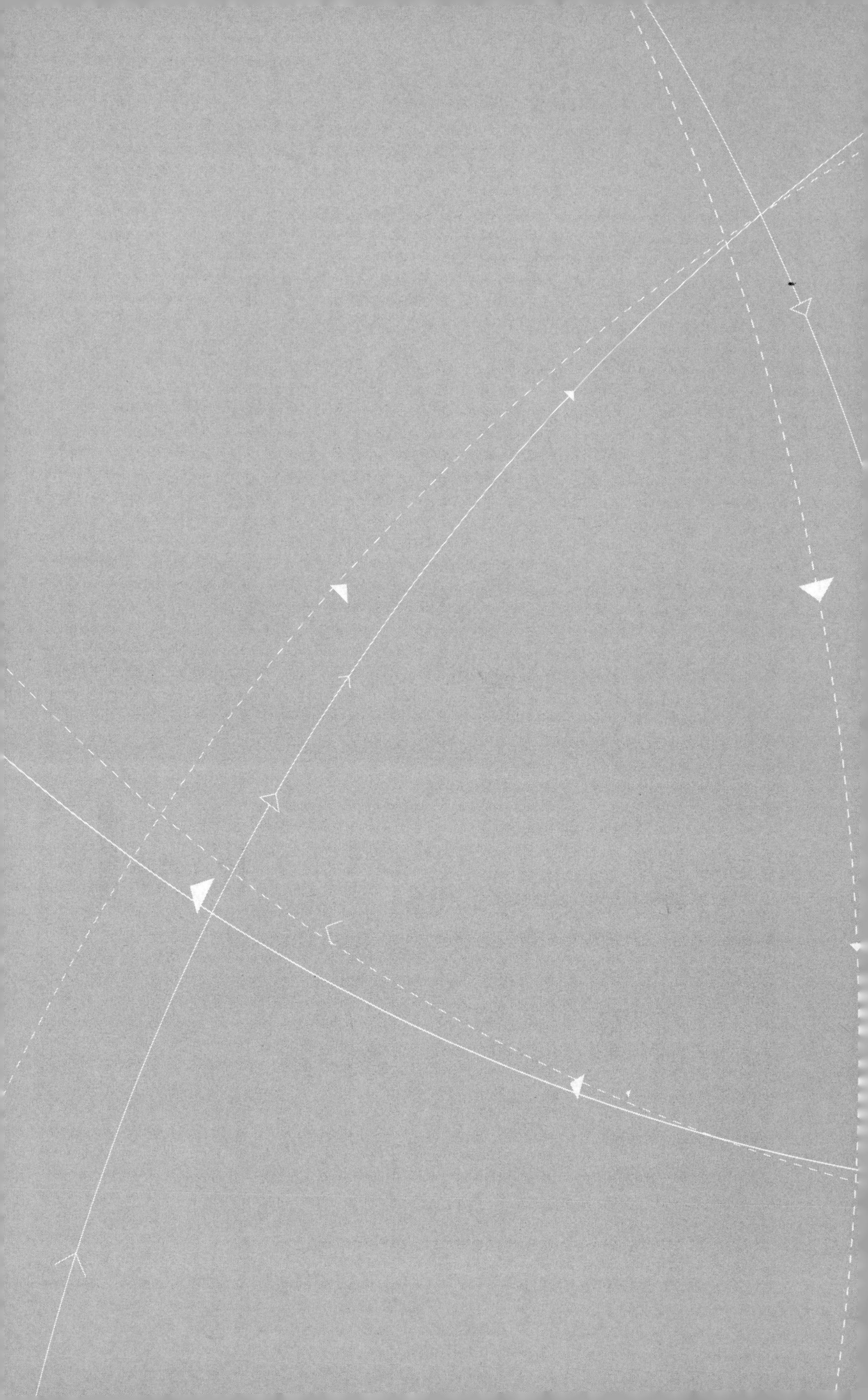

马修·米勒、利尔·莱博维茨《幸运儿：晚清留美幼童的故事》

郭润聪 *

《幸运儿：晚清留美幼童的故事》凭借“幸运儿”三个字就颇能吸引人的眼球，结合晚清政府骄傲自大、封闭自守的形象，很难不令人对这一群留美的“幸运儿”产生浓烈的兴趣。晚清从何时派遣幼童留美？这批留美幼童身上发生了什么故事？这些留美幼童又对晚清历史带来了怎样的影响？该书由纽约大学传播学助理教授利尔·莱博维茨和美国作家马修·米勒合作完成。作者充分利用了康涅狄格历史学会档案，又查阅了当时的《纽约时报》（*New York Times*）、《纽约世界报》（*The World*）、《哈特福德新闻报》（*Hartford Daily Courant*）、《费城时报》（*Philadelphia Times*）、《春田联合报》（*Springfield Union*）等相关报刊，用卷帙浩繁的一手史料丰富了对国外“留美幼童”事件的历史叙述，使该书成为留美幼童研究领域的一部力作。

1872—1875 年，清政府先后四次派出共 120 名平均年龄只有 12 岁的学生远赴美国留学，学习西方先进技术，以振兴受到西方严重冲击的中国。他们以优异的成绩进入哈佛、耶鲁、麻省理工等世界名校，却在求学中途被召回。回国后，这批留学生仍然尽力发挥其所学，成为中国近代事业的先驱，推动着古老中国的现代化进程，但是他们的故事却鲜为人知。他们就是中国历史上最早的官派留学生——晚清留美幼童。

---

* 郭润聪，平顶山职业技术学院。

容闳是中国第一位留美学生，虽然长期接受西式教育，但也深受中国传统儒家思想的影响。对于像容闳这样深受儒家“因材施教”理念影响的中国学生来说，没有什么比这套普及教育的理念更陌生的了，即所有的学生，无论背景和社会地位如何，都有权接受同样的教育。只有通过标准化的教育程序，一个社会内部的阶层鸿沟才有可能被弭平。美国强调通过同样的教育和统一的课程，使大多数人获得平等。而中国的教育传统则相信，只有将最优秀的人与其他资质平平的同辈区分开来，并以经典来引导他们，才能达到整个社会的和谐。在这样的环境中接受教育的容闳，当他满怀报国理想回到国内时，却遭受了现实的种种打击。这使他意识到中国需要的是什么，于是在曾国藩、李鸿章的赏识下，他的计划得到了实施，即派遣幼童赴美学习。在大部分人的观念里，作为侵略者的外国人无疑全部被贴上了恐怖的标签，然而各种偏见终究没能阻挡留学计划的实施，虽然留学的幼童大部分来自容闳的故乡。当这些幼童们走下船，迈入美国大城市繁华的街道时，立即被眼前的城市景象惊呆了，这一切与他们在家乡的所见所闻大不相同。对幼童而言，没有人能弄懂这陌生的一切。他们看到的只是涌动的人群；他们听到的是无法理解的属于一个现代城市的喧闹。

到了1878年春天的毕业典礼，那些当年初到美国时不懂英语、害怕教堂、离家万里的小男孩现在已经长大成人，完全能够适应异国的环境，拥有丰富的新知识。在观众的注视之下，在中央讲台上，穿浅色礼服的女孩和质朴西装的男孩们中间坐着三名中国教育计划的代表，三人身着精心制作的丝绸长袍。一个幼童的长袍绣着中式花纹，另一个装饰着珠灰色的带子，第三个人穿着黄色缎子的紧身裤，拿着相配的扇子，戴着镶嵌红色扣子的官帽。在其他任何时候，幼童们都努力让自己看起来像个美国人。但是今天，在他们最精彩的时刻，他们却自觉地在提醒友人，他们是中国人，而且他们很自豪。黄开甲在法国历史的遮盖之下隐晦地提到了自己的祖国需要改革，蔡绍基则直接抓住了中国的困境。在题为《鸦片贸易》的演讲中，蔡绍基从自己的亲身经历出发，谈到了鸦片这种毒品的毁灭性作用。他谴责了毁灭性的鸦片战争和通商口岸的耻辱，为中国所处的悲惨地位而叹息。在演讲将要结束的时候，他的语调提高。他带着激情说："中国并没有死去，只是昏睡着。有一天中国会觉醒，达到上天注定要她达到的令人自豪的地位。"① 此刻，已经习惯于"天定命运"这一观念的听众，热烈地鼓起掌来。此刻，那种自豪感想必也在容闳的心中激荡着，此刻，那群幸运儿的身上散发着希望的曙光，他们在有力的证明着，当初的决定是多么的正确。

到 19 世纪末期，中国教育计划的毕业生开始逐渐去往中国各地。冷静而聪明的梁敦彦是当年"东方人队"的投手，后来在张之洞的手下任职。梁敦彦保守的行为举止和谨慎的做事风格很对张之洞的脾气，因此得以步步升迁。到甲午战争结束，他不但获得了能干和忠诚的美誉，还引起了慈禧太后的注意，像母亲一般赐予了他许多赞赏和礼物。对于吴仰曾、蔡绍基、梁敦彦、唐绍仪和其他中国教育计划的毕业生而言，他们大部分已经在清廷严密的等级制度下获得了稳定的中等职位。到 1898 年夏天，这些毕业生广泛地就职于政府部门，以及海军、煤矿、铁路等行业，看起来这个教育计划的目标终于要实现了。这些接受过美式教育的孩子们终于艰难而又勤奋地引导着这个国家走上了前进的道路。

留美幼童中最为人们所熟知的詹天佑在离开美国前已经在耶鲁大学取得了学位。在回国后最初的一段日子里，他的才华并未像在康涅狄格州时那样受到重视。他应征加入了海军，职业生涯一直默默无闻。他在几所海军学校教工程学，直到 1888 年他的上司才相信他在美国所学的铁路知识让他足以建设中国新兴的铁路事业。他善于设计精致高效的铁路，也善于管理手下的工人。他展现出来的对于细节的关注和设计的精确，即使跟欧洲最优秀的工程师相比也毫不逊色。梁如浩跟詹天佑一起留学多年，深知这位幼时好友的杰出才华。不久，这位雄心勃勃的铁路经理想到了一个更艰巨、更大胆的工程——连通北京和张家口的一条铁路。关于该项目的消息一经传出，日、俄、英等国立即提出异议，但考虑到詹天佑是个不合格的

---

① 〔美〕马修·米勒、〔以〕利尔·莱博维茨：《幸运儿：晚清留美幼童的故事》，李志毓译，文化发展出版社，2020，第 137 页。

新手，日、俄、英三国都同意了清政府的主张。因为如果他失败了，清朝政府就无法再阻碍列强介入了。但是詹天佑想出了好几项先进技术，又发明了提高工作效率的机器，最终取得了成功。短短几个月内，一条堪称现代工程史奇迹的铁路蜿蜒曲折地穿过险峻的山峰，通到了张家口。洋人都为之叹服，中国人为之欣悦。那些先前辱骂火车为怪兽的人现在也为詹天佑的成就感到骄傲。毕竟这是一条在没有任何外国援助的背景下修建的铁路，一条由心灵手巧的中国之子修建的铁路，这是这个国家光明前景的象征。

詹天佑成了民族英雄，但享受这一荣耀的不只他一个人。全国上下的官员们都迅速认识到，这些留美学生是有卓异才能的人，他们锐意进取，技艺精良，又不墨守成规。在战舰上、在矿山里、在铁路交通或外交部门，这些归国留学生都被委以重任，当他们成功的时候，赞誉声一片。

叙述到此，我们了解到本书将留美幼童的曲折经历和心灵感悟放在中美社会文化广阔的历史背景中，通过幼童与中美不同社会文化的互动，展示近代中国现代化的艰难曲折和中美文化融合的困难，给读者留下了无限的遐想空间。想要了解近代中国的现代化进程，这批幼童的故事是不能略过的一笔。他们当中，不少人成了中国矿业、铁路业、电报业的先驱，推动着古老中国的现代化进程。这里面有京张铁路总工程师詹天佑、被尊为中国机器采矿开山鼻祖的吴仰曾、中国电政总局局长周万鹏、清朝邮传部左侍郎朱宝奎；也有日后叱咤政界的中华民国第一任总理唐绍仪、清朝外务大臣梁敦彦、成为中国驻美公使并成功地向美国交涉返还庚子赔款1500万美元的梁诚；还有近代教育行业的奠基者，如清华大学首任校长唐国安、北洋大学（现天津大学）校长蔡绍基。本书完整细腻地描绘了幼童在美留学期间的学习与生活，因留学计划的搁浅而被中途召回，以及回国之后的种种人生经历。再现了在时局动荡的年代里，唐绍仪、梁敦彦、梁如浩、李恩富、蔡绍基、钟文耀、詹天佑、蔡廷干、容尚谦等留美幼童在不同的领域如何展现自己的才华和能力，从而改变近代中国的经济、外交和政治的往事，以及他们在那个时代面临的冲突与挑战。本书美中不足的是忽视了经济维度和环境维度下影响社会历史的长时段演变，作者们善于运用社会史、文化史、思想史领域的历史研究方法，但对长时段的经济史和环境史的探讨有所欠缺。

（〔美〕马修·米勒、〔以〕利尔·莱博维茨：《幸运儿：晚清留美幼童的故事》，李志毓译，文化发展出版社，2020）

20世纪左翼天主教改革者的"第一波"尝试

——*Western European Liberation Theology*：*The First Wave*（*1924 - 1959*）书评

范　鑫*

《西欧的解放神学：第一波（1924—1959）》［*Western European Liberation Theology*：*The First Wave*（*1924 - 1959*）］的作者是格尔德 - 雷纳 · 霍恩（Gerd - Rainer Horn），记载了20世纪20年代到50年代天主教会的第一波改革浪潮。霍恩生于西德，高中毕业后移居美国，1992年获得密歇根大学历史学博士学位，先后任教于西俄勒冈大学和华威大学，2013年成为巴黎政治学院（L'Institut d'études politiques de Paris，Sciences Po）的20世纪政治史教授。

19世纪以来，西方社会的发展由工业化和民主化两股力量推进，其发展理论继承了启蒙运动倡导的宪政、民主、法制、人权等原则，构成西方现代社会重要的思想基石，此时的天主教则站在各种现代化思潮的反面。1869年召开的梵蒂冈第一届大公会议（First Vatican Council）依旧坚持传统的保守主义立场，给各种"现代产物"都贴上了反对的标签。进入20世纪，尤其是在两次世界大战前后，资本主义的缺陷日益凸显，天主教会内部的一些神父和神学家开始深入底层社会，积极谋求变革，希望通过青年工人和平信徒的力量革除时弊。本书提及的"第一波"浪潮正是在这样的背景下展开的。

---

* 范鑫，北京外国语大学历史学院硕士研究生。

全书由五个章节加结论构成。第一章以"基督教青年工人"协会（德语为 Kristene Arbeidersjeugd，缩写为 KAJ；法语为 Jeunesse Ouvrière Chrétienne，缩写为 JOC）为例，论述了 20 世纪初的"公教进行会"（Catholic Action）运动。比利时拉肯（Laken）地区的约瑟夫·卡迪恩神父（Joseph Cardijn，1882－1967）注意到天主教神职系统随着资本主义的发展愈发保守，很难触及下层的贫困群众。当时的比利时社会法律制度不甚完善，童工很少受到保护，处境十分悲惨。卡迪恩创建的"基督教青年工人"协会鼓励年轻人自我管理，在具体工作中提出了著名的"观、断、做"（see，judge，act）三步法。[①] 该协会的官方手册将自身宗旨概述为：促进个人的成长并激发青年工人的专注、兴趣和热情。在协会中，无数年轻工人克服了心理障碍，开始发现彼此、发现自己。该组织的另一个创新之处是将工作场所变成了大教堂，在争取改善劳动环境的同时致力于扭转工业化进程中宗教热情减退的趋势。随着这一组织模式的传播，其目标群体不再局限于年轻工人，而是扩展到天主教大学生、青年农民、独立的中产阶级等各类青年。

第二章的主题是神学家和知识分子对"平信徒"的关注。世俗化是天主教会传统上极力排斥的对象，这时却启发了诸多神学家的改革思想。其中最著名的是法国新托马斯主义神学家雅克·马里坦（Jacques Maritain，1882－1973）。在代表作《完整的人道主义》（*Humanisme intégral*）中，马里坦指出了资本主义的严重缺陷，并构想了一个"新基督教世界"（New Christendom），后者将以崇高的理想和坚定的行动为基础，成为一个没有阶级和等级压迫的爱的共同体，实现个体的价值、尊严与社会公共利益统一。平等和共同理想是构成这一新社会的支柱。[②] 穆尼埃（Emmanuel Mounier，1905－1950）于 1932 年 10 月创办了《圣灵》（*Esprit*）杂志，大力宣传人格主义（Personsalism）思想。他认识到西方文化的危机，希望从人格主义入手，探讨解决问题的出路。穆尼埃的人格主义基于天主教传

① Gerd－Rainer Horn，*Western European Liberation Theology*：*The First Wave*（*1924－1959*），Oxford：Oxford University Press，2008，p. 13.

② Gerd－Rainer Horn，*Western European Liberation Theology*：*The First Wave*（*1924－1959*），p. 93.

统，认为人无论贫穷还是富贵，无论聪慧还是无知，皆具有神圣性。整个世界都与人有关，每个人都可被视为人类实践活动的具体参照物。无论何时何地，都应捍卫每个人的现实权利，不断改善人的生存环境，为全人类创造更大的自由空间。穆尼埃的人格主义是以行动为导向的哲学，在他看来，人不是“静态”之物，而是一个“过程”和“运动”。每个人都负有解放自身的责任。穆尼埃认为资本主义制度已经成为个人解放的障碍，因此必须被社会主义性质的生产和消费组织取代，集体主义与人格主义并不冲突。西班牙加泰罗尼亚爆发革命后，穆尼埃一度对无政府主义寄予厚望。西班牙革命失败后，穆尼埃对国际共产主义的兴趣日益浓厚，但并不认可斯大林模式排斥民主的倾向。他的思想启发了战后西方“新左派”对“第三条”道路的探索。[①]

第三章中，作者介绍了20世纪40年代左翼天主教的政治活动。在简单梳理了法国人民运动（Mouvement Républicain Populaire，MRP）和德国基督教民主联盟（Christlich Demokratische Union，CDU）的历史后，作者对意大利政坛着墨颇多。意大利基督教民主党（Democrazia Cristiana，DC）在纳粹政权倒台后成为代表天主教官方立场的主流政党。阿德里亚诺·奥西奇尼（Adriano Ossicini，1920 – 2019）、费利切·巴尔博（Felice Balbo，1913 – 1964）和佛朗哥·罗达诺（Franco Rodano，1920 – 1983）反对基督教民主党的保守主义倾向，于1939年组建了意大利基督教左翼党（Sinistra Cristiana），将天主教价值观与马克思主义相结合，接受了后者的历史唯物主义和阶级斗争学说，自称天主教共产主义者，但对斯大林模式限制工人民主的做法持批判态度。该党在二战期间坚决反对法西斯主义，1945年解散后融入了更强大的意大利共产党。基督教社会党（Partito Cristiano – Sociale）则全盘拒绝当时正统的马克思主义，受到蒲鲁东（Proudhon，1809 – 1865）和穆尼埃的影响，倡导以基层自治实现“经济民主”，与意大利社会党关系较为密切。[②] 这一时期意大利教会最具传奇色彩的人物是唐泽诺·萨尔

---

① Gerd – Rainer Horn, *Western European Liberation Theology: The First Wave (1924 – 1959)*, pp. 98 – 103.

② Gerd – Rainer Horn, *Western European Liberation Theology: The First Wave (1924 – 1959)*, p. 138.

蒂尼（Don Zeno Saltini，1900 - 1981）神父。他于1947年5月占据了被废弃的弗所利集中营［弗所利集中营（The Fossoli camp；意大利语为Campo di Fossoli），位于意大利艾米利亚 - 罗马涅大区，1942年建成时是一座战俘营，后来成为犹太人集中营］，为穷人建立了一个新的社区。在唐泽诺的领导下，社区成员于1948年2月14日讨论签署了《诺玛德尔菲亚公约》（Nomadelfia），决定按照《使徒行传》中“原始教会”的模式组建一个平等、民主、没有货币交换的集体主义公社，并作为社会运动加以推广，以期达到老有所依、幼有所养的社会理想。尽管遭受众多非议，这项坚持至今的激进社会实验充分表明意大利天主教在保守的基督教民主党之外并不缺少先知精神和创造活力。

第四章的重点是“第一波”浪潮中的左派群众运动，其中最重要的是法国的“人民家庭运动”（Mouvement Populaire des Familles，MPF）。1943年维希政权禁止左派和工会活动以后，MPF转变为一个世俗化的社会运动，在1945年至1946年吸引了超过几十万的成员加入。最初该运动提倡工人阶级争取自身权利的斗争，随后致力于维护妇女权利，促进了工人阶级女性的自助和互助，使其有机会在为期六周的“继续教育”课程中学习针线贸易的技巧，并对长期或暂时难以承担所有必要家务劳动的妇女提供援助。该运动认为妇女具有与男子同等程度的尊严和个人价值，应充分融入其社会环境，过上充实的生活，最终实现性别平等。战后该运动逐渐衰落，但20世纪50年代仍有“余热”，最终融入60年代的“新左派”之中。

第五章主要讨论了面向工人阶级的“基层团体”建设和“工人神父”运动。从20世纪20年代的“基督教青年工人”协会到40年代的“人民家庭运动”，基督教神学家和知识分子努力在“公教进行会”的框架下改善工人阶级的生存环境，但改革并未就此止步。1943年，亨利·戈丹（Henri Godin，1906 - 1944）和伊凡·丹尼尔（Yvan Daniel，1909 - 1986）在《法国：宣教国家?》（*La France：pays de mission*?）一书中指出：以堂区为基本单位的传统教会结构不能适应工业化时代阶级分化的社会现实，堂区神父的社交圈子往往代表小资产阶级的文化心态，与当地的工人社群存在深刻的隔阂，这是工人阶级去基督教化的根本原因，没有关系亲密的基督教共同体就没有成功的传教运动。[①]

面对世俗社会主义在工人社区的广泛影响，天主教左派神父首先致力于创建具有凝聚力和集体主义精神的基层团体（base communities），后来为了彻底消除与蓝领工人的文化隔阂，很多人甚至直接进入工厂参加体力劳动，在传播福音的同时也参与工人的经济和政治斗争，这就是著名的“工人神父”运动。法国枢机主教伊曼纽尔·苏哈德（Emmanuel Suhard，1874－1949）1942年在利雪（Lisieux）成立了“法兰西传教团神学院”（Le séminaire la Mission de France），培养面向城乡非基督教群体进行传教的人才，并以基层团体作为日常组织形式。这所神学院很快成为法国天主教进步主义思想和传教经验的交流中心，马克思的作品和法国共产党的《人道报》在这里被广泛而严肃地阅读和讨论。1943年，苏哈德还专门组建了服务于巴黎周边工人聚居区的“巴黎传教团”（la Mission de Paris）。虽然当时的教皇庇护十二世批准了法国这一大胆的“社会实验”，但到了20世纪50年代又逐渐对其加以约束，神父们被禁止在大型工厂从事全职体力劳动。1959年，“工人神父”的教牧模式被梵蒂冈彻底禁止。

本书最后探讨了20世纪天主教“第一波”和“第二波”改革浪潮之间的关系。“第一波”改革的主要成果是平信徒神学和教牧地位的提升以及面向工人阶级的各种天主教社会运动。学界常常将其与“第二波”改革浪潮，即第二届梵蒂冈大公会议之后的天主教左派特别是拉丁美洲的“解放神学”运动相对比。本书作者更加强调两股浪潮之间的连续性。首先，拉丁美洲“解放神学”的代表人物明确承认他们从20世纪欧洲神学中获得了许多灵感。例如，古斯塔沃·古铁雷斯（Gustavo Gutiérrez）50年代曾在法国里昂接受神学教育，后来在其具有里程碑意义的代表作——《解放神学》中大量引用了玛丽－多米尼克·舍尼（Marie－Dominique Chenu）、伊夫·贡加尔（Yves Congar）、亨利·德吕巴（Henri de Lubac）等“第一

① Gerd－Rainer Horn，*Western European Liberation Theology*：*The First Wave*（*1924－1959*），pp. 225－232.

波”进步神学家们的著作。其次，“第一波”浪潮中的天主教知识分子和社会活动家（包括“工人神父”成员）直接深入拉美社会开展工作，产生了极为深远的影响。例如雅克·马里坦曾在拉丁美洲进行研究，成为当地天主教民主派的精神偶像。法国多明我会经济学家路易-约瑟夫·勒布雷（Louis - Joseph Lebret，1897 - 1966）1947年来到巴西圣保罗，以人文主义经济学思想为指导创建了“社会系统图文分析协会”（Sociedade para Análises Gráficas e Mecanográficas Aplicadas aos Complexos Sociais，SAGMACS），致力于通过城市研究和城市规划来推动巴西大城市的社会平等与社会发展。因此，1924年至1959年的“第一波”天主教进步运动，为五六十年代更为广泛的、席卷全球的“左翼巨浪”埋下了伏笔，也预示着改革将会朝着更加激进的方向迈进。

本书较为全面地呈现了20世纪上半叶“第一波”西欧天主教左翼的发展历程和社会影响，涵盖领军人物、改革思想以及社会运动等诸多内容。作者认为，20世纪上半叶西欧天主教的历史进程带有深刻的时代烙印，既有对社会主义运动的借鉴，也有对法西斯主义的抵制与反思。左派神学家和知识分子不同程度地受到马克思主义的影响，特别重视对工人阶级尤其是青年工人的动员和教育，同时积极投身于争取工人权利特别是结社权的斗争。这一时期，天主教的部分传统发生了重要变革，平信徒的神学地位和组织能动性大大提高。以上都为第二届梵蒂冈大公会议的历史性变革打下了坚实的基础。不过，本书对“第一波”浪潮中的某些重要人物着墨较少，如上文提到的路易-约瑟夫·勒布雷神父及其人文主义经济学思想。另外，“天主教左派”的概念在不同的章节中囊括了各种性质不同的社会思潮和社会运动，似乎有必要进一步澄清其内涵。纵观全书，在同期的西欧国家中，法国和比利时法语区的天主教社会运动最为丰富，神学思想也更加激进。如何解释这种地域差异？作者霍恩并未直接给出答案，值得学界继续探索。

［Gerd - Rainer Horn，*Western European Liberation Theology：The First Wave（1924 - 1959）*，Oxford：Oxford University Press，2008］

傅高义《日本第一：对美国的启示》

章晓强*

《日本第一：对美国的启示》（以下简称《日本第一》）的作者是哈佛大学社会学博士、美国著名汉学家、哈佛大学费正清东亚研究中心前主任傅高义（Ezra Feivel Vogel）。该书英文版于1979年由哈佛大学出版社出版，英文版出版后仅一个月，就由日本TBS出版社翻译出版了日文版（ジャパン　アズ　ナンバーワン：アメリカへの教訓）。该书一经出版就受到日本、韩国乃至中国等亚洲国家的广泛关注，在日本国内销售量超过了70万册。日本从1955年到1973年经历了长达几乎二十年的“经济高度成长期”，其国民生产总值（GNP）② 在1966年、1967年先后超过法国和英国，最终在1968年超过德国（西德），仅次于美国位居世界第二，之后便雄踞世界第二经济体的位置长达42年之久。该书的出版无疑掀起了一股日本研究的热潮，傅高义本人也因此成为日本研究的重要学者之一。该书问世后虽然掀起了世界范围内的日本研究热潮，但是美国国内也有声音认为傅高义夸大了日本经济的发展，该书所谓“对美国的启示”只是杞人忧天，日本固然取得了一定的成就，但是美国作为资本主义世界的“老大哥”并不需要向日本取经。那么傅高义眼中的“日本第一”是基于哪些

* 章晓强，北京外国语大学历史学院硕士研究生。

② 日本一直使用GNP来统计国家经济体量，直到后来其经济全球化进程的加快以及在加入世贸组织（WTO）之后转而采取GDP（国内生产总值）数据来反映当年的经济发展状况。因此，也有一些文章将日本经济高度成长期的GNP直接等同于GDP。以上引自土肥原洋「GNP世界第2位から50年目に思うこと」『土地総合研究所』2018年5月号、1頁。

方面得出的结论呢？本书主要分为三部分：第一部是日本的挑战；第二部分是日本的成功；第三部分是美国的回应。主要观点陈述集中在第二部分。那么傅高义认为日本的成功究竟是由哪些因素决定的呢？在此进行简单的归纳。

1. 知识改变命运

日本作为岛国，自古以来和大陆先进文明保持着一种若即若离的关系。一方面和平引进先进的文化，从最早的铁器技术的引进，到汉唐以后效仿中央集权制和均田制等先进制度，建立律令制国家，再到明治维新之后学习欧美文明大跨步进行近代化改革，都获得了成功。另一方面日本作为一个具有“菊与刀”双重性格的国家发动了多次对外侵略战争，包括封建时代的白江口之战（又称白村江之战）[①]、万历朝鲜战争[②]，太平洋战争给亚洲人民留下了无法磨灭的历史回忆。尽管近代以来日本对外活动频繁，但是在历史长河中日本和外部大时代发展轨迹相碰撞的时间点是屈指可数的。那么为什么日本能够在这些为数不多的碰撞时间点里实现大发展，创造“经济奇迹”？傅高义在本书中给出了自己的答案。

首先，日本政府重视教育、尊重知识。1871 年（明治 4 年）7 月 14 日，明治政府为建立统一的中央集权制国家推行“废藩置县”政策。在这项对近现代日本历史有着极为深远影响的政治改革推行后的第四天，即 7 月 18 日，日本政府设置了文部省以推行教育改革。[③] 之后还效仿欧美等西方国家建立并完善了教育培养制度，并陆续实行了四年制、六年制、八年制、九年制义务教育。根据文部省在昭和 28 年（1953）的教育统计报告可知，当时日本九年制义务教育的普及率平均为 99.6%（其中小学义务教

① 白江口之战，发生于公元 663 年 8 月 27～28 日，交战双方分别为唐朝、新罗联军和倭国、百济联军。因战场在白江口（今韩国锦江入海口）发生，故称白江口之战。该战是历史上中日两国的第一次正面交锋，此战基本奠定了之后千年的东北亚政治格局。

② 万历朝鲜战争前后分为两次。第一次在 1592 年 4 月至 1593 年 7 月；第二次在 1597 年 2 月至 1598 年 12 月。朝鲜（包括韩国）史学界也称其为“壬辰卫国战争”（也根据前后两次分别称为“壬辰倭乱”和“丁酉再乱”），日本称其为“文禄－庆长之役”。

③ 日本文部科学省『学制百二十年史』——「一近代教育制度の創始」，https://www.mext.go.jp/b_menu/hakusho/html/others/detail/1318227.htm，2021 年 3 月 16 日检索。

育入学率为99.7%，中学义务教育入学率为99.5%）。[①] 可以说日本从下定决心走近代化道路开始就已经有了努力发展教育事业的觉悟，下大力气发展教育事业的原因在于日本对知识本身的重视。不管是在刚起步的明治维新早期，还是在百废待兴的战后，日本始终同样重视教育事业的发展与政治改革和经济发展。许多国家虽然想到这一点却很难去努力贯彻执行。

对教育文化的重视除了体现在政府层面，还表现在日本社会的方方面面。不管是都道府县以及地方大小自治体兴建的文化体育设施，还是个人或者企业团体在知识学习上养成的“常规性和紧迫性”，抑或是大众媒体在提升国民基本素质方面扮演的重要角色……这些日本社会当中表现的对知识的渴望、尊重以及强烈追求是其他国家难以做到的。此外注重建设在现代国家发展战略决策中起到重要作用的智库也是日本重视知识的重要表现之一。

智库最早起源于19世纪末至20世纪初的美国。但与美国智库最早由民间发起不同，日本的智库建设从一开始就有比较浓烈的官方色彩。[②] 尽管日本智库名义上是由社会上的研究所负责，但是这些研究所基本上都由政府提供资金，即不同类型的研究所要和不同的政府官厅相挂钩，官厅保障资金预算充足，研究所则从事专门研究工作，负责信息搜集和加工整理。日本的研究所或许在创造性方面缺乏独到的见解，但是其使命主要在于搜集世界上最先进的知识，而非创造世界上最先进的知识。因为日本各个官厅凭借其专业性能够对这些搜集并且进行过简单整理的知识、信息进行处理，并在此基础之上推行新的政策或者改善旧的政策。

2. 强调集体主义

这一观点和现代中国社会对日本的认知是相似的，即认为日本是一个十分重视集体的国家。不管是在日常的家庭生活当中，还是在职场、商场

---

① 日本文部科学省『わが国の教育の現状』（昭和28年度）——「第1章 概説 まえがき2. 義務教育」，https://warp.ndl.go.jp/info:ndljp/pid/11293659/www.mext.go.jp/b_menu/hakusho/html/hpad195301/hpad195301_2_006.html，2021年3月16日检索。

② 沈进建：《美国智库的形成、运作和影响》，《中国社会科学评价》2016年第2期，第14—15页。

乃至官场，日本都是一个十分注重集体主义的国度。日本参考了近代普鲁士教育体系建立了自己的一套“K－12”教育制度，和“讲座型”的英式教育制度不同，学校生活在每个接受教育的日本人的成长过程中是十分重要的。而日本的学校在传授学生知识的同时也十分注重学生群体当中集体主义精神的养成，这不仅包括集体荣誉感的培养，更有锻炼集体当中各个微观主体思考问题的能力训练。

当然，体现日本人强烈的“集体感”的案例莫过于丰田的“精益生产方式”。“精益生产方式”又称丰田式生产管理（Toyota Production System，TPS），其基本理念就是将整个生产链条当中的所有成员融合成一个大的集体，同时鼓励每一个集体成员积极为集体的进步建言献策，从而达到精益求精的目的。同样，集体主义也体现在政府精英官僚体系的运作当中。比如在官僚晋升的过程当中如果已经有官员被内定[①]了，那么同期官员们便会在其上任前后离职以避免之后尽管是同期却是上下级的尴尬，从而达到维持集体团结的目的。这并不是明文规定，但彼此心知肚明。另外，集体主义也是各大企业集团立足和发展的重要支撑点。现代日本六大企业集团和其他企业集团的建立基本上都是各个企业相互“抱团”的结果。

3. 专业高效的政府

日本之所以能够创造经济奇迹，其重要原因之一就是专业高效的政府机构。首先是专业。秉承传统儒家思想当中“学而优则仕”的观念，日本政府官厅当中的众多官僚均接受过良好的专业高等教育（至少在高级官僚机构当中是如此），比如掌握日本经济命脉的通产省大多数高级官僚都是毕业于东京大学经济专业的所谓“东大派”。强大的知识储备只是一个优秀官僚的基础技能，更为重要的是强大的工作业务能力。这种能力的培养过程很漫长，在此过程当中磨炼是必不可少的，不同工作岗位和工作内容的洗礼更是重中之重。官僚只有经历过这些耗时漫长、业务繁重、任务艰巨的专业训练才有进一步晋升的资格。但在每次向上选拔的过程当中都是

① 日语当中“内定”不同于汉语的“内定”之意，在日语中意为在正式宣布职务任免之前已经在内部就人选决定达成共识，但是选拔的过程是正当合法的，无汉语语境当中的贬义色彩。

以“差额选举”的方式进行，即每一批候选者当中只有少数甚至个别人才能成功选任。如此一来就可以保证中高层政府官员的专业性。

再来说一下高效的问题。战后日本各个省厅都设置了涉及本领域的经济部门，在这些经济部门之上又设置经济企划厅统领整个日本经济界的发展。经济企划厅并不是拥有实权的部门，其职责是给日本银行、通产省、大藏省和大企业等经济活动的监管者和参与者提供经济情报和信息。真正掌管战后日本经济发展“命脉”的是通产省[①]。关于通产省对于战后日本经济发展的重要性，已经有很多学者阐述了真知灼见。[②] 傅高义认为通产省的存在推动了政府的高效运作，通产省对内致力于维持国内经济的稳定发展，促进各类企业的均衡科学发展，完善和调整国内经济产业结构，管控国际贸易收支乃至生产技术的引进和革新，以至于被称为日本战后经济发展的“褓姆”。专门负责经济发展规划的通产省协调各方利益，共同致力于促进日本经济发展。通产省制定并推行经济政策之前，需要与其他政府省厅和社会经济团体（包括企业和由各种企业组成的企业集团）进行良好的信息联系和沟通，如此一来，看似“一家之言”的经济发展规划或“指南”在正式推行之时便不会受到来自政府内部和社会舆论的质疑，一旦施行便可以顺畅而高效地推进。

日本政府高效运行的另一重要原因在于政治势力难以或者根本无法插足行政事务的制定和落实。在日本，执掌政府大政方针的官僚集团有两个，即一个以首相为首，包括各省大臣在内的政治家集团，另一个则是前文所说的政府高级官僚集团。尽管首相和各省大臣的选拔过程和高级官僚相比有过之无不及，但是在民主制下，政治家集团是“流水的兵”，只有高级官僚集团才是“铁打的营盘”。因此，政治家们非但不能左右行政官

---

① 通产省于1949年5月25日由旧商工省改组成立，除了由通产省直属领导的贸易厅等内局以外，下设资源厅、工业技术厅、特许厅（专利厅）和中小企业厅四个外局。1973年新设资源能源厅，2001年1月随着日本中央省厅的改革而更名为经济产业省（简称经产省）。

② 其中有代表性的成果是 Chalmers Ashby Johnson, *MITI and the Japanese Miracle: the Growth of Industrial Policy, 1925 - 1975*, Stanford University Press, 1982。中文版：〔美〕查莫斯·约翰逊《通产省和日本奇迹》，吉林出版集团有限责任公司，2010。日文版：『通産省と日本の奇跡』TBSブリタニカ、1982。

僚（即高级官僚）的政策制定，反而在诸多场合下还必须依靠他们搜集、整理的信息和提供的政策建议来制定、完善自己的执政方针和理念。政治势力的变革无法影响到日本政府的政策制定和实行，这也是日本政府保持高效运行的重要原因之一。

4. 对制度的遵从

日本是注重秩序和制度的国家，家庭层面个人服从家长，企业层面员工服从上级领导，国家层面国民服从政治指挥。遵从制度可能不是日本的专利，但是这一点在日本却得到了充分的体现。小到学校教育的科目设置、课程安排、教学方法，大到遵守社会公德，日本人喜欢建立制度，也喜欢遵守制度。尽管这一点被西方世界诟病为死板、没有活力、缺乏创造力，但是严密制度下形成的优秀“制式”国民却是经济恢复和发展的最佳原动力。

但是，不同于之前封建专制下形成的制度，战后日本社会制度是建立在民意基础之上的。而这可能在很大程度上归功于战后 GHQ（General Headquarters）[①] 对日本的民主化改革，可能也得益于战后相对衰弱的中央集权使得民间声音能够传到“庙堂之上”。小到村民自治条例，大到企业的规章制度甚至于新法律的颁布和修订，凡与国民利益相关的政策都会首先经过国民的大多数同意才有机会实行。因此，现代日本社会当中对制度的遵从不再是旧日本时期（战前日本）愚昧的忠君爱国思想支配下的产物，而是新时代背景下对服务于集体利益的制度的遵从。

5. 科学有效的福利体系

作为发达国家的日本并没有如欧美国家那般实行“从摇篮到坟墓”的高福利制度。日本的福利体系的基本原则就是保障国民的基本生活需求，并在此基础之上努力激发每个人的劳动积极性。和对教育的支出类似，日本政府除了自己出资以外也鼓励民间企业积极承担社会福利责任，所以日本的福利体系当中企业的作用也是不可忽视的。

首先是政府主导下的福利制度。该福利制度主要分为三类：健康保

---

① 意为联合国军最高司令官总司令部，是二战后美国占领日本时期设置的一个机构。

险、养老金和失业保险。健康保险制度主要是为了解决国民的医疗保健卫生需求，养老金制度主要是保障老年人的生活需求，失业保险制度主要是为了应对社会失业问题。

其次是在民间企业主导下的集体福利制度。日本企业在内部实行福利制度并非始于战后，江户时代在“家族式经营”体制下的家主就开始对员工施以恩惠，两次世界大战期间日本企业已经开始面向职工和退休员工建立起比较健全的企业福利体系。[①] 从企业内部因素来看，企业制定良好的福利制度能够加强员工对企业的向心力，此外福利制度当中关于内部人才培养的规定不光有利于培养员工的综合素质和技能，也减轻了企业对外招工的经济负担，同时也进一步提高了职工对企业的认同感和忠诚度，可谓一举多得。而从外部环境影响因素来看，战后日本工会的合法化及其影响力的扩大是倒逼企业加强自身福利制度建设的重要外在压力。

6. 社会治安管理有效

通常而言，国家经济能够繁荣发展是和良好的社会秩序、社会治安密不可分的。日本能够在实现现代化的过程当中稳定甚至降低犯罪率，是因为日本有着高效的警察体系，且日本国民素质普遍较高。

首先，日本警察的选拔录用过程是公开、透明的，对专业能力的要求极高，警民关系也是考核警察业务能力的重要标准之一。日本警察厅在选拔录用过程中十分注重考察应聘者的职业认知，即是否真的热爱警察事业。其次，日本公众很配合警察工作。由于建立了良好的警民关系，一旦发现违法犯罪事件，附近或者路过的居民会第一时间通知警察。黑帮组织也在日本政府有备案，其组织发展动态也受到政府监视。值得一提的是，由于日本老龄化问题加剧，山口组等日本黑帮组织也渐趋“老龄化”。

1954 年 12 月，鸠山内阁宣布结束战后日本经济恢复期，之后大约二十年里日本创造了经济高速增长的辉煌，辉煌背后有时代机遇对日本的垂怜，也有美国等外部势力的支持，更有日本国民、民间团体和政府的同舟

---

① 佐々木聡・中林真幸編集『講座・日本経済史 3：組織と戦略の時代（1914 ~ 1937）』ミネルヴァ書房、2010、24—35 頁。

共济。在傅高义看来，日本崛起的原因是多方面的，但是最重要的还是日本在积极搜集整理各方面信息的基础上努力转变自身的发展方向，从而追赶时代潮流直到引领时代潮流，其中贯穿着日本人重视知识和集体作用、追求长远利益等文化特质。他特别指出日本政府在经济发展过程中的引领作用以及日本财经界的特别之处，即民间企业坚决执行通产省等政府官厅下发的“指导意见”，毕竟再好的经济政策也要落到实处。

最后我们来看看标题——“日本第一”，结合当下的日本社会，似乎会觉得作者在1979年的判断现在已经过时了。的确，当代日本问题重重：老龄化问题日益加重，社会劳动力严重不足；对外出口方面面临着韩国、中国、巴西等新兴国家的挑战；不时爆出政府官员腐败问题，政府形象受损；过分强调集体主义导致人才创造力不足；日益庞大的养老金支出带来财政负担；历史问题一直是日本经济头上的“达摩克利斯之剑”；企业曾经引以为傲的终身雇用和年功序列制现在逐渐成为企业发展的负担；日本老牌企业频频爆出产品质量问题；在日本学校、职场等公共环境当中蔓延开来的霸凌之风……那么，当代日本是否还是世界“第一”呢？傅高义在2001年出版了《日本还是第一吗？》（*Is Japan Still Number One*?）[①]，他在此书中剖析新问题的同时还是秉持自己长期看好日本发展的态度。如果说《日本第一》是写给美国的启示录，那么《日本还是第一吗？》更像是他给出的警示，在吸取他人发展经验的同时更应该提防滑向深渊的风险。

（〔美〕傅高义：《日本第一：对美国的启示》，谷英、张柯、丹柳译，上海译文出版社，2016）

---

① Ezra F. Vogel, *Is Japan Still Number One*? Pelanduk Publications, 2001. 本书中文版《日本还是第一吗？》由上海译文出版社于2019年出版。

稿 约

1.《全球史》（*Chinese Journal of Global History*）由北京外国语大学历史学院主办，每年两辑，专事刊登全球史研究领域的论文、译作、访谈和书评，力求在不同尺度与维度上探究和呈现近代以来人类超越各种地理、政治和文化边界的交往与互动，包括但不限于贸易史、移民史、传教史、语言交流史、知识迁移史、环境史、科技史、疾病史、概念史、翻译史、留学史等内容。本刊对所有原创学术论文实行匿名评审制度。欢迎海内外学者赐稿。

2. 发表论文以中文为主，一般以 3 万字为限，特殊情况另行处理。

3. 来稿必须未经发表，如属会议论文，以未收入正式出版论文集为限；如有抄袭或侵权行为，概由投稿者负责。

4. 所有学术论文先由编委会作初步遴选，获通过的论文会送请专家学者做匿名评审。文中请勿出现能够辨识作者身份的信息。

5. 来稿请另页标明中、英文篇名，投稿人发表用的中、英文姓名，并附中、英文摘要（各 200 字为限）及中、英文关键词（以 5 个为限）。

6. 来稿一律采用页下注（脚注）形式，每页单独编号。一般情况下，引用外文文献的注释仍从原文，无须另行译出。文章正文后不另开列“参考文献”。所引资料及其注释务求真实、准确、规范，体例请参考《社会科学文献出版社学术著作出版规范》第 17～25 页，下载地址：https：//www.ssap.com.cn/upload/resources/file/2016/11/04/126962.pdf。并请以 Microsoft Word 兼容的文稿电子文件投稿。

7. 来稿请附个人简介，并附通信地址、电话、电子邮件等联系方式。

8. 来稿一经刊登，即送作者当期刊物两册。本刊无稿酬。

9. 来稿经本刊发表后，除作者本人收入其著作结集出版外，凡任何形式的翻印、转载、翻译等均须事先征得本刊同意。

10. 来稿请以附件方式发邮件至：cjgh_bfsu@163.com。

11. 本刊主编和编委会保留发表最后决定权，并可以对来稿文字做调整删节。如不愿删改，请于来稿时事先予以说明。

《全球史》编辑部

图书在版编目（CIP）数据

全球史．第2辑／李雪涛主编．-- 北京：社会科学文献出版社，2023.4

ISBN 978-7-5228-1191-8

Ⅰ.①全…　Ⅱ.①李…　Ⅲ.①世界史-研究　Ⅳ.①K107

中国版本图书馆CIP数据核字（2022）第237139号

全球史（第2辑）

主　　编／李雪涛

出 版 人／王利民
责任编辑／赵　晨
责任印制／王京美

出　　版／社会科学文献出版社·历史学分社（010）59367256
地址：北京市北三环中路甲29号院华龙大厦　邮编：100029
网址：www.ssap.com.cn
发　　行／社会科学文献出版社（010）59367028
印　　装／唐山玺诚印务有限公司

规　　格／开　本：787mm×1092mm　1/16
印　张：18.75　字　数：282千字
版　　次／2023年4月第1版　2023年4月第1次印刷
书　　号／ISBN 978-7-5228-1191-8
定　　价／128.00元

读者服务电话：4008918866